U0024358

洪秀全

政治人格之研究

楊碧玉 著

自序

　　由於個人碩士論文為《秋瑾政治人格之研究》（民國 78 年獲中國國民黨文工會獎助由正中書局出版），對「政治人格」這一領域有著濃厚興趣，企盼在既有基礎上繼續研究，而選擇洪秀全作為研究對象，則是著眼於他在中國近代史上曾掀起一驚天動地集宗教、民族、政治（包括經濟、社會、文化等項）三合一的革命運動，引起人的好奇。在去除毀譽參半、褒貶不一或歷史定位論的同時，個人認為：無論如何，他在中國近代史上佔有關鍵地位，而且對晚清的洋務運動、維新運動，尤其是　國父孫中山先生領導的辛亥革命運動均產生直接和間接的影響。因此在詮釋上尚有發揮的空間，而透過「政治人格」的概念，能有效整合各種心理觀點。是以從「政治人格」理論角度切入，針對太平天國革命運動的倡導者、拜上帝教的教主──洪秀全作個案研究，進而瞭解太平天國興亡之原委始末，相信應是具有研究價值和必要。

　　本書係運用社會科學理論與方法，試著從政治心理學、人格心理學、宗教心理學、發展心理學、精神醫學等觀點，重新評估或解釋過去的政治事實，希望透過研究過程探求洪秀全真實面貌，將其思想和行為貫穿起來作整體分析研究，以期瞭解以下三個問題：一、洪秀全何以成為清末太平天國革命運動的倡導者及拜上帝教的教主？他具有那些人格特質及心理動力？二、洪秀全採用什麼方法與態度，以達到其目標及理想？後來又何以會失敗？三、洪秀全一生遇到許多挫折，其中包括周遭的親人、友伴、同志甚至對手，他是如何去面對、處理？

透過對上述三項問題的分析與討論，使吾人得以對洪秀全這個人有更接近真實的理解和評價，進而對相關問題一一釐清。其次，採政治人格理論及其模式建構，以洪秀全為個案，亦可檢驗「政治人格」個案研究的有關理論。

本書得以順利完成，承蒙多位師長、先進與好友相助，個人永銘於心。首先感謝博士論文指導教授盧師瑞鍾兩年多來的辛勤指導，從研究方向、架構指引到修改、調整，使個人受益良多。朱師泓源在政治人格研究方法的啟發、相關史料的提供，對本書助益甚大。其次，家人的體諒、支持，秀威資訊科技的多方協助，才使本書得以順利出版，在此一併誌謝。

本書雖經修正，但不足、疏失之處難免，個人將持續努力，並以此為從事學術研究的另一起點，祈請師長、先進、讀者不吝指教。

楊碧玉 謹識 97 年 10 月於北投復興崗

目錄

自序...i

第一章　緒論...1

　　第一節　研究動機與目的...1

　　第二節　研究方法與分析架構................................. 7

　　第三節　相關文獻之探討.. 14

第二章　洪秀全政治人格形成之社會遠因.........................29

　　第一節　地理環境... 30

　　第二節　經濟環境... 37

　　第三節　社會環境... 45

　　第四節　宗教環境... 53

　　第五節　政治環境... 64

第三章　洪秀全政治人格形成之社會近因.........................73

　　第一節　家庭與教育... 74

　　第二節　生病與異夢... 86

　　第三節　四次赴考與《勸世良言》........................ 118

　　第四節　基督新教與傳道活動................................ 142

第四章 洪秀全的基本人格特質與政治態度.................................167

    第一節 洪秀全的基本人格特質 169

    第二節 洪秀全的政治態度 193

第五章 洪秀全調和人我關係的方式.................................207

    第一節 與家庭的關係 208

    第二節 與同志的關係 216

    第三節 與對手的關係 225

第六章 洪秀全自我防衛方式.................................233

    第一節 洪秀全的政治預存傾向 235

    第二節 洪秀全的自我防衛行為 243

第七章 結論.................................259

    第一節 研究發現 259

    第二節 研究檢討 269

參考書目.................................275

圖目錄

圖 1-1 政治行為的基本前提 6

圖 1-2 史密斯的「人格與政治的分析簡圖」 8

圖 1-3 史密斯的「人格與政治的分析詳圖」 9

圖 1-4 格林斯坦的「人格與政治擴大分析圖」 10

圖 1-5 本文分析架構圖 11

圖 2-1 滿清人口成長曲線圖 39

圖 2-2 金田起義前十一年之間清帝國亂事概略統計圖 51

圖 3-1 腎上腺與生理心理疾病關係圖 92

圖 3-2 基督新教傳播的連鎖性發展圖 144

圖 4-1 政治行為人的傾向圖 167

圖 4-2 佛洛依德人格功能與知覺層次的關係 168

圖 6-1 洪秀全政治人格特色圖 242

圖 6-2 對挫折的一些反應圖 244

圖 7 人格與社會關係圖.. 272

表目錄

表 1-1　刺激反應表 6

表 1-2　洪秀全重要事蹟表 17

表 2-1　滿清墾田面積表 39

表 2-2　太平天國革命前十一年之間清帝國亂事統計表 50

表 3-1　梁發《勸世良言》基本宗教觀點簡表 124

表 3-2　《勸世良言》中對「上帝」稱謂及次數統計表 135

第一章　緒論

第一節　研究動機與目的

壹、研究動機

　　爆發於民國紀元前六十二年（清道光三十年，西元 1851 年）的太平天國革命，是兼宗教的、民族的、政治的（包括經濟、社會、文化等）三合一的革命運動。[1]史丕亞（Robert E. Speer）說：「若以其直接地及悲慘地影響于人民之數量及災禍之深度而論，太平軍之起義是全世紀（十九世紀）中最偉大的運動，而且是人類歷史中最偉大的運動之一。」[2]此一歷時十四年（1851-1864）[3]、禍亂延及十八省，曾經席捲半壁江山的太平天國革命運動，除造成「滿清王

---

[1]　簡又文，〈五十年來太平天國史之研究〉，載《香港大學東方文化研究院五十週年紀念特刊》（香港：香港大學，1963），頁 312。

[2]　史丕亞（Robert E. Speer）著，簡又文譯，〈論太平革命〉，載《大陸雜誌》，卷 37，期 7（民國 57 年 10 月 15 日），頁 26。

[3]　洪秀全於清道光三十年庚戌十二月初十日（1851 年 1 月 11 日）在金田舉事（其詳實地址為廣西省桂平縣金田村西之犀牛嶺古營盤）。咸豐元年辛亥二月二十一日（1851 年 3 月 23 日、太平曆元年三月二十五日）在廣西武宣縣東鄉登極，稱天王，建立太平天國，並以是年為太平天國元年。同治三年甲子四月二十七日（1864 年 6 月 1 日），即太平天國十四年甲子四月十九日卒於金陵（南京）。六月十六日（西元 7 月 19 日、天曆六月六日），南京陷落。九月二十五日（西元 10 月 25 日、天曆九月十三日）其子洪福瑱幼主被擒，磔於南昌，太平天國亡，如就其立國之時間算起，前後共計 14 年，如由金田起義發動革命之時計算，以迄亡國，則為 15 年。詳見：李振宗，《太平天國的興亡》（台北：正中書局，民國 88 年，第 2 版），頁玖。

朝」的岌岌可危、威脅著外國侵略者的在華利益，對於晚清之洋務運動、維新運動、尤其是　國父孫中山領導的辛亥革命運動—推翻滿清帝制，建立中華民國，均產生直接和間接影響，[4]足見其對中國近化史之影響是至深且鉅的。

　　太平天國革命運動向為中外學者所重視，和美國內戰、法國大革命都曾是歷史論文的熱門選題。而國人對於太平天國之流風餘韻，一向均有非常濃厚的興味。是以，凡有關太平人物與遺事之作品（包括專著、散文、筆記、小說、戲劇、電影等）均廣受歡迎。時至今日，評論太平天國人物雖是毀譽參半、褒貶不一，[5]甚而史學研究者對太平天國在論及歷史分期或定位問題時，仍有相當多的

---

[4]　中山先生 11 歲時，於所居鄉里及就學期間，有太平天國老兵談洪、楊軼聞，娓娓不倦，先生探本尋源，對明清間遞嬗史蹟，瞭如指掌，光復漢宗之革命思想，油然而生。認洪秀全起自布衣，驅逐異族，雖及身而亡，固不能以成敗論豪傑也，因而深慕其為人。詳見：羅家倫主編，黃季陸、秦孝儀修訂，《國父年譜（上）》（台北：中國國民黨中央委員會史料編纂委員會，民國 74 年 11 月 12 日，第 3 次增訂），頁 19。另孫先生對太平天國研究有素，而借作建立中華民國「前車之鑑」（原語），雖有「洪秀全第二」之稱而不愧出藍之譽，因得太平天國革命經驗之寶貴教訓而繼往開來，懲前毖後，革命手段與理想又進一步而超越前人，故卒有辛亥革命之成功也。詳見：簡又文，〈五十年來太平天國史之研究〉，前文，頁 240。

[5]　以往論者，因所處時代與立場不同，致立論角度不一。根據施有忠的研究，在清朝時對太平天國的記載，凡屬於清朝陣營的作者，一律以「盜匪」等類似詞彙來稱呼太平天國，參閱：Vincent Y. C. Shih, *The Taiping Ideology : Its Sources, Interpretations and Influence*（Seattle: University of Washington Press, 1967），p.397.在辛亥革命之後，則改頌洪、楊諸人為民族英雄，尊為革命先烈，此乃受時代觀念之影響，致有兩極之評價。而學者之研究心得不一，如簡又文研究太平天國後，始終對洪秀全十分推崇，並譽之為繼春秋大義的民族英雄。詳見：簡又文，《太平天國與中國文化》（香港：南天書業公司，民國 57 年），頁 8。但郭廷以則明確地指出洪秀全的太平天國是極權和專制的。參閱：郭廷以，〈太平天國的極權統治〉，載《大陸雜誌》，卷 10，期 2（民國 44 年），頁 29。

歧義存在。[6]這涉及研究者的主觀心態，以及應用社會科學理論方法的不同，因而研究者在詮釋上尚有發揮的空間。

美國政治學者李普曼（W. Lippmann）言：「當我們討論政治的時候，卻忽略了人性（human nature），這將是我們在政治思維中最嚴重的錯誤。」[7]張玉法亦言：「若以心理學的知識來研究歷史人物，將可克服歷史上一些無法解釋的問題。」[8]易君博則進一步指出：不論採用什麼心理觀點，或藉用什麼心理學派的理論來分析人類的政治生活，都不能不通過政治人格這一焦點。換言之，唯有以「政治人格」的概念，才能有效的整合各種心理觀點，而納入一個系統的分析網之中。[9]是以本論文不討論前述爭議，而是另闢蹊徑，從「政治人格」理論角度切入，針對太平天國革命運動的倡導者、拜上帝教的教主—洪秀全作個案分析，進而了解太平天國興亡之原委應是具有研究價值和必要。

---

[6] 大陸史學界在爭論中國近代史發展的基本線問題時，將太平天國的革命運動列為中國近代第一次革命運動的高漲。由此一革命發展下來的，還有第二次、第三次的革命運動高漲；以及對中國社會和經濟型態所作的分期與解釋，詳見：逯耀東，〈中國近代歷史發展基本線索問題〉載《近代中國史研究通訊》，期2（民國75年9月），頁97-103。另太平史爭議甚多，詳見：Ssu-yu Teng, *New Light in the History of the Taiping Rebellion* (Cambridge, Mass. : Harvard Univ. Press , 1950) , pp.35-37.另外於簡又文撰，軼群譯，〈馬克思學派的太平天國史觀〉，載《問題與研究》，卷2，期3（民國51年12月），頁1-6，對左派史觀有詳細述評。

[7] W. Lippmann , *Preface to Politics* (New York : Mitchell Kannerley , 1913), p.2.

[8] 張玉法，〈心理學在歷史研究上的應用〉，《歷史學的新領域》（台北：聯經出版社，民國68年12月，第2版），頁120。

[9] 易君博，《政治理論與研究方法》（台北：三民書局，民國73年9月，第4版），頁149。

貳、研究目的

本文係從政治學出發，循著心理學的研究途徑，再一次進入歷史的時光之中，審視歷史的動脈及洪秀全個人的成敗得失，在相關洪秀全、太平天國的資料裡，作一銜接、探討，將個體分析（micro-analysis）與總體分析（macro-analysis）的觀察連接起來，亦即運用社會科學理論與方法，重新評估或解釋過去的政治事實，希望透過研究過程探求洪秀全真實面貌以了解下列問題：

一、洪秀全何以成為清末太平天國革命運動的倡導者及拜上帝教的教主？他具有那些人格特質及心理動力？

二、洪秀全採用什麼方法與態度，以達到其目標及理想？後來又何以會失敗？

三、洪秀全一生遇到許多挫折，其中包括周遭的親人、友伴、同志甚至對手，他是如何去面對、處理？

前述三項問題，看似複雜，事實上卻只環繞在一個中心問題上，即是做對單一政治行為者─洪秀全─的心理分析，透過「政治人格」提供的分析途徑，而對問題一一釐清，進而達到解釋的目的，亦是提供了解洪秀全政治風格（包括政治需求、政治理想及其待人處世的原則）的另一途徑。

首先對「人格」、「政治人格」兩個重要名詞予以界說，以指出其精確涵義，俾能有系統的思考與分析。人格是人類行為的主體、組織及預備，人格不同，行為亦異。人格最普遍的一種解釋，即奧爾坡（Gordon W. Allport）的定義，他說：「人格是個體之內的動力組織，是一套用來決定特定行為與思想的心理系統。」[10]一般說來，

---

[10] Gordon W. Allport, *Pattern and Growth in Personality* (New York: Holt Rine-Hart and Winston, 1961), p.28.

許多心理學家，如 Smith、Bruner、White 等人，多認為「人格」
只是一個可推論的客體（inferred entity）而非一可直接觀察現象。[11]
他們主張：所謂的人格乃是指涉所有成型之預存傾向（patterened
predispositions）的一個整語辭（comprehensive term），不僅祇是「功
能基礎」（functional bases）甚至連「有意識的政治或政治相關的定
向」（conscious political or politically relevant orientations）都是人格
所表現出來的不同外觀。[12]然而在政治學者眼中的「人格」所指陳
的範圍卻較小，他們將態度排除，並將之縮小到臨床心理學的領域
中，即內部衝突、自我防衛以及二者的外顯行為。[13]在此，我們不
對「人格」提出任何肯定的意義，而直接提出一般學者認為研究人
格的三個基本看法，第一：人格是透過行為外顯具體表現出來的反
應組合，第二：大部分的行為都是內化的人格接受刺激後所發動的
反應。[14]第三：有機體經由刺激必產生反應，即「刺激－有機體－
反應」（Stimulus (S)－Organism (O)－Response (R)）。

　　刺激係來自環境的刺激，有機體可以縮小其範圍指「政治人格」
或「預存傾向」，反應係從行為表現出來。如表 1-1 和圖 1-1。

---

[11] Fred I. Greenstein, *Personality & Politics*: *Problems of Evidence, Inference and Conceptualization.* (Chicago: Markam, 1969) ,pp.38-53.

[12] M. Brewster Smith, Jormes S. Bruner, & Robert W. White, *Opinions and Personality* (New York: John Wiley & Sons, Inc., 1956) , p.24.有關「功能基礎」及「有意識的政治或政治相關的定向」兩名詞及其內容,可參閱：Fred I. Greenstein, "Personality and Politics", in Fred I. Greenstein & Nelson W. Polsby, eds., *Handbook of Political Science*, Vol.2 (Mass: Addison-Wesley, 1975), p.14.

[13] 格林斯坦（Fred I. Greenstein）著，朱堅章主譯，王黎明、朱浤源、蘇采禾合譯，《政治與人格》（*Personality and Politics*）（台北：幼獅文化事業公司，民國 68 年 4 月），頁 4。

[14] 隨意反應的行為不須透過人格,如遇到危險狀況自然會逃避退卻。

表 1-1　刺激反應表

刺激（S）	政治行為者的環境（E）
有機體（O）	政治行為者的預存傾向（P）
反應（R）	政治行為（R）（政治反應）

資料來源：Fred I. Greenstein, "Personality and Politics", Fred I. Greenstein and Nelson W. Polsby, *Micropolitical Theory* (Reading, Mass: Addison-Welsley, 1975) , pp.5~8.

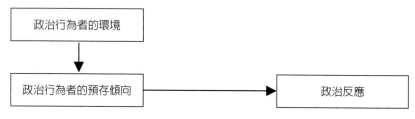

圖 1-1　政治行為的基本前提

環境（E）→預存傾向（P）→反應（R）

資料來源：Fred I. Greenstein, "Personality and Politics", Fred I. Greenstein and Nelson W. Polsby, *Micropolitical Theory* (Reading, Mass: Addison-Welsley, 1975) , p.7.

　　政治人格的定義以學者藍恩（Robert E. Lane）的界說，最常為中外學者所引用，係指一個人「對政治刺激在習慣上所掀起的一套持久的、有組織的、動態的反應組合。」[15]在此定義下，政治人格可透過對於政治刺激（S）的反應（R）而得到觀察（觀察其人格），本文即是透過心理研究法對洪秀全從事有系統的了解。此外採政治人格理論及其模式建構，以洪秀全為個案，驗證「政治人格」個案研究的有關理論，是為本文另一目的。

---

[15] 易君博，前書，頁 149。原文為："Political Personality" may be defined as the enduring, organized, dynamic response sets habitually aroused by political stimuli. 參閱：Robert E. Lane, *Political Man* (New York : The Free Press, 1972), p.5.

第二節　研究方法與分析架構

壹、研究方法

格林斯坦（Fred I. Greenstein）提示吾人在研究「政治人格」時應注意以下三點：

一、方法論上，要講求多元，因為任何一種研究途徑不可能提供「所有的答案」。

二、理論上要普遍的一致（ecumenicism），政治心理學顯然有許多面向，藉著人格心理學中不同的理論來描繪，以及各種社會心理學的研究法和根據社會及政治的結構，來連接個人傾向的各種理論。概念化亦為研究所必需，如此才有充分的廣度來處理終極的經驗性相關，而又能兼顧可能的多變數連結（multivariate connections）。

三、藉著總體的結構因素（structural factors）和個人心理傾向來調和或提升個別心理變數與政治行為間彼此的作用。因為結構因素可將個人心理傾向在不同的情境中，導出不同的行為後果，而其他的個人心理傾向也會與外在誘因的變數相互影響，而有不同的結果。

是以本文採現象的描述、動態的解釋及根源的研究，三種互補的研究途徑，來解釋洪秀全的政治人格。在研究方法上則採「政治人格」的研究方法，輔以社會學研究法及情勢研究法，並且試從政治心理學、人格心理學、宗教心理學、發展心理學、精神醫學等觀點，將蒐集之資料，有效的歸納、並且彙整，以印證產生若干論點，而這些論點足以說明個人與事件之間的因果關係。亦即試圖藉著不同學科領域的知識，來解釋史事，使吾人對洪秀全的思想及行為，作一深入了解。

貳、分析架構

　　有關政治人格方面的研究中，先有1968年美國政治學家史密斯（M.B. Smith）提出的設計圖—「人格與政治的分析簡圖」（圖1-2）、「人格與政治的分析評圖」（圖1-3），其後又有格林斯坦的修正而提出的「人格與政治的擴大分析圖」（圖1-4）。其中史密斯的圖提供了清晰的思考方向，並指出：要瞭解人格過程及傾向之成因，又必須透過社會的近因、遠因及其所面臨的情勢。而格林斯坦的修正圖除了添加了時間因素的考慮外，圖亦較史氏整齊，內容亦較詳細、進步。其優異處有三：一、時空清楚，時間分為過去、現在和未來；空間分為總體環境和個體環境。二、「預存傾向」分為：意識定向的功能基礎（基本的人格結構）、意識上政治及有關政治的定向、對環境的知覺，較具體明確。三、基本的人格結構分成認知與需要、人我關係的調和、自我防衛三個因素來綜合論列，較為明晰清楚。

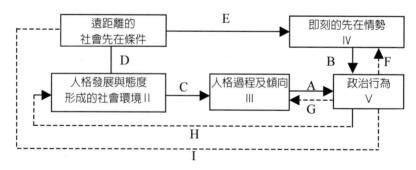

圖 1-2　史密斯的「人格與政治的分析簡圖」

資料來源：M. B. Smith, "A Map for the Analysis of Personality and Politics " *Journal of Social Issues*, Vol. 24, No. 3 (1968), pp. 15-28.譯文引自：易君博，《政治理論與研究方法》（臺北：三民書局，民國73年9月，第4版），頁150。（區與區之實線箭頭代表由因推果之途徑，虛線箭頭代表從果溯因之途徑）。

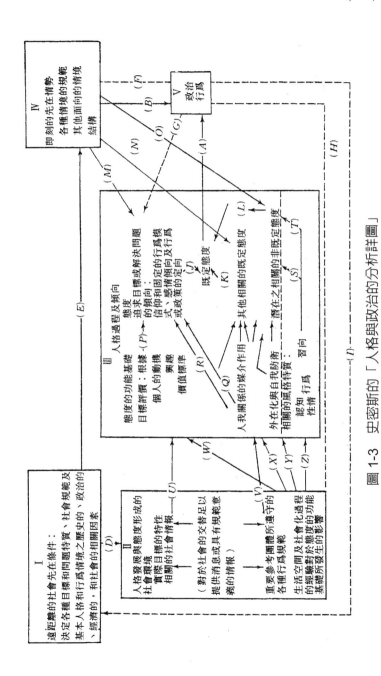

圖 1-3　史密斯的「人格與政治的分析詳圖」

資料來源：M. B. Smith, "A Map for the Analysis of Personality and Politics," *Journal of Social Issues*, Vol. 24, No.3 (1968), pp. 15-28.

譯文引自：易君博，《政治理論與研究方法》（臺北：三民書局，民國 73 年 9 月，第 4 版），頁 157。

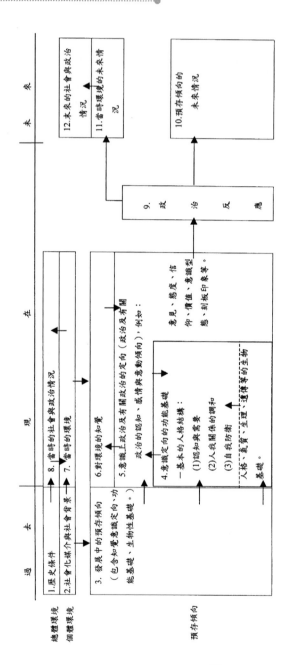

圖 1-4　格林斯坦的「人格與政治擴大分析圖」

資料來源：Fred I. Greenstein, "Personality and Politics", Fred I. Greenstein and Nelson W. Polsby, *Micropolitical Theory*（Reading, Mass: Addison-Welsley, 1975), p.14.譯文引自：格林斯坦、波士華（Fred I. Greenstein & Nelson W. Polsby）合著，幼獅文化事業公司編譯，《個體政治論》（*Micropolitical Theory*）（台北：幼獅文化事業公司，民國 72 年 2 月），頁 19。

　　本文之分析架構即依據參考上述三個圖形、內容、構想，配合有關洪秀全的資料而產生了「本文分析架構圖」，如圖 1-5。

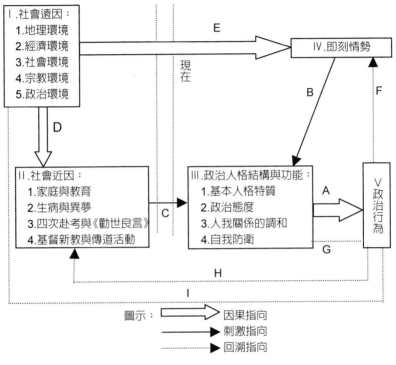

圖 1-5　本文分析架構圖

資料來源：
1、易君博，《政治理論與研究方法》（臺北：三民書局，民國 73 年 9 月，第 4 版），頁 157。
2、格林斯坦、波士畢（Fred I. Greenstein & Nelson W. Polsby）著，幼獅文化事業公司編譯，《個體政治論》（*Micropolitical Theory*）（台北：幼獅文化事業公司，民國 72 年 2 月），頁 19。
3、格林斯坦著，朱堅章主譯，王黎明、朱浤源、蘇采禾合譯，《政治與人格》（*Personality and Politics*）（台北：幼獅文化事業公司，民國 68 年 4 月），頁 28-29。
4、朱浤源，〈宋教仁的政治人格〉（台灣大學政治學研究所，碩士論文，民國 66 年 6 月），頁 27-29。

圖 1-5 共分五區，各區的意義與內容及其間之關係分別說明如下：

第一（Ⅰ）區為「社會遠因」（distal social antecedents），個人無法直接經驗到，但第二區「社會近因」及第四區「即刻情勢」賴以形成。在史密斯的分析圖中，遠距離的社會先在條件為：決定各種目標和問題特質、社會規範及基本人格和行為情境之歷史的、政治的、經濟的和社會的相關因素。格林斯坦的分析圖，則包括總體環境下的歷史條件、個體環境下的社會化媒介與社會背景。綜合上述兩位學者意見，而將此區分為：（一）、地理環境；（二）、經濟環境；（三）、社會環境；（四）、宗教環境；（五）、政治環境，企盼從上述五點因素中，尋出社會遠因對洪秀全個人人格有那些深遠的影響。

第二（Ⅱ）區分為「社會近因」，原名是「人格發展與態度形成的社會環境（social environment as context for the development of personality and acquisition of attitude）」，意指從出生到成年的期間，行為者發展人格並形成其態度的環境。史密斯的分析圖指出其內容為：與實際目標之特性的相關社會情報（即對於社會交替足以提供消息或具有規範意義的情報）、重要參考團體所遵守的各種行為規範與生活空間及社會化過程的經驗對於態度的功能基礎所發生的影響。據此，本人將洪秀全人格發展與態度形成的社會近因分為：（一）、家庭與教育；（二）、生病與異夢；（三）、四次赴考與《勸世良言》；（四）、基督新教與傳道活動等四節來討論。

第三（Ⅲ）區分為人格的內涵，它代表人格的歷程及傾向（personality process and disposition）是本圖的重心。亦是五區中無法直接觀察的，因此只有藉著對其他四區的觀察來研判內隱的政治人格內容。如就前述「S－O－R」公式來看，我們所研究的終極對象是「O」，但直接觀察項是「S」與「R」；從「S」刺激的輸入（input）

以及「R」行為的產出（output），來研究介乎其間的體系（system）。圖 1-5 之中，第 II、IV 兩區屬刺激類。（第 I 區與第 II IV 區有直接關係，對 III 區有間接影響，亦劃入刺激範圍）第 V 區屬反應。經過對「S」（I、II、IV）與「R」（V 區）的觀察，才能推知「O」（有機體的人格）的具體內容。易言之，知道有機體所承受的刺激，並明白其反應之後，可推得有機體的實質內涵－人格的內容－了。史密斯的分析圖區分為：目標評價、人我關係的媒介及外顯與自我防衛三部份。格林斯坦的分析圖對於「意識上政治及有關政治的取向」一欄以及「意義定向的功能基礎－基本人格結構」中的第一項「認知與需要」有明顯的重疊。本文則據此而分為：（一）、基本人格特質；（二）、政治態度；（三）、人我關係的調和；（四）、自我防衛等四項重點予以探討。

第四（IV）區為即刻情勢，原名為即刻的先在情勢（the situation as immediate antecedent of action）。由於它對人格的本體予以刺激，才產生了政治行為。

第五（V）區為政治行為（political behavior）則指可透過經驗觀察的實際作為或不作為。是人格內涵的產出品（output）。包括政策的決定、言論的內容、角色的採取、立場的選定、衝突的處理以及其他相關行為取向（orientation of relevant behavior），其直接的決定性變項是人格內涵（第 III 區）加上即刻情勢（第 IV 區），而間接的導因則為影響人格的社會環境（第 II 區）及影響情勢的社會背景（第 I 區）。

由上述說明，我們可以明瞭本文所採的架構（圖 1-5）。該圖主要以史密斯的構想為藍圖，採取格林斯坦於 1975 年提出的新人格內涵以及配合筆者所蒐集有關洪秀全的資料。與史密斯原圖相

較，除一、二、三區在內容上有所增減外（前已解說），並未作大幅度更動，但區與區間之關係，則與原圖有所不同。[16]

第三節　相關文獻之探討

壹、「洪秀全」研究方面

國內學者對洪秀全領導的太平天國革命運動史之研究，向來十分重視，研究成果極為豐碩，專門著述之刊行（包括各類文獻、專論及研究論文、論點）何止千百餘種，面向涉及軍事、社會、宗教、經濟、地理、曆法、土地、禮制、外交、刑法、婦女政策等各層面。且因史料之發現不斷、學者鍥而不捨的搜集、可信度極高。[17]不僅彌補了滿清統治者湮滅大半原始資料之憾，亦提供研究者珍貴的史料。其中簡又文所撰〈五十年來太平天國史之研究〉一文中，更將數十年海內外學者（遍及兩岸、美、英、日、法、義、德、蘇等國）之成績，分期摘要、評述、舉列出來。凡此，無論對新史料的發掘和史事的重建方面，可說是網羅殆盡。其中權威者如簡又文、羅爾綱、鍾文典、蕭一山、郭廷以、楊家駱、彭澤益、謝興堯、張德堅、

---

[16] 如時間上的分野、箭頭的種類、刺激的指向等，這些觀點源引自朱浤源，〈宋教仁的政治人格〉，前文，頁 27-29。

[17] 關於太平天國史研究回顧，可參閱：簡又文，〈五十年來太平天國史之研究〉，前文。鄧嗣禹，〈太平天國史研究之過去現在與前瞻〉載《太平天國學刊》，輯 5（北京：中華書局，1987），頁 19-32。茅家琦，〈百年來太平天國史研究概況〉載茅家琦主編，《太平天國通史》（南京：南京大學出版社，1991），頁 1-37。夏春濤，〈中國大陸太平天國研究述評〉載《近代中國史研究通訊》，期 23（台北：中研院近史所，民國 86 年），頁 66-78。

鄧嗣禹等人的著作，是本文探討洪秀全時有關引用史籍、史料方面之重要參考和依據。

在國外相關著作方面，英國人吟唎（A. F. Lindley）這位當年由英國派往中國的海軍軍官，曾一度投效李秀成麾下，助太平軍作戰，他於 1866 年撰寫《太平天國革命親歷記》（*Ti-Ping Tien-Kwoh: The History of the Ti-Ping Revolution, including a Narrative of the Author's Personal Adventures*）一書，[18]字數約五十萬言，這部書提供了有關太平天國比較可靠的第一手資料，具有一定的參考價值。吟唎對李秀成抱著深切的同情，甚至還有敬意。他自稱：本書是遵照偉大太平天國革命領袖的囑託而寫成的。首頁即寫著：「獻給太平軍總司令忠王李秀成—如果他已去世，本書就作為對他的紀念」。基於上述原因，人們把作者的記述視為太平天國的信史，不同於敵視太平天國之著作，多誣衊不實之詞。它最大的貢獻是作者在書中記載他四年親身所經歷的一些事跡，相當珍貴。此書在中國大陸影響甚大，南京太平天國歷史博物館所陳列的圖像，就是依據此書插圖仿製而成的。此書雖以證述李秀成事跡為主，但對太平天國後期、天京內訌、領導人洪秀全日趨腐化過程及英國當時的對華政策均有詳盡描述。羅爾綱對此書站在同情、支持太平天國立場，揭露清軍暴行，雖提出十四項指正意見，但亦十分肯定此書價值。此書亦有日文版：《太平天国—李秀成の幕下にありて—リンドレー》[19]，全套共計四冊。此外史景遷（Jonathan D. Spence）這位研究中國歷史見長的耶魯大學教授（以他取名蘊含景仰司馬遷之意可

---

[18] 吟唎（A. F. Lindley）著，王維周、王元化譯，《太平天國革命親歷記》（上海：人民出版社，1997）。

[19] 吟唎著，增井経夫、今村与志雄譯，《太平天国—李秀成の幕下にありて—リンドレー》（東京：平凡社，東洋文庫，1988 年 12 月，初版 7 刷）。

見他對此領域的熱愛，曾為簡又文《太平天國革命運動史》一書作序），以其獨特的視角觀察中國歷史，而撰寫《太平天國》（*The Taiping Heavenly Kingdom of Hong Xiuquan*）一書。[20]這本書提供讀者一個排比有序、相吻合時的脈絡，便於吾人藉以追索洪秀全的內心世界和他的行為邏輯。史氏透過不同一般「講故事」的方式向讀者介紹他對洪秀全及太平天國敏銳而深邃的觀察與研究結果。以上書籍均為本文分析有關洪秀全重要事蹟時在引用外國學者觀點的主要來源。至於一般野史小說、臆造故事、民間傳說，不盡確實，則不採用。

在解析洪秀全天啟異夢方面，以往學者多視其為迷信及權謀的產物，並未重視。也有學者運用精神分析理論，如香港精神病院院長葉寶明（P. M. Yap）於 1954 年 5 月發表的專文認為洪氏所患「歇斯底里症」的看法。[21]後有盧瑞鍾應用精神醫學和心理分析理論判斷洪氏所患病是類似躁鬱症（Manic-depressive psychosis, Manic type）。這是以「美國精神病學會」（American Psychiatric Association）所出版《精神病診斷與統計手冊》（*Diagnostic and Statistic Manual of Mental Disorder, 1980*）所描述的症狀，來對照史料，分析洪秀全的夢與心理狀態。[22]此說推翻了葉氏的看法，兩人皆去除洪秀全「怪力亂神」的色彩，而賦予一個符合科學性思考的解釋。在學位論文方面，則有王超然的碩士論文〈天啟與實踐：洪秀全的異夢及其太

---

[20] 史景遷（Jonathan D. Spence）著，朱慶葆等譯，《太平天國》（*The Taiping Heavenly Kingdom of Hong Xiuquan*）（台北：時報文化出版公司，2003 年 1 月）。

[21] P.M.Yap " The Mental Illness of Hung Hsiu-chuan, Leader of the Taiping Rebellion" in *Far Eastern Quarterly* , Vol.13 , (1954) , pp. 287-304.

[22] 盧瑞鍾，《太平天國的神權思想》（台北：時英出版社，民國 74 年 10 月），頁 127。

平天國〉[23]。此外，朱言明的博士論文〈太平天國與國民革命對外關係之比較研究〉[24]，則是藉洪秀全與孫中山處理對外關係的不同，窺悉勝敗樞紐之所繫，皆具參考價值。

其他散見中外期刊、雜誌之有關洪秀全評述之專文亦多，詳見參考書目。為了便於吾人對洪秀全有一簡要的認識，特將其一生的重要事蹟，整理後列表如表 1-2。

表 1-2　洪秀全重要事蹟表

年代		大事紀	歲數
公元	年號		
1814	嘉慶十八年	一月一日，出生於廣東省花縣的客家農村，是家裡的三男。小名火秀，家族班輩名仁坤。後來自己改名秀全。生肖屬雞，家境貧寒。	一
1820	嘉慶二五年	開始入私塾讀書。	七
1828	道光八年	家計日艱而輟學。通過縣試，去廣州府試秀才不第。	一五
1830	道光十年	被族人聘為村中塾師。	一七
1833	道光十三年	在廣州第二次參加府試，落第。得梁發《勸世良言》九小冊，未讀，藏之。	二〇
1837	道光十七年	第三次應試，又落第，遭受巨大創傷，臥病四十餘日。「昇天」、見「上帝」和「耶穌」。	二四
1840	道光二十年	鴉片戰爭爆發。	二七
1843	道光二三年	參加第四次府試失敗，至此對功名仕途不再幻想，開始研讀《勸世良言》，拜上帝會成立。	三〇
1844	道光二四年	洪秀全、馮雲山等離開故鄉花縣，外出傳道。馮雲山到達桂平縣紫荊山區。	三一
1845 ｜ 1846	道光二五年 ｜ 二六年	洪秀全一邊在花縣教村塾，一邊寫成《原道救世歌》、《原道醒世訓》等佈教文書。	三二 ｜ 三三

[23] 王超然，〈天啟與實踐：洪秀全的異夢及其太平天國〉（政大歷史研究所，碩士論文，民國 89 年 5 月）。

[24] 朱言明，〈太平天國與國民革命對外關係之比較研究〉（中國文化大學中山所，博士論文，民國 78 年 6 月）。

1847	道光二七年	赴廣州投美教士羅孝全受教基督教義，未受洗而歸。再往廣西桂平紫荊山一帶傳教。開始破壞偶像的運動，並與馮雲山制定了拜上帝會的十項天條（戒律）。	三四
1848	道光二八年	馮雲山被逮捕。洪秀全為了解救馮雲山去廣東，不久又回到紫荊山區。楊秀清、蕭朝貴稱天父、天兄下凡，任命洪秀全為「天下萬國的真主」。	三五
1849	道光二九年	年初，曾經一度回故鄉。五月，與馮雲山一起回紫荊山。	三六
1850	道光三十年	從夏天到秋天，廣西的拜上帝會會員開始組團營，並不斷與各地的團練、清軍發生武力衝突，最後集結在金田村。年底，拜上帝會與清軍正式發生戰鬥。	三七
1851	太平天國元年（咸豐元年）	清派貴州總兵周鳳歧、江協副將伊克坦布前往金田，為團營所敗逃竄。 頒佈〈五大紀律詔〉，正號「太平天國」。洪秀全在東鄉「登極」，正式稱「天王」，加封五軍主將，定舊曆二月二十一日為「天王登極節」。	三八
1852	太平天國二年（咸豐二年）	頒佈《永安破圍詔》。太平天國前期戰爭中一個重大勝利，即歷史所記載的「仙回捷奏」。 頒佈《三諭》，即「誅妖」、「討胡」、「救世」，影響甚大。 六月，南王在蓑衣渡戰死。九月，攻長沙不克，西王戰死。	三九
1853	太平天國三年（咸豐三年）	一月克武昌。洪秀全自此開始享樂，埋下失敗種子。三月陷南京，楊秀清率諸王、文武百官及軍民，跪迎天王進入「小天堂」，改名天京。 頒佈《刪改詩韻詔》，成立「刪書衙」頒佈《天朝田畝制度》。 清軍建「江南大營」、「江北大營」與太平軍對峙。	四〇
1854	太平天國四年（咸豐四年）	二月，曾國藩組湘軍。頒〈討粵匪檄〉。全軍出擊，與太平軍形成拉鋸戰。 天父下凡，命令保存儒家經典和史書。七月命令停止發行《舊約聖經》和《新約聖經》。 太平天國舉行「天試」（即科舉）。	四一
1855	太平天國五年（咸豐五年）	四月，西征軍再次佔領武昌，進攻江西各地。 五月，北伐軍覆滅。 九月，天京廢除男女隔離制度。	四二

1856	太平天國六年 （咸豐六年）	六月，擊破清軍的江北、江南大營，解除對天京的包圍。 九月，太平諸王腐化、內訌。天京慘劇發生。北王殺害東王，接著天王又處死北王，株連甚眾。 十月，第二次鴉片戰爭爆發。 十二月，湘軍佔領武漢，清軍佔領鎮江。	四三
1857	太平天國七年 （咸豐七年）	六月，翼王脫離天京，率軍出走，一八六三年在成都被處死。 七月，清軍再建江南大營。 十月，提拔陳玉成、李秀成等。 十二月，英法聯軍佔領廣州。	四四
1858	太平天國八年 （咸豐八年）	五月，中俄簽訂璦琿條約。 湘軍佔領九江，英法聯軍佔領大沽。 六月，簽訂天津條約。 九月，陳玉成等擊破江北大營。 十一月，在三河鎮大敗湘軍，解除安慶之圍。英國軍艦溯江而上，遭到太平軍的炮擊。 天王發布《賜英國全權特使額爾金詔》。	四五
1859	太平天國九年 （咸豐九年）	四月，洪仁玕到達天京，封為干王，提出《資治新編》。	四六
1860	太平天國十年 （咸豐十年）	太平軍陷蘇州。李秀成攻上海，被英法軍擊退。英法聯軍陷北京，毀圓明園，咸豐帝逃至熱河。清朝與各國簽訂《北京條約》。 從這一年到翌年，天王頻頻發布〈夢詔〉，並改國號為「上帝天國」，不久又改為「天父天兄天王太平天國」。	四七
1861	太平天國十一年 （咸豐十一年）	一月，清朝設立總理衙門。 三月，英國海軍司令要求天王不得進攻上海。 八月，咸豐帝去世。 九月，湘軍佔領安慶。 十一月，清朝發生宮廷政變，西太后、恭親王掌握實權。 十二月，英國代表要求天王永遠不得進攻上海以及其他通商口岸，遭到拒絕。 本年，李鴻章組織淮軍。	四八

1862	太平天國十二年 （穆宗同治元年）	一月，忠王李秀成再攻上海失敗。 陳玉成被捕，六月四日被殺，年僅二十六歲。 六月，忠王軍控制了除松江之外的江浙要地，天王命忠王救援天京。	四九
1863	太平天國十三年 （同治二年）	六月，湘軍佔領雨花台。 十二月，天京危在旦夕，李秀成主張「讓城別走」，洪秀全斷然拒絕。石達開被捕。	五〇
1864	太平天國十四年 （同治三年）	三月，杭州陷落。 五月，蘇州失守，天京成為孤城。 六月一日，天王病死。 七月十九日，湘軍佔領天京。「太平天國」亡，前後十四年。	五一

貳、「政治人格個案研究」方面

國內外學人對政治人格案研究的成果頗豐，在此作一簡要介紹。國外著作方面：有艾立森（Erik H. Erikson）1958 年的《青年的路德》（*Young Man Luther*）、1969 年的《從心理歷史證據的性質探討甘地》（*On the Nature of Psychohistorica Evidence: In Search of Gandhi*）及 1969 年的《甘地的真象》（*Gandhi's Truth*）[25]、喬治夫婦（Alexander L. George & Julitte L. George）1964 年的《威爾遜與豪斯上校》（*Woodrow Wilson and Colonel House*）[26]、吳爾芬斯太因（E. Victor Wolfenstein）1967 年的《革命人格：列寧、托洛斯基、

---

[25] Erik H. Erikosn, *Young Man Luther : A Study in Psychoanalysis and History* (New York : Norton, 1958).

_____, *On the Nature of Psycho-historical Evidence : In Search of Gandhi* (New York : Norton, 1969).

_____, *Gandhi' s Truth : On the Origin of Militant Nonviolence* (New York : Norton, 1969).

[26] Alexander L. George and Juliette L. George, *Woodrow Wilson and ColonelHouse : A Personality Study* (New York : Dover, 1964).

甘地》（*The Revolutionary Personality: Lenin, Trotsy, and Gandhi*）[27]、
威廉（Garr Willian）1978 年的《希特勒—人格與政治的研究》（*Hilter: A Study in Personlity and Politics*）[28]。

國外相關專題性的討論文章方面則有艾斯伯利（J. E. Esberey）的〈人格與政治—貝恩國王新的議論〉、（"Personality and Politics-New Look at King-Bying Dispute"）、威爾斯（G. Welsk）與蒙格爾（F. Munger）合著〈政治系學生對尼克森與福特人格特質的看法〉（"Personality-traits of Nixon and Ford As Seen by Political-science Student"）、克恩斯（Doris Kearns）的〈詹森的政治人格〉（"Lyndon Johnson's Political Personality"）、衛恩斯丁（E. A. Weinstein）、安德森（J. W. Anderson）及林克（A. S. Link）三人合著的〈威爾遜的政治人格〉（"Woodrow Wilson's Political Personality: A Reappraisal"），以及科斯太地尼（E. Costantini）與科瑞克（K. Craik）的〈人格與政客—加州政黨領袖，1960-1976〉（"Personality and Politicians-California Party Leader, 1960-1976"）[29]等等。

---

[27] E. Victor Wolfenstein, *The Revolutionary Personality : Lenin, Trotsky, and Gandhi* (New York : Princeton University Press, 1967).

[28] Carr Willian, *Hilter : A Study in Personality and Politics* (London : Edward Arnald, 1978).

[29] J. E. Esberey, "Personality and Politics-New Look at King-bying Dispute", *Candian Journal of political Science*, Vol.6, No.1, (1973), pp.37-55.

G. Welsk., F. Munger, "Personality-traits of Nixon and Ford as Seen by Political-science Student", *Research Review*. Vol.21, No.2, (1974), pp.1-10.

Doris Kearns, "Lyndon Johnson's Political Personality", *Political Science Quarterly*, Vol.9, No.3, (Fall, 1976), pp.383-490.

E. A. Weinstein, J. W. Anderson, A. S. Link,"Woodrow Wilson's Political Personality : A Reappraisal", *Political Science Quarterly*, Vol.93, No.4, (1978), pp.585-598.

E. Costantini & K. Craik, "Personality and Politicians-California Party Leader, 1960-1976", *Journal of Personality and Social Psychology*, No.4, (1980),

　　至於國內學者亦有從事此項研究，如 1971 年，華裔美籍學者
陸培湧，採艾立森的人生八階段（即口部－感覺期、肌肉－肛門期、
行動－性器期、潛伏期、青春期、成人期、成熟期）及中國孔子人
生六階段（即十五而志於學、三十而立、四十而不惑、五十而耳順、
六十而知天命、七十而從心所欲而不踰矩）來研究蔣介石早期人格
的形成。[30]

　　馬起華於民國五○年代亦開始這方面的研究，在其所著《政治
人》[31]一書中，探討了甘地、史大林、墨索里尼、希特勒等政治人
物的變態人格。另一書《政治心理分析》[32]則以格林斯坦之「現象」
（phenomenology）、「動力」（dynamics）和「根源」（genesis）三
個取向為標準，探討威爾遜、呂后、武后、明太祖四位政治人物的
人格、言行、動機及革命者人格的一般特質、個案描述。張玉法的
《歷史學的新領域》[33]一書中的〈心理學在歷史研究上的應用〉及
張瑞德所發表的文章〈蔣夢麟早年心理上的價值衝突與平衡〉[34]、
石之瑜的專書《政治心理學》、[35]《政治文化與政治人格》[36]及專文
〈當代政治心理學的教材與方法：文獻簡介〉[37]等，均對此一領域
有所貢獻。

---

　　pp.641-661.

[30]　陸培湧，*The Earyly Chiang Kai-shek , A Study of His Personality and Politics,
　　1887-1924* (New York : Columbia University Press, 1971).

[31]　馬起華，《政治人》（台北：正中書局，民國 62 年 2 月）。

[32]　馬起華，《政治心理分析》（台北：正中書局，民國 73 年 3 月，2 版 2 刷）。

[33]　張玉法，《歷史學的新領域》（台北：聯經出版事業公司，民國 68 年 12 月，
　　第 2 版）。

[34]　張瑞德，〈蔣夢麟早年心理上的價值衝突與平衡（光緒十一年至民國六年）〉
　　《食貨月刊》，卷 7，期 8（民國 66 年 11 月），頁 78-84。

[35]　石之瑜，《政治心理學》（台北：五南圖書出版公司，民國 88 年，初版）。

[36]　石之瑜，《政治文化與政治人格》（台北：揚智出版社，民國 92 年 4 月，初版）。

[37]　石之瑜，〈當代政治心理學的教材與方法：文獻簡介〉《政治科學論叢》，期

　　在碩士畢業論文方面，國內研究生亦有從事政治人格的個案分析作為研究題材。如對中山先生人格方面的專題研究，有聶崇章的碩士論文〈孫中山政治人格的形成（一八六六－一八九四）〉[38]。此外，朱浤源首先以修訂後的史密斯與格林斯坦的分析圖作為架構，分別從政治人格學、精神醫學、病態心理學等角度探討宋教仁的政治人格。數年前作者為具體了解宋教仁日記中所記的同性戀傾向，親自遠赴日本從事現場之探查，並從東京大學、東北大學、慶應大學的醫學院圖書館調閱相關圖書。雖無法調閱其 1907 年在日本診療的病歷，但已與精神分析醫師討論，發現了宋教仁除熱心革命及醉心西方政黨政治外，確有同性戀的傾向（此一事實並未損其為一位傑出的革命政治家）。[39]經過政治人格途徑的研究，宋教仁在社會化過程中的人際關係，其中複雜微妙之處和人性的一面得以被深刻地描繪出來，也使得一些相關歷史問題的解釋得以釐清。此一研究典範引發研究生以政治人格相關理論對近代人物作分析、探討，成果頗豐，如周恩來、康有為、黃克強、秋瑾、胡漢民、孫中山與康有為等。[40]

10，（民國 88 年 6 月），頁 27-58。

[38] 聶崇章，〈孫中山政治人格的形成（一八六六－一八九四）〉（國立臺灣大學政治學研究所，碩士論文，民國 63 年 6 月）。

[39] 朱浤源，〈宋教仁的政治人格〉，前文，頁 186-217。

[40] 陳建隆，〈周恩來的政治人格〉（文化大學大陸問題研究所，碩士論文，民國 69 年 6 月）。
楊開雲，〈康有為政治人格之研究〉（政治大學政研所，碩士論文，民國 70 年 6 月）。
符儒友，〈黃克強的政治人格〉（政治大學政研所，碩士論文，民國 71 年 6 月）。
楊碧玉，《秋瑾政治人格之研究》（政戰學校政研所，碩士論文，民國 75 年 6 月）。於民國 78 年獲中國國民黨文工會獎助出版。（台北：正中書局，民國 78 年 4 月）。
王智榮，〈胡漢民政治人格之研究〉（政戰學校政研所，碩士論文，民國 77

由以上的介紹可得知，對單一個人的政治行為分析，已有相當的成果。雖尚在解釋階段（本論文之要旨，即在解釋洪秀全的政治行為），而且所涉範圍有限，無通則化之可能，但已能提供處理問題之參考，較為著名的例子，便是 1962 年古巴飛彈事件中，美國總統甘迺迪（J. F. Kennedy）採取《紐約時報》通訊員的建議：基於雷茲（Nathan Leites）這位研究人格及政治的學院派大師對蘇聯領袖心理傾向的假定（即赫魯雪夫及其同僚對美國的各種舉動可能產生的反應），而設計了攸關的對應政策，不僅解除了古巴飛彈危機，也證明了雷茲的研究成果不朽。故從長遠計，綜合無數之集體研究成果，尋找一般性之所在，果能抓準這些共通性，再考慮個人特有的因素，就不難掌握人類行為的特性，進而藉之預測未來的行止，也才能對集體本身有具體確實的發現，進而產生普通法則及公理，這亦是獻身政治心理研究者努力之目標。

參、「探討問題」相關研究方面

至於和本論文欲研究、探討的三個問題相關政治人格、政治心理學、人格心理學、社會心理學、發展心理學等學科的理論、方法、著作亦不少，現在分別就問題與相關現狀說明如下：

第一個問題是洪秀全為何成為清末太平天國革命運動的倡導者及拜上帝教的教主？他具有那些人格特質及心理動力？有那些社會遠因及社會近因使其成為太平天國革命動的倡導者及拜上帝教的教主？社會遠因中的宗教環境、地理環境、政治環境、經濟環境、社

年6月）。

黃煌智，〈孫中山與康有為政治人格之形成與內涵研究〉（師範大學三民主義研究所，碩士論文，民國83年6月）。

會環境，對其發生何種影響？社會近因中的家庭與教育、落榜生病與昇天之夢、外來宗教及吸收信徒與拜上帝會等過程、因素又如何影響了其人格的形成呢？他又具有那些人格特質及心理動力呢？

　　一、人格形成過程中的社會遠因與社會近因的研究有穆斯托法・雷杰（Mostafa Rejai）與凱・菲立浦（Kay Phillips）所著的《革命領袖》[41]一書中〈情勢研究法〉，說明時間、地點、社會環境及心理動力、對革命領袖的影響。赫洛克（Elizabeth B. Hurlock）原著，胡海國編譯的《發展心理學》[42]、王克先的《發展心理學新論》[43]、郭有遹的《創造心理學》[44]、李美枝《社會心理學》[45]、馬起華的《政治心理學》[46]、張金鑑的〈領袖人格形成的理論析釋〉[47]、羅香林的〈客家源流考〉[48]，以及雷杰與菲立浦的《革命領袖》中均論及社會環境、地理環境對人格形成的影響。

　　二、社會近因中家庭生活對人格的影響之研究有雷杰與菲立浦的《革命領袖》、伯薩德（H. H. S. Bossard）與柏爾（E. S. Boll）的《大家庭系統》[49]及王克先《發展心理學》。產序對人格的影響，

---

[41] Mostafa Rejai & Kay Phillips, *Leaders of Revolution* (California: Sage Publications, Inc., 1979).

[42] 赫洛克（Elizabeth B. Hurlock）原著，胡海國譯，《發展心理學》（*Developmental Psychology*（台北：桂冠圖書公司，民國 67 年 7 月，第 3 版）。

[43] 王克先，《發展心理學新論》（台北：正中書局，民國 69 年 7 月，第 3 版）。

[44] 郭有遹，《創造心理學》（台北：正中書局，民國 66 年 11 月，第 3 版）。

[45] 李美枝，《社會心理學》（台北：大洋出版社，民國 74 年 1 月，第 9 版）。

[46] 馬起華，《政治心理學》（台北：臺灣商務印書館，民國 62 年 2 月，第 3 版）。

[47] 張金鑑，〈領袖人格形成的理論析釋〉，《東方雜誌》，卷 13，期 12（民國 69 年 6 月），頁 10-13。

[48] 羅香林，〈客家源流考〉載《香港崇正總會三十週年特刊》（香港：崇正總會出版，1950），頁 105-106。

[49] H. H. S. Bossard and E. S. Boll, *The Large Family System* (Philadelphia : University of Pennsylvania Press, 1956).

則有余昭、李美枝、阿德勒（Alfred Adler）[50]、雷杰與菲立浦等人的研究。家庭經濟狀況對個人人格的影響則有余昭、赫洛克以及雷杰與菲立浦的研究。

三、人格特質的研究，有李美枝、郭有遹、李序僧、西爾格德（Ernest R. Hilgard）[51]及雷杰與菲立浦等人的研究。關於革命人物的心理動力，在馬起華的《政治心理分析》[52]一書中有論述。

第二個問題，洪秀全採用什麼方法與什麼態度以達到其目標及理想？為了達成目標和理想，洪秀全有那些政治意見與態度？他如何調和人我關係？

一、政治態度與政治意見方面的研究有格林斯坦的《政治與人格》(*Personality and Politics*)以及由格林斯坦與波士畢合著的《個體政治論》(*Micropolitical Theory*)、路君約的《心理學》[53]、張春興的《心理學》[54]及石之瑜的《政治心理學》等書均有論及。

二、調和人我關係的方法有格林斯坦的《人格與政治》、《個體政治論》及佛洛姆（Erich Fromm）的《心理學與宗教》[55]及石之瑜的《政治心理學》等書。

第三個問題，洪秀全一生遇到許多挫折，其中包括周遭的親人、友伴、同志甚至對手，他是如何去面對和處理？

有關自我防衛的書籍有徐靜的《心理自衛機轉》[56]、馬起華的《政治心理學》、拉斯威爾（Harold D. Lasswell）的《精神病理學

---

[50] A. Adler, *What Life Should Mean to You* (Boston: Little Brown Press, 1931).

[51] 西爾格德（Ernest R. Hilgard）等著，鄭伯壎、張東峰編輯，《心理學》(*Introduction to Psychology*)（台北：桂冠圖書公司，民國 70 年 9 月）。

[52] 馬起華，《政治心理分析》（台北：正中書局，民國 73 年 3 月，2 版 2 刷）。

[53] 路君約編，《心理學》（台北：中國行為科學社，民國 65 年，第 6 版）。

[54] 張春興，《心理學（上）》（台北：東華書局，民國 66 年 10 月，第 2 版）。

[55] 佛洛姆（Erich Fromm）著，欣瑜譯，《心理學與宗教》（台北：有志圖書公司，民國 60 年 9 月）。

和政治》[57]以及恩格樂（Barbara Engler）的《人格理論》（*Personality Theories: An Introduction*）[58]等。此外，拉斯威爾所提之「挫折─攻擊說」（Frustration-Aggression Hypothesis）及經過伯克維茲（L. Berkowitz）等人對之修正意見，[59]皆有相關論述。

　　上述相關學科研究的論著，將作為以下章節探討問題時之理論依據及參考。其特色乃在對單一問題之陳述、討論，至於應用至解釋洪秀全之政治行為時，尚要結合其所處時空環境，予以探討。

---

[56] 徐靜，《心理自衛機轉》（台北：水牛出版社，民國 69 年，再版）。

[57] Harold D. Lasswell , *Psychopathology and Politics* (Chicago : University of Chicago Press, 1930).

[58] Barbara Engler, *Personality Theories: An Introduction* (Boston: Houghton Mifflim Co., 1979).

[59] L. Berkowitz, "Aversively stimulated aggression: Some parallels and differences in research with animals and humans", *American Psychologist,* No.38, (1983), pp.1135-1144.

第二章　洪秀全政治人格形成之社會遠因

　　時代環境、社會情勢，對一個人有著相當重要的影響。洪秀全日後會創立「拜上帝教」，倡導革命，並進而將兩者結合在一起，建立太平天國。固與其個人之人格特質有關，但從另一方面言，晚清的整體環境亦是促其邁向革命之途的主要因素。故本章所要探討的問題在時間上，要追溯至洪秀全出生之前的時代環境和社會情勢，此亦為形成洪秀全政治人格的社會先在條件。[1]首先探討的是自然、人文的地理環境對洪秀全的政治人格之形成有何影響？由於洪秀全出生於廣東，卻在廣西一帶傳教與密謀革命，因而我們將地理環境置於此二處。其次再探討兩廣的經濟環境、社會環境、宗教環境、政治環境又如何？這五個因素對洪秀全發生何種影響？現分別說明如下：

---

[1] 卡萊爾（T. Carlyle）所寫的《英雄與英雄崇拜》是領導偉人論（great man theory）觀點的代表著作，偉人論者認為是英雄創造了時代。與偉人論持相反論點的是時勢論（zeitgeist）或稱為社會決定論（social determinism）。所謂時勢係指時代的精神（spirit of time）或社會力量（social force）。這派理論認為是「時代創造英雄，而非英雄創造時代」。對同一問題提出不同的理論觀點，常有相輔相成的效果。客觀而言，偉人論與時勢論均指出事實的一部份而非全部，故本論文採胡克（Sidney Hook）的觀點而認為：時代精神的成立是集合多數人的共同心向匯點成流，當時勢潮流有幾個可行的方向時，所謂的英雄偉人或領袖就成了導引方向的決定力量。詳見：李美枝，《社會心理學》（台北：大洋出版社，民國 74 年 1 月，第 9 版），頁 550。

第一節　地理環境

　　人類的生活與地理環境一直是息息相關、密不可分的，甚至可以說，人類生活只是對於環境的一種調適過程（process of adjustment）。[2]人類受環境之支配古今一轍，惟程度略有不同；原始人完全受環境支配，文明人雖不盡如此，但仍有大部份不能超脫環境的統制而生存。[3]

　　地理環境包括物質的與生物的兩方面：地形、氣候等是物質的，自然界的動、植物是生物的。人類為適應不同環境，極易表現出不同的性格，久而成習。在同一地區的人所表現的行為模式大體一致，影響所及，連價值觀念、道德標準亦趨於統一。久而久之即形成一種有別於其他地區的性格。如研究我國民性，大抵而言，越是北方越顯剛直而果敢，所謂「衽金革死而不厭，北方之強也」。《禮記・中庸》是以北方自古多出戰時勇士，而越靠南方則較溫順，所謂「寬柔以教，不報無道，南方之強也。」[4]姑不論這種分析的信度如何，但至少說明了人與地理環境有著密不可分的關係。

　　一個人的人格深受地理環境的影響，山岳地帶，交通不便，文化阻滯的居民，多偏狹而橫悍；平原地區，交通暢通，文化發達的

---

[2] 孫本文，《社會學原理（上）》（台北：台灣商務印書館，民國53年3月，第3版），頁96。

[3] 泰勒（G. Taylor），《人種地理學》（台北：台灣中華書局，民國49年，初版），頁3。

[4] 《禮記・中庸》此種地區性格的分類，有時是屬於心理學家所說的「社會刻板印象」（social stereotype）。人們常將世人分為若干類，而對每一類的人有一套或強或弱的固定看法，這種未必有事實根據的看法或印象叫做社會刻板印象。參閱：張春興、楊國樞合著，《心理學》（台北：三民書局，民國58年，初版），頁531-532。

居民，則樂觀進取。[5]由於洪秀全出生、成長於廣省東花縣，卻在廣西一帶傳教與密謀革命。因而我們將地理環置於影響其人格形成的主要兩處─廣東省花縣與廣西省桂平縣，再進一步論及此兩者之關係。

壹、廣東省花縣

在歷史上，廣東為明室復興運動之尾閭，抵抗滿人征服最為激烈。順治七年（1650 年），八旗合師，攻破廣州，民拒不薙髮，清軍屠城令下，被殺者七十餘萬，藏匿居城下六脈大渠，因水漲淹死者又數萬人，死事之慘，不亞於揚州三日、嘉定三屠。[6]此種仇恨，以及清廷為防反動力量之串聯而迫遷沿海居民，致民眾喪失田宅財產流離失所、死亡枕藉之慘劇，均為粵民仇滿恨滿深結不解的源頭。

洪秀全是廣東花縣人，花縣地形險要，境內的花山（即花縣原名）自清初即為反清人士號召革命及避難的天然屏障。在清人區達名的《西園雜記》及劉獻廷的《廣陽雜記》的記載中，即記有明末遺臣「花山二老」在花山宣傳革命的故事。凡「南明孤臣遺孽亡命未死者」都去歸依他。[7]他們「據險自守，官不得入，而租賦輸納不缺」。[8]後來花山的革命基地為滿清所剿滅，於康熙二十五年（1686年）建立為花縣。其時花縣廣袤各為百餘里，而人口才一萬五千多人。[9]可謂地廣人稀，外來農民移往該地墾殖者很容易立足，於是

5　王克先，《發展心理學》（台北：正中書局，民國 69 年 7 月，第 3 版），頁 732。
6　簡又文，《太平天國全史》（香港：簡氏猛進書屋，民國 49 年，初版），頁 47-48。
7　羅香林，《客家史料匯篇》（香港：中國學社，民國 54 年 3 月），頁 414-415。
8　同上。
9　《花縣志》，卷 1〈疆域〉云：「花縣治在廣州之北，其境廣一百二十九里，

嘉應州的客家人紛紛移到花縣居住。當時住在花縣官祿　的洪秀全的祖先，也是在這種情況下遷移而來。

由於祖先一脈相傳的奮鬥精神和特有的性格，加上花縣一帶流傳的抗清事蹟，對洪秀全的民族意識與革命觀點具有啟發的作用。

廣東是臨海的省份，西潮東漸，廣東最早接受浸潤，廣東人民性強悍，與湖南騾子、山東響馬齊名，其中又以客家人為最。洪秀全是客家人，關於客家人的民族性，中外研究人類學者均有專文分析，各種重要百科全書亦有 Hakka 一字，並介紹客家民性。學者羅香林即認為塑成客家之民性，乃適應自然環境的結果。他認為：

一、在種族的遺傳來說，客家民系實在是一群強者的血統。他們之所以能抵抗一切的壓力，從事各種革命運動，也全在他們有這種強者的遺傳。這種遺傳是曾經付出很多的代價，才獲得的。

二、客家先民，以曾度過漫長的遷移歷程，經過無數的複雜環境，使他們於適應環境維持生存等方面，體驗到刻苦耐勞，客物覃人，耕田讀書，沐浴衛生，和天足健步的重要。

三、「寒熱咸宜，燥濕無忌」，正是客家人士適應自然環境的寫照。就近代中國史來說，每經一次局勢的轉變，也就增加客家人士一次的發展。所以自人地關係或人事關係的觀點來說，客家民系可說是自然環境影響或選擇下的一群適存者。[10]此種民族性，綜合言之，即刻苦、耐勞、團結、

衰一百有一里。」卷二戶口云：「康熙二十五年建花縣，始南番二縣割撥戶口人戶共五千二百二十二戶，男丁共七千七百四十三丁，……婦口共六千七百七十五口。」清初調查戶口，徵收丁稅為目的，人民常不肯據實報告，故真實的人口數字可能比官方統計者多。詳見：黃文龍，《花縣志》(台北：成文出版社，民國56年，清光緒版重印)，頁121。

10　羅香林，〈客家源流考〉，載《崇正總會三十週年紀念特刊》(香港：香港崇

節儉、慷慨、勇敢、愛國、剛強、革命。[11]無怪乎其民族
意識與革命精神，較他省為突出，而盛產革命領袖之傾
向。代表人物有：趙佗、洪秀全、孫中山等。

基於此，故有人說：地理是歷史的舞台，歷史的現象和民族的
活動，常受地理的影響。

貳、廣西省桂平縣

廣西省桂平縣的紫荊山區是洪秀全、馮雲山日後傳教、從事革
命運動的策源地。就地理環境言，廣西的地形比廣東複雜，且廣西
開化較晚，人跡較少，無論傳教、宣傳革命思想都較不易引起官方
注意。而複雜的地形又是軍事上很好的憑藉。關於桂平的地理環
境，據《太平天國起義調查報告》分析，桂平縣紫荊山區，貴縣的
龍山山區，平南縣的鵬化山區，是太平天國起事前密謀革命的基
地，及起事武裝鬥爭的地點。其中以紫荊山為中心，這一帶山巒重
疊，連綿不斷，是屬於大藤峽範圍。而大藤地區是明代傜族領袖侯
大狗、侯公丁前後起事的地方，明朝派韓雍、王守仁兩度來鎮壓才
把動亂平息下去。[12]從軍事的攻守觀點看，紫荊山是險要可守的兵
家必爭之地。據簡又文的描述：

> （紫荊山）背為傜人區域，崇山峻嶺，常人不能通行，其前
> 則只有兩路可入。……兩路狹窄難行，且皆險要可守，簡直

正總會出版，1950），頁 105-106。
[11] 郭壽華，《客族源流志》（台北：自印本，民國53年9月，第4版），頁32-45。
[12] 廣西省太平天國史調查團編著，《太平天國起義調查報告》（北京：三聯書店，1956年，初版），頁5。

有一夫當關，萬夫莫敵之勢，而由三江墟北上深入山區之一條山路則更為崎嶇矣。十八山內，山菁林密，只有羊腸小徑貫聯各村，尤為難行，宛如化外之域，外人不易進入，官吏的威嚴兵力均不易達到，更不能用兵攻入。[13]

廣西住民除了土著之外，大多為外遷到此的客家人，其民性在張九如自地形、氣候影響的觀點下，其看法是：

……西南人遂為多血質而兼烈情質的民眾。……表現著輕生死，重然諾，言必信行必果，明恩怨，嚴報復，急人之急，赴人之難，侮上而矜下，以殺身成仁自豪的特徵……廣西民食多艱，游勇麕集，椎埋相結，故其人最喜亂，復因山川紆繞，地少平原，人民含山谷氣，饒自尊心，雖有朋黨，而不善合群，雖敢急人，而自己有難，不求人急；雖無臂助，而苟有合於血氣之私，則自任孤行亦所弗顧；因為自尊，故酷愛自由；因為急人之急，故鄉土觀念特甚；因為山境閉塞，民識固敝，故無遠慮，偏保守，眼光狹，度量小，富於競爭心，及排外心。[14]

此種民性就群眾運動學理看，是較易接受提示或煽動，尤其處於特殊的政治情境中或外力刺激下，極易釀成暴烈的集體行動。這一點由太平天國的核心幹部與基本群眾，大都是兩廣的客家人，得到很好的說明。[15]

13 簡又文，《太平天國全史》，前書，頁77。

14 張九如，《群眾心理與群眾領導》（台北：臺灣商務印書館，民國65年，第6版），頁86。

15 王榮川，《太平天國初期的政治運動（一八四三一一八五三）》（台北：阿爾泰出版社，民國71年5月），頁2。

參、兩廣的關係

就兩廣的歷史淵源與教訓言，兩廣一向是天地會（三合會）[16] 活躍的地區，其革命目標皆以推翻滿清為首要。兩百多年來，民族革命，一脈相承，代代相傳，具有深厚的歷史淵源，從而獲得許多寶貴的經驗與教訓。洪秀全和天地會的許多活動，有過接觸，他曾說：

> 我雖未嘗加入三合會，但常聞其旨在「反清復明」。此種主張在康熙年間該會初創時，果然不錯的，但如今已過去二百年，我們可以仍說反清，但不可說復明了。無論如何，如我們可以恢復漢族山河，當開創新朝，如現在仍以恢復明室為號召，又如何能號召人心呢？[17]

當滿清王朝日益腐敗，而朱明王朝已經灰亡兩百年之後，洪秀全贊成反清，反對復明，這顯示他對明清以來的歷史，作過深思，對於啟發他的民族意識和反叛思想，起了相當的作用。

---

16 天地會即是三合會，據蕭一山說：「天地會的名稱，從來就不一致，尤其在太平天國前後，它的化名特多，兩廣所謂的『三合會』、『三點會』，都是它的別名，其他各地的『八卦會』、『哥老會』、『添弟會』、『致公黨』、『紅幫』、『袍哥』等都是它的分派。但它原來的總名，對外則稱『天地會』，對內則稱『洪門』」，詳見：蕭一山，〈天地會起源考〉，載《太平天國叢書》，冊2，（台北：中華叢書委員會，民國45年12月），頁293。此外，陸寶千在《論晚清兩廣的天地會政權》一書中指出，天地會乃一「政治異動團體」，此團體有一「複合的政治異動觀念」為其行為之指導，該觀念由「民族主義」、「義」及「宗教信仰」三者所構成。詳見：陸寶千，《論晚清兩廣的天地會政權》（台北：中央研究院近代史研究所，民國74年5月，再版）頁3-4。

17 洪仁玕口述，韓山文著，簡又文譯，《太平天國起義記》，載楊家駱主編，《太平天國文獻彙編》，冊6（台北：鼎文書局，民國62年12月），頁872-873。

　　廣西具有較為優越的地理形勢，利於革命力量的積聚、呼應和進攻退守。洪秀全在廣東宣傳拜上帝教失敗以後，立即做出「到廣西去」的決定，這除了廣東人民正忙於反對洋人入侵，無暇也不可能立即接受拜上帝教的主要原因外，顯然也考慮借重廣西這種有利的地理條件。[18]

　　「廣西去京師四千六百餘里。五嶺西偏，蠻叢雜育，醜類素易嘯聚。唐時黃巢事亂，編筏浮湘水，逾江而東渡淮而北，禍遍天下，發軔實維桂州。桂即今之廣西之省會也。……而逆匪洪秀全等竟躡黃巢之迹，弄兵潢池，荼毒泯棼，為禍至此。」[19]這一段記載，更進一步說明洪秀全選擇廣西為起事之地，除了地理上的理由，也步歷史之先例而從事其革命。

　　就兩廣的互動關係而言，廣東花縣鄰近省會廣州城，以當時的交通狀況而言，《花縣志》上記載：「水程一百二十里，陸路九十里，至廣州府省城。」[20]且清廷以廣州為對外貿易唯一口岸，其著眼點之一，當在其地偏處南陲，遠離京師祕勿之地。但交通不便，路途遙遠的因素，亦為清政權控制南疆的不利條件。內陸邊陲，因地廣人稀，平亂不難，兩廣沿海人稠之地，一有亂事，易因訊息往返費時而致運籌決策、調兵遣將，均難收劍及履及之效；此一因素使動亂時代兩廣每易成為盜賊淵藪或革命基地。[21]另一方面，在當時交通工具困難的情形之下，兩廣交往有水運，較之其他各地為便。且因廣西住民除了土著之外，大多是由嘉應州、惠州遷去的客家人，

[18] 鍾文典，〈論太平天國革命發生在廣西的原因〉，載北京太平天國歷史研究會編，《太平天國史論文選（上）》（北京：三聯書店，1981 年 1 月，1 版 1 刷），頁 210-211。

[19] 杜文瀾，《平定粵匪紀略》（台北：文海出版社），卷 1，頁 1。

[20] 黃文龍，前書，頁 123。

[21] 盧瑞鍾，《太平天國的神權思想》（台北：時英出版社，民國 74 年 10 月），頁 41。

故在語言習俗上有若干相同之處，這批廣西的客家人，正是太平天國起事之初的基本群眾。[22]

第二節　經濟環境

中國社會自秦漢以後，一治一亂的交替循環極為顯著。史學家們即有「三十年一小亂，一百年一大亂」的說法。[23]其論點主要為每逢大亂之後，人口減少，田產敷用，四方之民安居樂業，一方面也是亂極思治，故社會呈現安和樂利的景象，此時即為所謂治世，為一般人心中所謂黃金時代。然而，隨著人口的日增，荒地的日減，耕地乃漸不敷使用，形成生產者寡，食之者眾的情形，生活水準遂大幅降低。同時，由耕地的不足，許多農民或遷徙都市、或轉行他業；然而大部份則變成遊民、流氓。此時若逢五穀豐登，則一般平民仍不免饑寒，如遇荒年，則哀鴻遍野，甚且人相啖食，民間變亂乃起，終至不可收拾。經過多年相爭後，人口大為減少，社會復趨安，遂完成一週期的循環。[24]究其致亂的原因，多源於中國經濟結構的不建全，加上過於重視農業的傳統思想及知足、安貧、克己的

---

[22] 王榮川，前書，頁3。

[23] 李劍農、蕭一山均採此一論點，詳見：李劍農，《中國近百年政治史》（台北：臺灣商務印書館，民國67年，第14版），頁57-58。蕭一山，《清代通史》，冊3（台北：臺灣商務印書館，民國56年，第2版），頁35-36。

[24] 同上。此外，梁啟超亦提出中國歷史呈循環的發展模式，他認為：「泰西歷史為進化，我國歷史為循環，豈必論他書？即戶口一戶而已然矣。」詳見：詹火生，〈清代人口思想述略〉，載《思與言》，卷10，期6（民國62年3月），頁430-431。

價值觀，使得兩千年來經濟一直不發達。韋政通即認為：「中國幾千年的文化，成就最小，問題最多的莫過於經濟。」[25]

　　清代的經濟情況到了乾隆以後，國力盛極而衰，人口膨脹，土地分配不均，加上前述滿清官僚體系下層層賄賂之現象，政治腐敗漸趨惡化，復逢嘉慶、道光年間天災盜禍橫生，國庫濟災支出龐大，益以鴉片大量進口，錢賤銀貴，對國家財政經濟問題，造成嚴重的虧損。現分別說明如下：

壹、人口膨脹，土地分配不均

　　中國自古以農立國，農民在全國人口中佔絕大多數。而耕地面積的大小，對農民而言至為重要。當人口增加到了超過耕地面積和生產力所能容納和供給時，就自然產生糧食不足等現象。乾隆六年（1741 年）到咸豐元年（1851 年）的一百一十年間，中國人口從一四三、四一一、五五九人增至四三二、一六四、○四七人（見圖 2-1）。為了因應人口增加所產生糧食不足現象，清朝從雍正帝開始鼓勵人民開墾荒地，然而墾田面積增加有限（見表 2-1），農民可耕田地越來越小，生活日益困難，土地分配成了歷代統治者重大問題。嘉慶年間儒者洪亮吉在其所著之〈治平〉、〈生計〉兩篇文章中，便已看出人口比生活資源增加快，是社會艱困，民生困苦的根本原因。他看出社會遲早要亂，治平不能長久，所以他始終持悲觀的看法。[26]

---

[25] 韋政通，《中國文化概論》（台北：水牛出版社，民國 57 年，初版），頁 261。

[26] 羅爾綱，〈太平天國革命前的人口壓迫問題〉，載李定一、吳相湘、包遵彭編纂，《中國近代史論叢》，輯 2，冊 2（台北：正中書局，民國 67 年 10 月，第 6 版），頁 76。

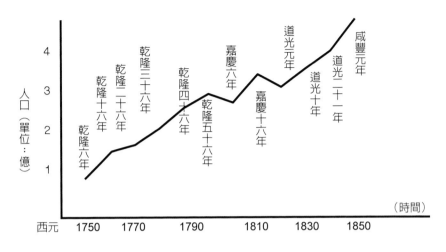

圖 2-1　滿清人口成長曲線圖

資料來源：羅爾綱，《太平天國史綱》(上海：商務印書館，民國 26 年 1 月，初版)，
頁 8。

表 2-1　滿清墾田面積表

時間（年代）	墾田面積
順治十八年（1661 年）	五、四九三、五七六頃有奇
康熙二四年（1685 年）	六、〇七八、四三〇頃有奇
雍正二年（1724 年）	六、八三七、九一四頃有奇
乾隆卅一年（1766 年）	七、四一四、四九五頃有奇
嘉慶十七年（1821 年）	七、九一五、二五一頃有奇
道光十三年（1833 年）	七、三七五、一二九頃有奇

資料來源：李劍農，《中國近百年政治史》(台北：臺灣商務印書館，民國 67 年，
第 14 版)，頁 9-10。

　　以當時中國人的生活程度而言,平均每人需要農田四畝方面可維持最低的生活水準。而以道光十三年（1833 年）全國每人平均畝數一‧八六畝看,已根本不能維持那時人口最低的生活水準。[27]由此可知當時社會經濟問題是多麼嚴重。

　　農民為求生存,在毫無選擇下,只好靠借債或賣田以濟饑,甚至出賣自己妻兒或乾脆把新生嬰兒溺死以減輕負擔。[28]而農田出賣的結果,使得土地兼併於少數富豪地主之手,因而貧富懸殊甚大。自鴉片戰爭後至太平天國革命前夕,土地集中情況更形嚴重。根據直隸（河北）、河南、山東、江蘇、浙江、安徽、江西、福建、廣東、廣西、陝西和東北等十四省的資料說明,全國土地有百分四十至八十,集中在百分之十至百分之三十的少數人手中,而百分之七十到九十的多數人,則沒有土地。[29]形成「富者田連阡陌,貧者無立錐之地」的強烈對比。於是社會上無業遊民日益增多。這些無田可耕的農人或無事可作的工人日益增多,甚或淪為盜匪,一遇災歉,便呼嘯而集,釀成變亂,造成社會動盪不寧,也提供從事群眾運動有的條件。清人對太平天國亂因之檢討,多論及人口激增及富者對平民的剝削。[30]而洪秀全在起事後也提出「天朝田畝制度」做為政治號召,正是針對事實的需要而設計,要把農田分給農民,自然易獲窮苦平民的心。

---

[27] 同上,頁 39-41。

[28] 同上,頁 67-73。

[29] 施友忠,〈太平天國的思想形態〉,載中華文化復興運動推行委員會主編,《中國近代現代史論集》,冊 3（台北:臺灣商務印書館,民國 74 年 8 月,初版）,頁 86-87。

[30] 鍾建熙,〈從清代中葉以後社會、經濟、政治三方面所衍生的問題看太平天國興起的原因〉,《史學月刊》,期 37（民國 82 年 6 月）,頁 38。

貳、災荒連年，民不聊生

　　嘉慶道光年間，盜匪橫行、災荒連年，使得國庫的積財又耗費在剿匪與賑災之上，從此國家財政逐漸陷入困境。尤其道光年間，災荒的頻仍，更加速了政府經濟結構的瓦解。

　　道光元年（1821年）至道光三十年（1850年）的三十年中，中國先後發生 61 次水災，49 次地震，49 次霪雨，43 次旱災，33 次饑，31 次雨雹，30 次疫災，25 次風災，21 次蝗災及雪災，總共發生了 345 次自然災害。這些災害都對經濟產生破壞性。[31]「饑荒之國度」（The land of famine）[32]的稱呼是當時最貼切的寫實。

　　若將災荒範圍縮小至廣西省，吾人看太平天國起事區，在道光朝期間（即道光元年至道光三十年太平天國起事的那一年）所遭受災荒的情形。據彭澤益所作「清道光朝廣西災荒表」[33]統計，在道光年間的廣西省除了六年沒有災荒記載，每年都發生災荒。加上種類繁多、相互連鎖影響，導致民生疾苦。例如廣西桂平縣在道光三十年就有「宣里屠人鬻於市」的慘劇發生。[34]最嚴重的是太平天國起事當年，竟然水災（昭平、龍州）、旱災（平南）、饑荒（灌陽、興業）流行疫病（遷江、武緣）一起降臨。而災荒呈現的景象更是民不聊生、饑民遍野、餓殍載道。清廷雖舉辦賑災，但災民實際所

---

[31] 黃建華，〈道光時代的災荒對社會經濟的影響〉，《食貨月刊》，卷 4，期 4（民國 63 年 7 月），頁 20-22。

[32] 鄧雲特，《中國救荒史》（台北：臺灣商務印書館，民國 59 年，第 2 版），頁 3。

[33] 彭澤益，《太平天國革命思潮》（上海：商務印書館，民國 35 年，初版），頁 23-25。

[34] 「是年，八月至十二月大旱，宣里民屠人鬻於市，宣二里民某甲與其鄰乙樵於山，斧死之，熏其肉鬻於市，曰豝也。」詳見：程大璋、黃占梅，《桂平縣志》（台北：成文出版社，影印本，民國 56 年），頁 1260-1261。

得幫助卻十分有限，因為賑災向來存在著兩大弊端，一為浮冒剋扣，二為敷衍了事。[35]自嘉慶以來，全國陸續有大小亂事出現，道光二十九年，廣西大饑，天地會黨人乘機而起，攻佔城市，誅戮官員、聲勢浩大。李守孔認為，太平天國初發難時，人數不過一萬數千人，及陷南京，增至三百萬，其主要原因即由於連年大災荒所造成。[36]

在中國社會制度中，中國人民對於國君效忠的觀念頗饒趣味。設令某一時期的社會，風調雨順，物阜民康，則當政的國君被視為德配天地，是人民愛戴的『真主』；反之，若天災連年，貪污盛行，餓殍遍野，則此君主將被視為上受天譴的『昏君』，因而喪失人民對他的忠誠。於是民變繼之而起，『真主』代興，社會遵循著衰變曲線又開始了另一次回春。[37]此一看法，與董仲舒建立的天人感應觀點，頗相符合（第四節中詳論）。災荒的頻仍意味著「變天」的預兆，此一現象，非但直接影響社會、經濟及政治層面，也成為農民起事，改朝換代的一股推動力。[38]

參、銀兩外溢，銀貴錢賤

清末西方列強挾其船堅砲利的威脅，向中國展開一連串的經濟侵略，在其軟硬兼施下，引發了經濟風暴，即銀兩外溢與銀貴錢賤的問題。不但造成政府財政上的困難，亦加深了中國人民的苦難。

---

[35] 李守孔，《中國近代史》（台北：台灣學生書局，民國 75 年 10 月，初版 5 刷），頁 152。

[36] 同上。

[37] 龔忠武編譯，Marion J. Levy , Jr.著，〈近代中國社會的變化〉，《大陸雜誌》，卷 31，期 10（民國 54 年 11 月 3 日），頁 17。

[38] 王榮川，前書，頁 7。

首言銀兩外溢的情形，究其原因主要是國際貿易的不平衡，列強將中國作為傾銷商品的市場，大量傾銷鴉片煙、棉布、棉紗，此一土洋經濟衝突的結果，一則影響農民和手工業工人的經濟生活，造成農村經濟日益蕭條，無數小商人喪失生計，十數萬勞工因之失業，受苦最深者厥為兩廣農工大眾。[39]再則鴉片輸入不僅毒害中國人的身體，直接危害社會生機，並引起白銀大量外流。雖然各方資料說法並不一致，但「即使是最保守的看法，一年似乎也決不在一千萬兩以下。」[40]以十年累積計算，中國耗銀就超過億兩以上，二十年即三億兩以上。本來中國對外貿易，以茶絲易綿毛一向是出超，及鴉片進口後就轉變為入超。以道光十八年為例，英國輸入中國貿易的總數為二四、七八五、四六二元，而中國輸至英國的貨物總數不過二二、○○四、七○○元，中國入超二、七八○、七六二元。就中美貿易關係而言，道光元年時，美國輸到中國的銀塊為三、三九一、四八七元，到了道光十八年時，卻僅輸入七二八、六六一元。[41]由於銀兩經年累月大量外流，造成國內市場銀根日緊、銀價高漲、錢價低落，終形成銀貴錢賤的趨勢。

清朝制錢的法定重量為一錢，但實際上制錢質量常有改變，重量不一。銀貴錢賤的情形，到了道光十六年（1836 年），銀價忽增至每兩一千二三百文，而到了道光十八年（1838 年）時，每兩銀更易制錢一千六百餘文。[42]（與乾隆以前，每制錢七百文即可易銀一兩，相去甚遠）。銀貴錢賤對全國經濟影響甚鉅，具體而言有三：

---

[39] 盧瑞鍾，前書，頁 43。
[40] 羅爾綱，〈中國近代史經濟史統計資料選輯〉，載《中國近代史論叢》，輯 2，冊 3，前書，頁 28-29。
[41] 同上，頁 35。
[42] 同上，頁 36。

一是農村蕭條，農人無力繳稅（因為「錢」的貶值，農民以錢折銀，稅額無形提高）。二是商業蕭條，因為許多大商店為之破產。三是國家稅收不足。從嘉慶二十五年（1820 年）的四千萬兩，縮減至道光二十一年（1841 年）的三千九百萬兩以下，及道光二十九年的三千七百萬兩以下，可謂每況愈下。[43]

　　銀貴錢賤的情形會對民生經濟造成不良的影響，前已述及，國際貿易的不平衡，又使土洋經濟衝突，現今雙重剝削情形下，尤其對自耕農與傭工的衝擊最大。原因是國家公糧徵收銀兩，而自耕農與傭工收入則為錢，需折錢為銀，方可完納錢糧，若銀貴錢賤，則雖然每年仍收定額的賦稅，但人民的負擔則加重，甚至無力繳納。據曾國藩在奏稿中言：

> 昔日兩銀換錢一千，則石米得銀三兩，今日兩銀換錢二千，則石米得銀一兩五錢，朝廷自守歲取如常，而小民暗加一倍之賦，州縣竭全力以催科，吏役四出，晝夜追此，鞭扑滿堂，血肉狼藉。民間完納愈苦，吏之追呼亦愈酷。或本家不能完，則鎖挐同族之殷實者而責之代納，甚者或鎖其親戚，押其鄰里，真有民不聊生之勢。[44]

　　兩廣一帶的情形，甚為嚴重，根據鍾文典的研究指出：嘉慶年間，外國的鴉片由廣東輸入廣西，道光年間，濱臨西江、撫河的不少城域，販賣和服食鴉片之風日熾。煙毒氾濫、紋銀外溢嚴重，造成銀貴錢賤的結果，受害者是廣大的平民百姓（主要是農民）。[45]

---

[43] 王榮川，前書，頁 13。
[44] 曾國藩，〈備陳民間疾疏〉，載《曾文正公全集》，冊 2（台北：世界書局，民國 80 年，第 4 版），頁 2。
[45] 鍾文典，《太平天國開國史》（南寧：廣西人民出版社，1992），頁 30-32。

由此可知農民為錢賤銀貴所困的情形，至於傭工情形則與農民相類似。據吳嘉賓言：「銀每兩值錢兩千，傭一年工祗易五兩銀，傭值歲不過十千，流亡之眾，逋逃之多，實由於此。」[46]農民與傭工在納不出銀兩以及飽受官吏窮極榨取之下，多四處流亡，或成為社會流民，或聚為盜，為社會增添不穩定的因素。

第三節　社會環境

個人在成人前（preadult）的階段所獲得的政治觀念、信仰、價值、態度與定向，以及做一個好公民或政治參與（或活動）作準備，所受到的薰陶、感染、訓練、教育和學習，是十分重要的。[47]而且人類心智廣大的可塑性，近乎全然為他周圍的一切所決定。其中影響力也許來自個人所生存的社會。[48]由此可知，一個人由於身屬某一社會環境，因而得到的行為模式、儀式、信仰等，對其人格的塑造，有著極大的影響力。因此，吾人應先就洪秀全所處的滿清，特別是兩廣的社會環境，作一了解。

清政府統治下的社會，乃是由無數小社會嵌製而成的嵌製社會（mosaic society）[49]，人們易於因地域、種族、語言、生活等歧異，而缺乏整體觀念，原不利於政治整合。尤其廣西是一移墾社會，其

---

[46] 吳嘉賓，〈擬上銀錢並用議〉，載《皇朝經世文續篇》，卷58，頁177。

[47] 馬起華，《政治心理學》（台北：臺灣商務印書館，民國62年2月，第2版），頁40。

[48] 普汶原著，鄭慧玲編譯，《人格心理學》（台北：桂冠圖書股份有限公司，民國71年9月），頁18。

[49] H. Wriggins 撰，范文正譯，〈國家整合〉，載《憲政思潮》，期20（民國61年10月），頁85。

在文化、血統、語言、宗教、風俗習慣等方面，已成為多種族（除漢、壯、瑤、苗、蜑族之外，另有倈、侗、伶、京、彝、水、毛難、儸、仡佬、回等等）、多彩混雜（壯化、漢化、土著化）的地區。[50]在格局小、功能老、制度舊、編制更是奇小的小政府領導下，就很難應付日新月異的大社會。[51]加上道光末年，滿清帝國境內的社會變遷，存在著幾個不利的社會條件。前已述及，它是一個嵌製的、人口激增的、封閉的、低流動的、面臨外來挑戰的、幫會甚多的、迷信真命天子的社會。[52]上述種種不利於滿清帝國轄下社會變遷的因素，本身就有利於革命客觀條件的成熟，再加上道光晚年，人民需要不能滿足的狀況與社會不安的情勢格外嚴重，吾人現就兩廣地區社會動盪不安的實際情況，簡要說明如下：

壹、反清攘夷思想流傳

從鴉片戰爭開始，中國一次又一次被外國打敗，……顯示出中國已無力拒絕任何國家的任何要求。[53]清政府為滿足外人在條約上的苛求（如賠款二千一百萬銀元），只得加重人民稅捐，其中以廣東人民負擔最重，使戰敗的後果成為地方化，即一切戰爭惡果由廣東人獨自承受。[54]此外，廣州附近一帶在戰爭中未能派上用場的散

---

[50] 朱浤源，《從變亂到軍省：廣西的初期現代化，1860-1937》（台北：中央研究院近代史研究所，民國 84 年 1 月，初版），頁 14-18。

[51] 朱浤源，〈小政府治大社會：明清之際廣西的個案研究〉，收錄於《近代中國初期歷史研討會論文集》（台北：中研院近史所民國 77 年 8 月），頁 349。

[52] 盧瑞鍾，前書，頁 36-38。

[53] 瑪麗‧萊特（Mary C. Wright）著，魏外楊譯，〈辛亥革命的本質〉，載《中國現代史論文暨史料選集》（台中：逢甲大學印，民國 73 年 7 月），頁 34。

[54] 據朱其華分析，在戰爭第一次和議時（1841 年），廣東方面賠款六百萬給英國，其中兩百萬直接取之廣東人民，四百萬元亦一間接取之廣東人民。

兵游勇，不但帶給廣東一帶人民在治安上的極大威脅，且煽動民眾
向侵略者展開反擊。道光二十一年四月初十日（1841 年 5 月 30 日）
爆發了震驚中外的「三元里事件」。這個以三元里鄉民為基礎的抗
英事件，初時僅數千人，事態擴大後頓成數萬人之多，將進城的英
軍團團圍住，殺死二百多人，把原來耀武揚威的英軍殺得狼狽而
逃。[55]此一事件，產生的意義與影響有以下四點：一、顯示政府的
正規軍─綠營兵無作戰的力量，其組織、膽識、訓練不如一支民間
的團練。二、清軍在對英戰爭中表現漫無紀律，貪生怕死，未戰先
逃，但都勇於搶奪財物，殺害百姓。三、滿清官兵所表現的行為令
民眾感到寒心；當民眾與「夷兵」發生激烈衝突時，官兵「皆立城
堞，作壁上觀」，甚者為了虛報戰功，竟不惜「爭奪首級，反攻民
勇」，於是「百姓以兵擊賊，反阻民勇截殺，自是咸憤激，並輕視
官兵」。四、滿清政府官員過度媚外，使人民極為反感與不齒。[56]甚
至地方官吏為保全一已權位，極力壓制民眾的排外情緒，故「夷人
放肆，無惡不作，皆由官無血性恬不知恥，以致辱國殃民，為中華
痛恨，為外夷恥笑焉。」[57]以致當時有所謂「百姓怕官」、「官怕洋
鬼」、「洋鬼怕百姓」之傳言。[58]

　　廣東民眾排外受到壓制，遂把憤懣的情緒轉換成輿論的譴責，
最常有的方式是「揭貼」，對象是洋人、洋商、漢奸、政府官吏，
此法除了讓當地人民直接閱讀到，尚能引起中外新聞媒體的注意，

　　參閱：朱其華，《中國近代社會史之解析》（上海：新新出版社，1993 年，
　　初版），頁 85-86。
[55] 史澄等編纂，《廣州府志》，載《鴉片戰爭文獻彙編》，冊 4（台北：鼎文出
　　版社，民國 62 年 12 月，初版），頁 18-20。
[56] 王榮川，前書，頁 15-16。
[57] 石峻主編，《中國近代思想史參考資料簡編》（北京：三聯書局，1957），頁 71。
[58] 謝山居士，《粵氛紀事》（台北：文海出版社，民國 55 年），頁 1。

加以抄錄轉載於報刊，於是社會上對政府不滿的情緒，藉大眾媒體的渲染散佈於廣東省每個角落及鄰近的省份，甚至直達京師。

廣東政府深知眾怒難犯，對朝廷又難以交待，出面安撫並禁止外人入城，讓廣東民眾自以為「能怕其官之所怕」，對官府威信更無所畏懼，「浸浸乎玩大府股掌間」[59]。造成社會上人心思變，加以歷史上滿清入關後對漢人「羊城屠殺」、「揚州十日」、「嘉定三屠」、大興文字獄等殘害手段的民族仇恨，讓「反清復明」意念又死灰復燃。其大致的發展是：在鴉片戰爭前，民族思想以反清復明為中心，迨戰爭爆發，轉為驅逐英夷，外禦其侮。戰後見清軍禦侮不足，殘民有餘，則變為欲禦侮必先反清。毛應章認為：此種思想之轉變，實為日後廣東成為革命策源地之重要原因。這也說明何以鴉片戰爭前舉義者，多在兩湖，戰後則多在兩廣。[60]

太平天國領袖洪秀全正好在此一時刻—道光二十七年（1847年）來到廣州，在美國牧師羅孝全（Rev. I. J. Roberts）居處學基督教義。廣州城內動盪、擾攘的政局，使得三次落榜的他，受挫的成就動機（achievement motives）得到某種的補償與暗示，將原本即有的排滿意識更趨堅定。[61]

貳、盜匪、會黨勢力猖獗

社會上百姓迫於生計鋌而走險者與日增加，自道光廿五、六年至卅年間，堂匪股匪數目極多，其較大股者僅廣西一省，即有盜匪

---

[59] 同上。

[60] 毛應章，《太平天國始末記》（台北：台灣商務印書館，民國90年2月，2版1刷），頁10。

[61] 王榮川，前書，頁17。

二十九大股之多，其中大股人數上萬，小股亦有數十百人，到處裹脅村民，勒贖、焚掠，散聚轉移無定，旋滅旋起。[62]據〈粵匪大略〉記載：「英夷滋擾以來，廣東所散之鄉勇大半為盜者多，而廣西盜案迭出，然亦多則一、二百人為一夥少者數十人為一夥，搶劫行旅，事主報官，官不能嚴迫緊拿，以致盜匪日熾。」[63]另據袁三甲於道光三十年（1850 年）奏稱：廣西全省十一府，土匪漫延至五府一州，其被蹂躪之區竟達全省地域十分之七，其著名之悍匪不下三十股之多。[64]洪仁玕曾就盜匪受害就最烈的廣西省情形說：「廣西山嶺崎嶇，盜賊藏伏，出沒無常，行客及鄉村時遭搶劫。當是時，盜賊日益增多，且結隊成群，四出卻掠村鎮墟市。官兵奉令剿捕，甚為棘手。然而賊匪聚散無常，漂流靡定，多由廣東或鄰省而來。」[65]

除了盜匪橫行外，在廣西省境內尚有不少天地會等會黨的活動。天地會的創立者及重要成員，則多籍隸廣東。其堂號五花八門，各據一方；這些會黨雖有組織、幫規，也有信仰，但因流品複雜，又無統一的指揮，其行徑已與一般盜匪無異。這種有組織的惡勢力，遍佈廣西境內，他們不但與官府作對，且對人民的壓迫與逼害不亞於一般土匪。短短幾年間（1846-1850），天地會力量在廣西集結，從「劫掠鄉域」到「陷邑破郡」，它預示著一場以廣西為基地，由粵、桂、湘三省人民共同發動的革命大風暴就快要到來。[66]

社會上的不良份子固然常依附此類犯罪組織，連同一些受挫者──包括飢民、遭欺負者、被免職者、落榜的士子等，亦可能拋開社

[62] 簡又文，《太平天國全史》，前書，頁 179-182。
[63] 佚名，張政烺藏，〈粵匪大略〉，載《太平天國史料（下）》（台北：文海出版社，民國 65 年），頁 491。
[64] 簡又文，《太平天國廣西首義史》，前書，頁 172。
[65] 韓山文著，簡又文譯，《太平天國起義記》，前書，頁 868。
[66] 鍾文典，前書，頁 38-40。

會規範而側身其間。一般士紳階級仰承官吏旨意，各在本邑興團練以護衛地方，而洪秀全所領導的拜上帝會（係一雜揉基督教與中國本土宗教與民間信仰的新宗教信仰），為了生存自保，也蛻變成一支有武裝的自衛組織，與地方團練[67]分庭抗立，形成團練、拜上帝會、會黨三股力量。地方官吏，為了怕「上煩聖慮」，又顧及「國家經費有常，不許以毫髮細故，輒請動用」[68]，或落得「好作危言，指陳闕失以邀時譽」[69]，只得官官相護，粉飾太平。因此，亂事此起彼落，防不勝防，捕不勝捕，一般良民甚至亦參與攻打無能政府，殺害昏庸官吏的行動。[70]根據郭廷以《太平天國史事日誌》記載，道光二十年至三十年（金田起義年）十一年間發生亂事數目略如表2-2。其發展大勢則由圖2-2，得以觀察其動亂激增的情形。朝廷在束手無策的情形下，只得採取放任政策和態度。縱容的結果，使得社會治安每況愈下，呈現出既貧窮又動盪不安的社會景象。

表 2-2　太平天國革命前十一年之間清帝國亂事統計表

亂事次數 / 時間 / 區域	道光 20	21	22	23	24	25	26	27	28	29	30
全國	0	1	3	5	5	8	7	18	13	18	27
兩廣	0	1	0	1	1	2	3	4	8	14	17

資料來源：盧瑞鍾，《太平天國的神權思想》（台北：時英出版社，民國 74 年 10 月），頁 24。

---

[67] 「團練」一名，始見於唐書。若就清代而論，則團練之所以被人重視，乃因川楚白蓮教之亂，彼成為平亂主力之故。此時之團練乃民間之自衛組織，其內容已與唐代之團練大異。正因團練在清代曾有如此顯赫之成績，故當地方秩序不安時，此一組織每為人提出與運用。詳見：陸寶千，前書，頁 234。

[68] 龍啟瑞，〈上梅伯言書〉，詳見：蕭一山，前書，頁 40。

[69] 曹振鏞向道光皇帝奏語，詳見：李劍農，前書，頁 61。

[70] 盧瑞鍾，前書，頁 23。

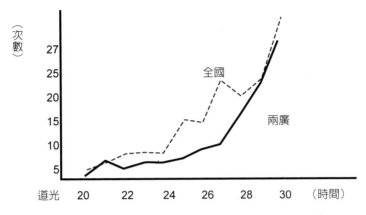

圖 2-2　金田起義前十一年之間清帝國亂事概略統計圖

資料來源：盧瑞鍾，《太平天國的神權思想》（台北：時英出版社，民國 74 年 10
　　　月），頁 25。

參、教派衝突，土客械鬥

　　廣西省境內團練、拜上帝會、會黨三股力量各據一方，在清政
府的縱容下，形成彼此抗衡、對峙的局面。而一般民眾苦受其害，
基於自身安危，也大多各有認同的組織（被官兵打散的會黨或土匪
紛紛向拜上帝會投靠）。彼此因利害關係，衝突事件不斷。導致衝
突最主要的原因是宗教信仰的不同。洪仁玕供辭云：「又因當時拜
菩薩者忌惡拜上帝毀其所立偶像，因各攻迫，日聚日眾」[71]，說明
了「拜上帝會」教徒處處破壞寺廟偶像，而與信佛教、道教及一般
民間信仰者之間不斷作對，時起衝突。其間影響甚鉅的是道光二十
八年春，拜上帝會因教友盧六的無辜被害及馮雲山的冤獄的一場官

---

[71] 洪仁玕，〈洪仁玕自述〉，載楊家駱主編，《太平天國文獻彙編》，冊 2，前
　　書，頁 859。

司，激起會內一片仇恨之心，為了報復官吏的誣陷及團練的仗勢壓迫，遂運用宗教力量，加強會內組織與武裝力量，使得拜上帝會不再單純是宗教團體，而是有鬥爭力量的政治團體。[72]此點頗吻合「運用群眾的挫折及痛苦心理，去符合狂熱領導者的心願，才是掀起運動的祕訣」[73]，亦是埋下日後金田起義的一大因素。

天主教於道光三十年（1850 年）在華教徒有三十二萬人，華籍教士一三五人，洋教士八十四名。[74]而基督教則自 1814 年 7 月 16 日始有第一位華籍教徒（在澳門受洗的蔡高），1823 年 12 月始有華籍宣教師梁發。[75]尤其是馬禮遜（Robert Morrison, 1782-1834）所傳至中國的基督新教，乃是強調禁止偶像崇拜的一神教（第三章中詳論），此與中國社會流行的佛教、道教信徒以及儒生等所敬拜的神，大抵均為多神信仰者不同，亦與後數教派之能互相容忍者有異。基督教會團體與所在的社會分隔開，教會中人有自足感，認為自己是屬天國的義人，教會以外的人為「俗人」為「罪人」；不信基督教的人，則視教會人為隨從外國的人，不敬祖先之人，成了異類之人。[76]此種教派對抗之情勢，亦使得衝突事件時起。

廣東的客家人，因赴廣西尋覓生活，廣西土著便稱之為「來人」。來人者，即外來之客家人也。[77]本地土著與來人，常因事發生糾紛。再者，移墾社會男女比例懸殊，單身男丁過多，也形成壓

---

[72] 王榮川，前書，頁 19。

[73] 李長貴，《社會運動學》，（台北：大林出版社，民國 69 年 10 月），頁 21。

[74] L. Hertling , *Geschichte des Katholischen Kirche* , Trans. A. G. Riggs, *History of the Catholic Church* (York , Penn. : York Composition Co. 1956) , p. 579 .

[75] 麥沾恩著，《梁發傳（上）》（香港：基督教輔僑出版社，1959），頁 121。

[76] 楊懋春，《鄉村社會學》（台北：正中書局，民國 59 年），頁 254。

[77] 〈貴縣〉有云：「貴縣土著，惟農黃覃鄒韋各姓。餘俱外來占籍，概稱為土人。而於粵東惠潮嘉遷來者，均謂之來人」。詳見：劉介等編纂，《廣西通志稿》，卷 16（廣西：廣西通志館編印，民國 38 年 6 月），頁 92。

力，社會治安受到危害。各集團之間或村落之間缺乏協調，社會問題相對增加，分類械鬥或土客械鬥案件層出疊見。[78]土客之爭，在道光三十年（1850 年）以前，已時有所聞，最為著名的是：道光三十年八月，因客家人溫阿玉買妾，唆使農姓美女退本地人之婚約，不成，遂強娶之，以致引起兩族人之械鬥，並牽連擴大多姓多村；其至鄰縣人民，以及土匪加入戰團，成為萬人鬥爭之事件：

> 其始，土人結團練勢大力強，殺客人千餘人，客人不敵，遂勾結地方土匪黃阿左、葉阿長等賊數千相助，仍不敵，又請鍾阿春、楊撈家、徐阿雲等股匪萬客人助陣，互殺四十餘日，終大獲全勝，股匪飽掠而去，及去，土人乘虛大反攻，客人寡不敵眾，死傷枕藉，屋宇焚，活命者三千餘人無家可歸，為自存計，遂往投桂平縣金田村之拜上帝會大本營。[79]

由這次土客械鬥事件發展的過程和結果看來，足以說明此類衝突直接提供了日後太平軍從事革命運動的一股強大力量。

第四節　宗教環境

　　宗教在中國人的生活中，佔有極重要的地位，從各處廣建寺觀廟宇，就可看出宗教活動在民間的興盛。[80]一般而言，宗教活動和

---

[78] 莊吉發，〈清代社會經濟變遷與祕密會黨的發展：臺灣、廣西、雲貴地區的比較研究〉，收錄於《近代中國區域史研討會論文集》，台北：中研院近史所，民國 75 年 8 月，頁 351。

[79] 簡又文，《太平天國廣西首義史》（上海：商務印書館，民國 35 年 6 月，初版），頁 192。

[80] 根據蕭公權的一項統計資料顯示，在十九世紀的農村，人口一千人以上的

世俗社會之間關係密切，且融入中國各個層面。無論政治、社會、文化、生活皆有其價值觀和規範。要而言之，吾人可從帝制的神權思想著手，次及民間宗教教派的興盛，再觀察兩廣一帶的宗教風俗，藉以探討宗教環境對洪秀全日後創立拜上帝教、建立太平天國產生那些影響？

壹、帝制的神權思想—天命論

中國人的君權神授思想，歷時久遠，它一直以一種天命思想的形態出現。自秦漢以來，皇帝制度在中國運作有兩千年之久，做為傳統社會中政治、宗教、文化、道德等各層面統合的體現。一方面，皇帝是上天的代表，為天下的共主，治理著廣闊的土地及眾多的臣民，是世間最高的政治領袖。另方面，皇帝代表著天下蒼生向上天獻祭，並傳達百姓的祈求，為宗教上的最高祭司。因為具有政治及宗教上的雙重身份，皇帝成為天地萬物運作的樞紐。既要維持世俗的禮法教化，也要協調人和天地之間的互動，使得整個宇宙達到天人合一的和諧境界。[81]因此唯有得到天命，受到上天眷顧之人，才有資格為九五之尊，負責統理天地萬物之重任。對於歷代統治者而言，得到天命使天下百姓及各方勢力信服，始終是一重大課題。

早在三代就有天命的觀念。商朝替代夏朝，而周朝推翻商朝，政權的轉移就被形容為天命的轉移。因此，天命論具有兩種意義，

村莊，平均有寺廟 7.25 間，一百到兩百人之間的村莊有寺廟 2.73 間，一百人以上的則有 2.13 間，由此可見中國寺廟的普遍性。參閱：蕭公權（Kuang-chuan Hsiao），*Rural China : lmperial Control in the Nineteenth Century*（台北：中央圖書出版社，1971），p.19.

[81] 邢義田，〈奉天承運—帝制制度〉，鄭欽仁編，《中國文化新論—制度篇：立國的宏規》（台北：聯經出版社，民國 82 年，初版 8 刷），頁 39-87。

一是它代表著現存政權的合法性；二是由於天命會轉變，也提供不同的勢力推翻現存政權的理由。[82]如孟子於書中分析，天能：1、誅暴；2、廢君；3、給予；4、指示；5、生民；6、降才；7、作孽；8、命令；9、蹶動天下；10、接納推荐。[83]他在與弟子萬章對話中，[84]主張國君的統治權或主權，係來自於能誅暴、能廢君、能下命令的神性天，這種神權義的天命思想，對於後世之君權神授觀念，有著重大深遠的影響。

西漢時代的政治思潮最顯著的特色之一，即是陰陽五行學說普遍流行，如董仲舒結合儒家的道德觀和陰陽五行說而建立天人感應與君權天授的論點。他強調道德的要求，君王有良好的品性修為，則可順應天時，調和萬物眾生；一旦君王行為出現道德上的瑕疵，則天地間會出現災異示警，如君王深自悔悟，檢討反省，則上天會

---

[82] Chi-yun Chen, "Orthodoxy as a Mode of Statecraft : The Ancient Concept of Cheng", in Liu Kwang-Ching ed., *Orthodoxy in Late Imperial China*（台北：南天書局，1994），pp. 31-34.

[83] 盧瑞鍾，〈先秦天道觀念之研究〉（台北：台大政治學研究所，碩士論文，民國 63 年），頁 143。

[84] 萬章問：「堯以天下與舜，有諸」？孟子曰：「否，天子不能以天下與人」。「然則舜之有天下也孰與之」？曰：「天與之」。「天與之者，諄諄然命之乎」？曰：「否，天不言，以行與事示之而已矣」。曰：「以行與事示之者，如何」？曰：「天子能薦人於天，不能使天與之天下；諸侯能薦人於天子，不能使天子與之諸侯；大夫能薦人於諸侯，不能使諸侯與之大夫。昔者堯薦舜於天，而天受之，暴之於民，而民受之，故曰：『天不言，以行與事示之而已矣』」。曰：「敢問：『薦之於天而天受之，暴之於民而民受之』，如何」？曰：「使之主祭而百神享之，是天受之。使之主事而事治，百姓安之，是民受之也。天與之？人與之？故曰：『天子不能以天下與人』，舜相堯二十有八載，非人之所能為也，天也！堯崩，三年之喪畢，舜避堯之子於南河之田，天下諸侯朝覲者不之堯之子而之舜；訟獄者不之堯之子而之舜；謳歌者不謳歌堯之子而謳歌舜，故曰：『天也』。夫然後之中國踐天子位焉。而居堯之宮，逼堯之子，是篡也，非天與之也，泰誓曰：『天視自我民視，天聽自我民聽』，此之謂也」。詳見：《孟子・萬章（上）》。

將災異解除。如不知悔改，且作惡如故，則將有更多的天災人禍出現。此時，在位者已背離天道，天命將轉移新的人選，歷史亦將進入新的階段。[85]其弟子劉向基於天人感應而生的災異符瑞論點，對於後世影響甚大。[86]對於政治勢力或宗教團體而言，當重大的災變出現之時，就成為一種上天的暗示，表示關鍵時刻到來，改朝換代的情勢將要出現，而許多歷史的革命事件皆在此刻發生。

我國古代天命思想，約可歸納為三義：即神權義、哲學義及命運義天命思想，是帝制中國在知識份子階層流行的觀念。天命之對象，初不限於君主之產生方式，其他尚有士君子之行道天命、人性的本源、天命靡常等意涵。單就神權義天命思想，是帝制神權時代的產物，又可分為傳統天命思想和民間的真命天子信仰。此種源於神學意義天命思想的「真命天子」信仰，盛行於民間，意義較為狹窄、具體、僅侷限於君王之產生方式或君權之本源係神權一義。

惟早期真命天子之觀念，與稍晚真命天子觀念似乎有所改變。根據前項論述，早期的真命天子觀念中，真命天子的人選必須具備「有大德者」的條件，迨秦征服六國，非有大德，竟能純以武力征服，而登上天子之位，恣行封禪之事，從此這個條件也化為烏有。無怪乎不數年陳勝、吳廣竟能以孤鳴篝火自稱「大楚興、陳勝王」，而劉邦夫婦亦能以斬蛇、雲氣等神話[87]，使「沛中子弟或聞之，多欲附者矣」。[88]自從此一條件解除之後，民間「真命天子」的信仰幾乎歷代皆有，從未曾中斷過。[89]

---

[85] 賀凌虛，《西漢政治思想論集》（台北：五南圖書出版公司，民國 77 年 1 月，初版），頁 367-369。

[86] 同上，頁 394-395。

[87] 《史記·高祖本記》。

[88] 同上。

[89] 孫廣德，〈我國正史中的政治神話〉，載《社會科學論叢》，輯 30（台北：

　　洪秀全是一儒生，他相信受有天命的信仰或觀念，自然是受到其思想淵源中有關天命思想的種種累積下來的觀點所影響。整理有關太平文獻，發現有關連的部份有以下兩項：

一、傳統天命思想：如洪秀全《原道救世歌》：「人能翼翼畏上帝，樂夫天命復奚疑」，當係源於詩大雅大明：「小心翼翼，昭事上帝」，及《孟子》「樂天者，保天下」（〈梁惠王下〉）觀念。又如《百正歌》云：「真正畏天命」，則可能係源於《論語‧季氏篇》「君子有三畏，畏天命……，小人不知天命而不畏……」，或《孟子》「畏天之威」、「畏天者保其國」（〈梁惠王下〉）之思想。其次如《原道覺世訓》云：「孔伋曰：『天命之謂性』」及「死生有命，是亦命于皇上帝已耳」，則是以神學觀點了解《中庸》及《論語‧顏淵篇》子夏之語無疑。

二、民間的真命天子信仰，在太平文獻中非常普遍，如：

　　〈奉天誅妖救世安民諭〉：真天命太平天國……，獨不思天既生真主以御民，自必扶天王以開國。

　　〈救一切天生天養諭〉：真天命太平天國……，今奉上帝大開天恩，差天王下凡作天下萬國太平真主。

　　〈奉天討胡檄布四方諭〉：真天命太平天國……，三七之妖運告終，而九五之真人已出……今蒙皇上帝開大恩，命我主天王治之。

　　所謂「真主」、「九五之真人」，應係真命天子觀念之明徵。其餘太平文獻，主要者尚有：

（東王代）皇上帝曰：「天降爾王為真王」（《天命詔書》，辛亥七月十四朝）。

北王啟奏曰：「二兄為天下萬國真主。富有四海，袍服雖足，亦要時時縫來」。（《天父下凡詔書》）

扶真主盡忠……特命天王下凡，為天下萬郭（國）太平真主……跋山涉水，不遠千里而來，同扶真主，……恭膺帝命，同扶真主……匡扶真主到天堂《天情道理書》。

天父……復遣我主天王下凡為真命主，……惟我天父既命真主以救世，復遣輔佐以匡主……況輔真主（《太平救世歌》）。

東王又諭眾官曰：「今榮天父大開天恩，差天王為萬國真主，又差我們一般弟妹為輔佐」（《天父下凡詔書》）。

其他如《建天京於金陵論》的作者如葉春森、張文英、黃期陞、秦子貽、劉宏恩、宋永保、喬彥材、鄧輔廷、黃恩沛等，以及《貶妖穴為罪隸論》之作者如袁名傑、黃從善、武建文、徐雨叔、武立勳、汪保邦亦均在文章中稱洪秀全為真命天子。[90]

貳、民間宗教教派的興盛

中國社會本有種種宗教、神話及迷信的流傳，如一部明人許仲琳的《封神榜》（又名《封神演義》）中，描繪出完整的神天世界；

---

[90] 例如葉春霖云：「真主必本於天生……今也天生真主」，詳見：葉春霖，〈建天京於金陵論〉，載鄧之誠、謝興堯等編，沈雲龍主編，《太平天國資料》，冊2，近代中國史料叢刊，輯36（台北：文海出版社，民國65年），頁254。黃從善云：「真主之臨凡既久，所以鞠旅陳師，南征北伐」，詳見：黃從善，〈貶妖穴為罪隸論〉，載《太平天國資料》，冊2，前書，頁287。

而吳承恩的《西遊記》，又加以烘托，使其相關人物及內容家諭戶曉亦深植人心。明清時期，民間宗教活動盛行，主要是受到儒、釋、道三教合一的影響，各教派吸取三教的教義、儀式、組織之後，融合成為自己的獨特模式。[91]民間教派的寶卷（宗教經典，作為傳教之用）並不一定引用正統佛教經卷的內容，而常是自行創作的產物。而且在內容上，結合了彌勒佛轉世及無生老母等信仰，向世人傳達末世來臨的解救之道。[92]

民間教派的看法是無生老母為了拯救世人，已經派遣過兩位使者至世間。在過去是燃燈佛[93]（青陽教、青陽期），而現在是釋迦佛（紅陽教、紅陽期）。而新的歷史階段則是由彌勒佛負責宣傳教義，是為白陽（羊）教，新的歷史階段為白陽（羊）期。由於每一個時期的變化，是由劫數所決定，因此在劫運轉變之時，唯有無生老母的信仰者能生存，跟隨彌勒佛在新天新地中享福。[94]

基於這種信仰，信徒們對於所處的社會，通常採取的態度有兩種：一是積極的從事準備起義，在教派領導人宣稱自己是彌勒佛轉世情況下，組織教徒信眾進行武裝革命，企圖推翻舊政權以建立新

---

[91] C. K. Yang , *op. cit.*, p. 340.

[92] Daniel Overmyer, "Values in Chinese Sectarian Literature : Ming and Ch'ing Pao-chuan"in Johnson, Nathan & Rawski eds., *Popular Culture in Late Imperial Chain*（台北：南天書局，民國 76 年），pp. 219-254.

[93] 無生老母是整個宇宙的創造者及所有人類的孕育者。人類原本和無生老母一同生活在真空家鄉，在那裡是一個極樂世界，沒有任何苦痛的存在，也沒有死亡的威脅。後來人類墮落到東方的紅塵俗世，在那裡過著悲慘的生活，無法獲得永恆的解脫。無生老母聽到從世間傳來人類悲苦的聲音，不忍之情油然而生，因此派遣燃燈佛到世間拯救眾生，讓眾生離苦得樂。參閱：歐大年（D.Overmyer）著，劉心勇等譯，《中國民間宗教教派研究》（上海：上海古籍出版社，1993），頁 157-165。

[94] Susan Naquin, *Millenarian Rebellion in China: The Eight Trigrams Uprising of 1813* (New Haven and London : Yale University Press, 1976) , pp. 9-18.

的體制。二是投入傳教工作，宣傳教義，在現存社會中默默等待彌勒佛的降世。[95]明清兩代，白蓮教的屢次叛亂，就是因彌勒信仰而出現的宗教暴亂最顯著的例子。這在統治階層和一般士大夫眼中，無異是「邪教」、「異端」。但對一般大眾而言，民間教派卻有其存在的意義。因為進入民間教派，沒有各種限制，無關個人身份、地位、性別及年齡，只要透過師徒關係，擁有教派會員的資格，即可學習到永恆解脫法門，追求永恆的境界。[96]此外，他們和一般正統宗教可並存，也深入社會大眾的日常生存活，如給予醫藥治療、避免災病上身、教導養生之道，也可提供民眾以低廉甚或免費方式，辦理喪葬等各種宗教儀式，得到民眾相當的信賴。[97]除此之外，其他的迷信信仰，諸如風水堪輿、占卜命相、符咒驅鬼亦非當普遍。

以民間宗教教派的盛行，社會鬼神崇拜如此普遍的宗教環境言，的確是神權主義（如太平天國）或宗教性暴亂（如義和團之亂）發展的有利條件之一。

參、兩廣一帶的宗教風俗

洪秀全的故鄉—廣東地區，由於地處中國南疆，加上境內少數民族眾多，因此其地方風土民情和中原地區大不相同。根據地方志

---

[95] Susan Naquin 把民間教派的活動類型分區為兩種，一是以研讀宗教經典為主，稱為 Sutra-Recitation Sects；二是以宗教修練為主，稱為 Meditational Sects。前者，在社會上的活動力較弱，後者的社會活動力較強，通常進行起事活動的，皆為後者所主導。參閱：Susan Naquin, "The Transmission of White Lotus Sectarianism in Late Imperial China" in Johnson, Nathan & Rawski eds., *op. cit.*, pp. 255-291.

[96] Susan Naquin , *Millenarian Rebellion in China. op.cit.*, pp. 31-39.

[97] Susan Naquin, "The Transmission of White Lotus Sectarianism in Late Imperial China," *op.cit.*, pp. 267-269 , 274-281.

記載，在東漢建安至東晉永嘉之際，為避免中原戰亂，漢人大量遷移至嶺南地區居住，將中原的生活習俗帶入此地，此地的風俗才漸漸的受到漢人的影響。[98]

在文獻記載中，廣東地區的風俗民情有一特點，就是當地好鬼神之事。在《漢書‧郊祀志》中就有：「粵人勇之，言粵人俗鬼，而其祠皆見鬼，數有效」的記載。[99]此一風俗流傳至清朝統治時依然不衰，在清朝的記載中有「揚粵之地，少陰多陽，其人疏理，鳥獸希毛，其性能暑。民戶不多，俚獠猥雜，尚淫祀，多瘴毒」之語。[100]由此可知，在廣東地區的宗教活動是相當的盛行，並蔚為風氣。

廣東地區好鬼神之事的風俗，有兩大特色，一為信奉的神祇數量眾多，且在各月份皆有相關的宗教活動。[101]屈大均在《廣東新語》中，論及此地區民眾信奉的神祇，包括雷神、颶風神、羅浮山神、海神、南海神、南海之帝、真武、五帝、五穀神、禾穀夫人、伏波神、飛來神、天妃、龍母、斗姥、花王父母、金華夫人、東莞城隍、祭厲、綠郎、二司等。[102]宗教性的組織則有上帝會、天妃會、鄧天君會、羊元帥會等。[103]另一特色是，由於好鬼神之事，巫術占卜之術現象盛行。在記載中，粵人是運用雞卜法，進行神鬼之事。[104]另外屈氏在其書中，論及廣東地區的巫術占卜現象有著以下記載：

[98] 陳昌齋，《廣東通志》（台北：華文書局，民國57年），頁1600。
[99] 同上，頁1599。
[100] 同上，頁1607。
[101] 同上，頁1600-1601。
[102] 屈大均，《廣東新語》（北京：中華書局，1985），卷6，〈神語〉，頁200-219。
[103] 陳昌齋，前書，頁1602。
[104] 所謂的雞卜法有兩種方式，在過去是以雞骨，而在近代則利用雞蛋作為占卜之用。利用雞蛋的方法是在拜祭過神鬼之後，取一雞蛋用墨畫其表面，被墨畫過的雞蛋表面稱為外象，墨色在雞蛋表面會呈現深淺不一的現象，此即為占卜的依據。接著面向北方，將所求之事向神鬼述說，然後將蛋投

> 予至東筦,每夜聞逐鬼者,合吹牛角,鳴鳴達旦做鬼聲。師
> 巫咒水書符,刻無暇晷。其降生神者,迷仙童者,問覡者,
> 婦女奔走,以錢米交錯於道,所在皆然。[105]

由屈大均的親身體驗中,我們發現在這個社會中,處處充斥著巫師
術士,他們有逐鬼者、降生神者、仙童及覡者,和當地的民眾日常
生活有著密不可分的關係。

廣東地區好鬼神的程度不僅如此,他們還用祭拜鬼神的方式來
祈病體的康復。《廣東通志》就記載:

> 嶺南風俗,家有人病,先殺雞鵝等以祀之,將為修福。若不
> 差,及刺殺豬狗以祈之。不差即刺太牢以禱之。更不差即是
> 命也,不復更祈。[106]

由此可知,廣東人認為,生病是被神鬼所惑而有,他們解決疾病的
方式,是透過儀式利用祭品和神鬼溝通,以求疾病的康復。但若無
效,則視為個人命定的結果。因此廣東地區發展出許多法術,以尋
求鬼神的保護,避免災病。凡此均為廣東民眾生活的實際情形,以
及他們對於神鬼信仰的看法。

廣西地區的情形亦大同小異,由於當時大多數人未接受教育,
大部份桂人不僅不識字,更無法接受理性層次教高的宗教。使得廣
西一帶的宗教活動,不但不統一,而且充滿神道迷信的成分,巫術

入鍋爐中煮熟。最後將煮熟的雞蛋取出,用刀切開雞蛋,而雞蛋中的蛋白
及蛋黃會呈現厚度不一的現象,此橫切面稱為內象。最後運用雞蛋的內象
及外象,將兩者相互配合,以驗證所求之事是否實現。參閱:陳昌齋,前
書,頁1600。

[105] 屈大均,前書,頁216。

[106] 陳昌齋,前書,頁1599。

與道教結合，遂成為當地一大特色。例如：占卜方法從雞卜一種增加到卵卜、茅卜等；內容也擴展到算命、扶乩、請仙、驅鬼、治病、相面、揣骨以及陰陽風水等。[107]太平天國神權思想中，能夠容受神靈附體之迷信，以及由此衍生的巫覡能降神、代神發言之信仰，大有關聯。有關楊秀清、蕭朝貴代上帝及耶穌發言之迷信，即是利用當時當地流行的「降童」巫術。洪秀全卻以教主之尊判定其荒誕行為為事實，亦說明其認同的態度。

　　由以上的討論，吾人可略知在洪秀全出生之前的宗教環境概況。要而言之，在思想層面上有「天命論」之觀念，但在民間社會亦有迷信真命天子的現象。這種思想原有利於君王威望的鞏固及確立既有政權的合法性。然而一旦政局不穩或衰敗，就可能出現以新真命天子自居的反叛領袖，以迎合民間的期盼心理。另在民間宗教教派盛行及廣東宗教風俗好鬼神及巫術占卜流行的情況下，容易孳長迷信，且層面廣及社會中、下層大眾。故日後洪秀全組「拜上帝會」，運用宗教力量來號召群眾，很快得到認同與支持，就整體宗教環境而言，是有其有利條件。此外洪秀全雖然曾於革命前撰文反對巫覡、堪輿、相命，[108]也斥作福建醮及迷信神仙之俗，[109]但終難免迷信，原因在於此種迷信歷史久遠，於民間可謂根深蒂固，牢植於一般百姓心中，包括洪秀全本人，均無法完全拔除。

---

[107] 朱浤源，前書，頁68。

[108] 如《原道救世歌》中，即有：「第五不正為巫覡，邪術惑眾犯天誅，死生災病皆天定，何故誑民妄造符？作福許妖兼送鬼，修齋建醮尚虛無；自古死生難自保，豈能代禱保無辜……命果有分何待賭，命無即賭願難償」。詳見：洪秀全，《原道救世歌》，載楊家駱主編，《太平天國文獻彙編》，冊1，前書，頁87-90。

[109] 洪秀全，《原道醒世訓》，載楊家駱主編，《太平天國文獻彙編》，冊1，同上，頁91-92。

第五節　政治環境

滿州部落領袖，於順治元年（1644年），率眾入關，在中國建立「清」皇朝，一方面以武力鎮壓及政策高壓手段，防範漢族的反抗及權力的旁落；另方面則採懷柔政策，以籠絡知識份子及百姓，以換取政權的穩定。對少數民族亦採取不同政策，如對蒙人「絕其智而用其力」，對回人「輕其權而離其人」，對藏人「崇其權而抑其政」，對苗人「分化屠殺，改土歸流」。或謂傳統中國政治結構，是一種「家產世襲主義」（patrimonialism），[110]亦即政府不過是皇室貴胄的擴大，皇帝既代表著政權，又是治權的核心；官吏只是皇帝的僕役，其職責主要是事君，而政府運作主要是依政治權力作消費導向的掠奪與強制的分配，卻少於考慮去促進社會的生產。[111]清朝統治更是將中國傳統君主專制發展到極致。加以滿漢不平的種種措施，無可避免更深化權位本位及循私的傾向，也造成政治體系乏制衡及防腐能力，導致本身漸行腐朽而衰弱，當所謂「康乾盛世」不再，而此種腐朽衰弱的局面及至道光末年，日益嚴重，內外皆出現敗象，要而言之，有以下三點：

壹、官吏貪污腐化，橫徵暴斂

君主專制體制，若君主雄才大略，尚能運用自如，但若君主庸懦無能，必使機關失去重心。清朝自嘉慶帝以後，更是「一蟹不如

---

[110] 李永熾，〈瑪克思·韋柏論中國〉，載《中華文化復興月刊》，卷7，期8（民國63年8月），頁19-20。

[111] 陶希聖，《中國社會與中國革命》（台北：食貨出版社，民國68年4月，第4版），頁74-75。

一蟹」，加以外力漸次侵入，於是這種完密的君主專制政治的組織，漸有「捉襟見肘」之勢。[112]如宣宗為人柔弱無定見，且先後重用曹振鏞、穆彰阿兩個庸相，其晚年吏治之腐敗，賄絡之公行，更有甚於嘉慶之世者。[113]尤其是「賣官鬻爵」的劣策，使得政壇上貪污氣氛瀰漫。如琦善兩任總督，就貪污一千萬兩以上。全國大小官吏多養成貪瀆、矇騙、鑽營、敷衍等惡風，吏治腐敗，至於極點。[114]此一惡風直接使國庫造成大量損耗，間接影響民心和社會風氣。當時官與民對貪污的態度是：「巧避其名而陰取其利，市於事前而償於事後，大約與者雖強出而不能怨，受者直以為禮義矣。」[115]

對人民造成最大傷害則為地方官吏，尤其是府縣兩官的貪污：

> 最貪者為惟府縣兩官，近於臨民，便於虐民也，每年徵收糧餉，例外私設甲書，沿鄉苛索，官役分肥，每逢聽訟，未看詞紙，先查糧冊，量你家資取後幾何，有錢曲可直，無錢反是成非，聽訟不分是非曲直，總總問你要錢多，無錢者困受其冤，有錢者若遭其剝，有錢無錢都還沒有好處。[116]

[112] 李劍農，前書，頁9-10。

[113] 繆鳳林，《中國通史要略》（台北：臺灣商務印書館，民國61年，第9版），頁78。

[114] 根據統計，在道光統治的30年間，賣官鬻爵者共達31萬多人，清王朝從中收取之銀兩計3500餘萬兩。道光初年，即有「捐班之道府州縣，已居天下之半」之說。在清王朝的官場中，早有「三年清知府，十萬雪花銀」之說。詳見：鍾文典，前書，頁19。

[115] 胡林翼，〈上皖撫王清苑師植〉，載胡林翼，《胡林翼集》（台北：武學書局，民國45年1月，初版），頁24。

[116] 李汝昭，〈鏡山野史〉，載楊家駱主編，《太平天國文獻彙編》，冊3，前書，頁3。

　　暴斂之外，尚有橫徵。官府強迫勞動人民支應各種無償力役，承擔各種迎送任務，還要無償提供各種實物，負責各種營造任務（如修葺城垣、勒派民夫、徭役等），嚴重破壞民眾之生計。尤其鴉片戰後，橫徵暴斂之結果是：舊稅捐更重、更難負擔，此外又加上新稅捐。廣西是個窮省，每年「額徵錢糧，統計四十萬有零」而「本省綠營兵餉，歲需四十二萬餘兩」即以養兵而論，縱使常年增收足額，尚需外援接濟，始能解決困難。如再加上戰後如此繁重的催索，無論分擔多少，其催徵以及官吏藉機貪索，造成的一切負擔，仍難免轉嫁到人民身上。[117]

> 縣曲不已，控府、控司、控院、控督，均批仰府，府仍轉批於縣，笙簧一板，縱有沖天翼，烏能出網羅，傷哉民為邦本，官為民牧，民冤莫伸，官箴安在。似此上下相蒙，理數應亂。[118]

充份說明平民大眾在飽受官吏們百般壓榨奪取之後，對政府漸產生怨忿之心，一有亂事，即一呼百應，投入反政府的群眾運動中。此亦說明清政府政治的腐敗，引發了「貪吏混跡，則平民亦可釀亂」[119]的心理。

　　洪秀全在〈討滿清詔〉中，曾針對此點召告天下說：

> 奉天承運太平天國總理軍機天下大元帥萬歲洪，為愷切曉諭，伐暴救民事：照得天下貪官，甚於強盜；衙門酷吏，無異虎狼；皆由君人之不得，遠君子而親小人，賣官鬻爵，壓抑賢才，以至世風日下，上下交征。富貴者論惡不究，貧賤

---

[117] 鍾文典，前書，頁 19-34。
[118] 李汝昭，前文，頁 3。
[119] 胡林翼，〈與大府論會匪書〉，載《胡林翼集》，前書，頁37。

者銜冤莫伸，言之痛心，殊堪指髮！即以錢糧一事而論，近
加數倍，三十年前之糧，今且復徵，民之財盡矣！我等仁人
義士，觸目傷心，故將各州府之賊官狼吏，盡行誅滅，以救
民於水火之中。[120]

從上述這段話看來，滿清的苛暴之政、塗炭人民，是洪秀全反抗滿
清的重要因素之一。

貳、科舉弊端叢生，失意仕子增多

中國自隋唐以降，科舉考試成為知識份子參與政治之最直接途
徑，歷代君主莫不藉科舉考試來維持政治穩定及其政權之不墜。清
以異族入主中國，為鞏固其統治，依循中國傳統，廣開科舉，一方
面可藉科舉統制人民思想，特別是知識份子思想；另方面可用科名
羈縻人才，使天下英才盡入彀中。而傳統社會中的知識份子，終日
埋首書堆，焚膏繼晷，為的是借博取功名以施展抱負，或為一已之
私，發跡享受，先天上有著強烈的權力動機，渴望分享權力資源，
科舉考試遂成為最佳途徑。乾嘉之際，中國人口暴增，醉心仕途者
愈來愈多，相對政府職官卻無法配合增加，科舉考試錄取比例愈來
愈低時，競爭亦趨於激烈，清政府只得擴增官吏員額，以增加中舉
機會，但並不能徹底解決政治結構中緊張的局面。當政治權力資源
分配未盡妥當時，易造成異議與不和的現象，是以此種往上流動的
機會減少，勢必造成垂直衝度強度的增加。[121]當合法騰達的管道受

---

[120] 〈討滿清詔〉，載清史編纂委員會，《太平軍史料》，冊1（台北：台聯國風
出版社，民國58年1月），頁22。
[121] P. C. Sederbery 撰，賴淑珍譯，〈衝突和衝突的管理〉，載《憲政思潮》，期

到強烈阻礙,非法途徑的升遷乃因應而生,也促成人情與私人關係注入公共利益的體系,初則成為行政效率的潛伏障礙,後則演化為腐敗的根源。以道光年間江南鄉試為例,應試者「恒萬六七千,入鎖院時,竭一晝夜之力不能畢,有擁擠仆斃者」。[122]科場考試弊端叢生,諸如:試官受賄,胥吏賣題,替身入場等時有所聞。

清末仕途有壅塞現象,尤其是官宦世家出身的比率增加,平民子弟晉身機會相對減低。[123]大多知識份子因落榜失敗而飽受挫折。再加上對滿、蒙入仕者之保障及廣開捐官之舉,更助長知識份子的不滿。馴良者一方面以各種不同的方式,對統治菁英階層進行口誅筆伐,一方面自歎命途多舛生不逢時,文章無人賞識,未能中舉。強悍者則不甘雌伏,常會冒險犯禁,萌生異志,對抗政府,如黃巢、洪大全者流。[124]失意的知識份子,尤其是貧寒子弟如洪秀全流,便成了社會上的游離或邊際分子,容易形成暴亂的隊伍。[125]此外,據洪秀全姪孫洪顯初口述:彼(洪秀全)自第四次落第回家後,氣憤填膺,怨恨謾罵,盡將書籍擲地上,悻悻然,破唇大叫曰:「等我自己來開科取天下士罷」!非如此大行其道,殆無以雪多年的積憤也。[126]洪秀全更將士人求名不得之淒境書於其《天情道理書》中:

49(民國 69 年 3 月),頁 147。

[122] 清史編纂委員會,《清史》,冊 6,(台北:國防研究院,民國 50 年 10 月),頁 4534。

[123] Ping-ti Ho , *The Ladder of Success in Imperial China : Aspects of Social Mobility, 1368-1911* (N. Y. : Columbia University Press, 1962) , pp. 123-124.

[124] 盧瑞鍾,前書,頁 30。

[125] 袁頌西,〈政治不安定的幾個原因〉,載《憲政思潮》,期 28(民國 63 年),頁 109。

[126] 簡又文,《太平天國廣西首義史》,前書,頁 86。

又試以凡情求名者言之，或舉人或俊男，數百里而應鄉試，數千里而應會試，拋父母、別妻子，何暇顧念家室？若得志一兩科，可邀顯達，不得志則知音未遇，徒自傷悲。富者猶可返祈家鄉，貧乏者不免淹留異地。然猶不憚辛勤，力圖上進，必求其成功而後快。[127]

更充份說明洪秀全在此一環境中所受到的挫折和壓力甚大。

參、內憂外患交加，排滿意識日盛

鴉片戰敗，清廷的腐敗無能為之暴露無遺。南京條約簽訂後，割地開港，賠款增加，庫帑日絀。此時滿清一方面對洋人束手無策，另方面只知閉關自守，消極抵制，以為只要杜絕內部的變遷即可延續大清的皇祚天命。為此，在整個政治社會化的過程中，採交替運用高壓懷柔政策，並重視透過科舉、教化甚至文字獄、鎮壓等方式塑造個人「臣屬」型的政治文化（subject political cultuer）[128]以對君主個人絕對的效忠。臣屬型的政治文化亦強調人民應該依賴政治系統，人民的利益僅能取決於統治階層；任何形式的公開競爭或批評皆不容許，不安與衝突也一概在壓抑之列。[129]中國傳統的政治意識對抑制人民攻擊心理及衝突的努力，是世界上的民族少有例子。

---

[127] 洪秀全，《天情道理書》，載楊家駱主編，《太平天國文獻彙編》，冊 1，前書，頁 374。
[128] G. Almond & Verba, S., *The Civic Culture: Political Attitudes and Democracy in Five Nations* (Princeton: Princeton University Press , 1963) ,pp.11-26 .
[129] Lucian W. Pye, *The Spirit of Chinese Politics : A Psychocultrual Study of Authority Crisis in Political Development* , (Camdridge : M. I. T. Press , 1986) , pp.16-17 , 31-35.

而法家化的儒學文化「滅人欲存天理」的說法到民間大眾轉變為弱化自我的工具，乃造成國人「自我壓縮」的趨眾人格。[130]人民被塑造傾向於盲目地相信政治權威的全能性，但當發現執政者在事實上並非具有此種能力的權威時，對政府的認同降低，在失望之餘即常走上另一否認一切權威的極端。[131]民變、革命常因此而發生。

鴉片戰後十年間，動亂之勢力有增無減，清廷使用武力到處鎮壓剿捕，在無法有效壓制情形下，威信愈發減少，衝突四起，出現天下紛亂的情形，局面益加無法收拾。滿清政治腐敗無能之情形，亦禍延及兩廣，且為害獨重。以天地會為例，其目的雖名為「劫富濟貧」，以經濟利益為主，但「替天行道」、「反清復明」的口號，更深入人心。洪秀全對滿人統治亦深感不滿和恥辱，這一點可從其早年的言行中看出，據洪秀全族弟洪仁玕回憶，有一日他在故鄉花縣與洪秀全談心，秀全披瀝衷心，一吐為快，曾述及：

> 時論時勢，（秀全）則慷慨激昂，獨恨中國無人，盡為韃妖奴隸所惑矣。予問其故，則答以難言，再三問之，則謂弟生中土，十八省之大，受制於滿洲狗之三省，以五萬萬兆之花人（即華人也，蓋華字避上帝耶和華之名諱）受制於數百萬之韃妖，誠足為恥為辱之甚者。兼之每年花中國之金錢幾千萬為煙土，化民之脂膏數百萬回滿洲為花粉，一年如是，年年如是，至今二百年。中國之民富者安得不貧，貧者安能守

---

[130] 孫隆基，《中國文化的深層結構》（香港：集賢社，1987 年，2 版 7 刷），頁 228-233。
[131] 參閱 Lucian W. Pye, *Asian Power and Politics: The Cultrual Dimensions of Authority* (Cambridge : Harvard University Press , 1965) , pp.84-89.

法？不法安得不問伊犁省，或烏隆江（即黑龍江，隆避龍字
諱），或吉林為奴隸為乎？興言及此，未嘗不拍案三嘆也！[132]

日後的太平軍在起義時，由楊秀清與蕭朝貴聯名發佈的〈奉天討胡
檄〉中，將反滿思想表露無遺：

> 爾等多是中國人民，既是中國人民，何其愚蠢，雉（薙）髮
> 從妖，胡衣胡服，甘做妖胡奴狗，足上首下，尊卑顛倒，爾
> 等知否？以中國制妖胡，主御奴也，順也；以妖胡制中國，
> 奴欺主也，逆也。中國甚大，諒多明識大義之人。[133]

面對國家民族存亡、政治腐敗、滿漢矛盾激化的大時代環境背景
中，實提供了太平軍起義，易得各地、各族聞風附和的有利條件。

---

[132] 洪仁玕，《欽定英傑歸真》，載《太平天國文獻彙編》，冊2，前書，頁570。
[133] 楊秀清等，〈奉天討胡檄〉，載《太平天國文獻彙編》，冊1，前書，頁166。

第三章　洪秀全政治人格形成之社會近因

　　當代許多研究政治文化（political culture）的學者均認為，[1]要研究個人的政治態度與行為，若能先對其所處之政治文化情境作相當程度的瞭解，則對其研究過程必能有所助益。而許多研究政治社會化（political socialization）之學者則指出，[2]在某種程度內，政治社會化進行之過程，必然會影響政治文化之維持與改變。由於政治社會化指的是一人自幼及長成之學習發展過程，而其兒童及少年階段之社會化經驗，對於成年後之政治行為，亦有相當高之影響。而近代心理學家自艾立森以後，皆強調個人生活經驗的影響，是以吾人必須注意每一社會文化組織結構的複雜性，因為在同一社會裡，每一個社會階層，每一行業人士的生活經驗都不一樣，如此所導致形成的人格形態亦不相同。洪秀全亦是如此，其幼年時期之政治社會化過程及特有的生活經驗與他日後的創教、革命建國（太平天

---

[1]　根據阿爾蒙（Gabriel A. Almond）之定義，政治文化乃是「政治系統中之成員所共同具有之政治信仰與態度，它是個體對政治行為及政治評價的主觀取向（subjective orientations）」。參閱：Gabiel A. Almond, "Comparative Political System," *Journal of Politics*, Vol.18, (Aug. 1956), pp. 391-409.以及 Gabriel A. Almond and G. Bingham Powell, Jr., *Comparative Politics: A Developmental Approach* (Boston : Little, Brown, 1996), pp.50-51.

[2]　根據伊斯頓（David Easton）及丹尼斯（Jack Dennis）提出的界說，政治社會化即是「個人獲取政治之行為定向及行為模式之發展過程」。此種過程之特色，即是當一個人在政治上的行為定向及行為模式形成之後，多少具有一套比較固定的反應方式；然而由於接受新的生活經驗之影響，亦可能引起某種程度之改變。參閱：David Easton and Jack Dennis, *Children in the Political System : Origins of Political Legitimacy* (New York : Mcgraw-Hill, 1969), p.7.

73

國），以及思想、行為與態度，自有著密切的關係，本章探討洪秀全政治人格形成社會近因中，我們試就洪秀全個人人格與態度的形成有著直接關係的家庭與教育、生病與異夢、四次赴考與《勸世良言》、基督新教與傳道活動等四個部份，分別說明如下：

第一節　家庭與教育

家庭是人類社會組織中最基本的單位，是一個人最早接觸到的「社會」—也就是學習環境。不僅語言、知識、各種行為、生活習慣，學習自父母兄姐。而且一切的倫理道德、規範、禮儀等人格的發展，亦由此培成，我們可以說：「家庭是人格培成的搖籃」。[3]尤其洪秀全所處的時代，仍是以農業為主的農業社會，家庭直接負有生育、養育及教育的功能。兒童成長期間是人格發展或形成的主要階段。[4]經過家庭社會化，能使一個「自然人」變為一個「社會人」。[5]由於「政治社會化機構（agent）的第一個機構即是家庭，它對個人產生直接和間接影響，此影響至深且是持續性的。」[6]其

---

[3] 余昭，《人格心理學》（台北：三民書局，民國78年2月，第6版），頁722-723。

[4] 無論是佛洛依德（Sigmund Freud）強調生理因素（生物的本能之衝動）支配人格發展的理論，或是新佛洛依德派強調社會文化影響人格發展的理論，以及其他各家如勒溫（K. Lewin）、道拉爾（J. Dollard）與米勒（N. E. Mill）兩氏特別強調環境中的學習影響人格發展的各種理論，他們均強調此點。詳見：余昭，《人格心理學》，同上，頁723-724。

[5] 若依心理學觀點，個人社會化的起點在家庭，而且認同（identity）的歷程、性別角色（sex role）的體認、自我觀念（self concept）的形成、道德觀念（moral concept）的建立大抵皆於家庭中完成。詳見：張春興，《心理學(上)》（台北：東華書局，民國66年10月，修正2版），頁83-92。

[6] Gabriel A. Almond and G. Bingham Powell, Jr., *Comparative Politics Today : A World View,* 2 nd ed. (Boston : Little , Brown & Co., 1980) , p.38.

中家庭的成員及經濟狀況、父母間的感情及程度、子女的人數及排序（birth order），往往都是影響社會行為的重要因素。[7]故在此節中，先予探討。此外，教育不僅使人獲得學識與技能，同時也是培育人格的重要因素。一般所說的「潛移默化」、「變化氣質」，即是教育對人格影響的最好寫照。依當時教育環境而言，不比今日有完整的學制和場所（小學至大學、研究所，其間長達十六或十九年），其情形為何？也一併予以討論，現分別說明如下：

壹、家庭成員及經濟狀況

洪秀全乳名火秀，學名仁坤，後改秀全，係取乳名秀及為人王之意。根據學者的考證，於清嘉慶十八年癸酉十二月初十日（1814年1月1日）生。[8]出生地是廣東花縣西北約二十里之芙蓉嶂附近

---

[7] 王克先，《發展心理學》（台北：正中書局，民國69年7月，第3版），頁342。

[8] 據洪仁玕稱：「洪秀全生於一八一三年」，1813年之時日，自1月22日至12月底，均在嘉慶十八年癸酉。洪秀全之生日，概略言之為嘉慶十八年，依西元而言，即為1813年，故通常皆謂秀全生於1813年。但洪氏之生辰為嘉慶十八年十二月初十日，恰為1814年1月1日。參閱：洪仁玕述，韓山文著，簡又文譯，《太平天國起義記》第二節，載楊家駱主編，《太平天國文獻彙編》，冊6（台北：鼎文書局，民國62年12月），頁838。郭廷以於民國35年4月由商務印書館出版之「太平天國史事日誌」第3頁稱：洪秀全生於1813年1月11日，即嘉慶十七年壬申十二月初九日。郭氏於民國52年3月在中央研究院近代史研究所編刊之《近代中國史事日誌》冊1，頁33，則稱：洪秀全生於1814年1月1日，即嘉慶十八年癸酉十二月初十日。另近年茅家琦校補之《郭著「太平天國史事日誌」校補》（台北：台灣商務印書館，民國90年10月，初版1刷），第1頁亦有相同記載：1841年（嘉慶十八年癸酉）1月1日（十二月初十日）。而廣西師範學院歷史系「金田起義」編寫組所寫之〈金田起義〉亦稱：「洪秀全……一八一四年一月一日（嘉慶十八年十二月十日）出生於福源水村」（第21頁）。復有「中國近代史叢書編寫組」所寫之《太平天國革命》一書，其第8頁中亦有「洪

之福源水村（翌年遷居於官祿　村）。[9]洪秀全的祖系可以遠溯至宋朝，其先祖為宋朝名臣洪皓，以忠義著稱於世，洪皓之子有三人仕途顯達，一族在朝為官八十餘人。洪皓的後代遷居廣東地區，族人散居各地共約兩萬人，其中考取功名在朝為官者，不乏其人。[10]因此，按此說法而論，洪秀全乃書香門第，忠義之後。祖父名國游，父親名鏡揚，共生三子二女，洪秀全是三男，兄妹排行老四（長兄仁發、次兄仁達、姊辛英、妹宣嬌），為家中的幼子，算得上是一個「大家庭」[11]，生長在一個兄弟姊妹較多的家庭，對一個人的人格有何影響呢？

秀全一八一四年一月一日出生」之記載。因郭廷以後期之作品，當較前期之著作，考據更精，更可取信，而廣州師院歷史系「金田起義」編寫組所撰者，以地利之便、資料之豐、群力投入，其可信甚高。同時，「中國近代史叢書編寫組」之所作，亦多有明確之考証。本文依此四者而肯定洪秀全之生日，當可採信。再者，就洪秀全的相關資訊論。在清朝文獻中，洪秀全的生日為嘉慶十七年壬申九月九日未時，根據中國的傳統，十二地支和十二生肖是相應的，因此「未」屬「羊」。故洪秀全的生日，正應驗民間宗教中的「紅羊之讖」的說法。所以在清朝的文獻中，洪秀全是天生的異端。在太平天國的文獻及學者的考証，洪秀全確實的生日為嘉慶十八年癸酉十二月初十日，時辰則不詳，和清朝方面提供的資料有相當的差別。特併錄之以供參考。

9　茅家琦校補，前書，頁1。

10　韓山文著，簡又文譯，《太平天國起義記》，前書，頁835-836。

11　一般所謂的「大家庭」，乃是由兩個或兩個以上的小家庭，由父母子女關係（parent-child relationship）為核心而結合在一起的家庭。其中典型的是為家長制的家庭（patriachial family），它包括祖父母、祖父母的未婚子女，子媳及其子女。他們不但居住在一起，而且飲食在一起。參閱：George Peter Murdock, "The Universality of the Nuclear Family," *A Modern Introduction to the Family*, ed. Norman W. Bell and Ezra F. Vogel (rev. ed., New York : The Free Press, 1968), pp.37-38.根據後面《革命領袖》一書的說法，有3個或3個以上的兄弟姊妹，即是「大家庭」。洪秀全一家8口（包括父、母王氏及繼母李氏），即成為其所謂的「大家庭」。故不同於前面的一般說法。

百分之十八的革命領袖只有一、二位兄弟姊妹，而幾乎百分之八十三的革命領袖來自大家庭，有三個或三個以上的兄弟姊妹，且革命領袖傾向於非獨生。[12]原因何在？此乃因：「大家庭強調合作與協調，且對於教育與領導行為希望有一個高的價值。」[13]而且我們可以在其後創立中華民國革命領袖孫中山先生有二兄二姊一妹，[14]和清末成為婦女運動的倡導者及革命者的秋瑾女士有一兄一妹一弟，[15]得到相同印證，可供參考。由上述觀點得之洪秀全是來自大家庭，也因此其在教育及領導行為上有一較好的發展基礎。他日後成為太平天國革命運動的倡導者，家庭成員是為因素之一。

洪氏一族居住在花縣的官祿　村，全村人口大約四百人，洪姓最多，凌氏居次，此外尚有巫姓、鍾姓，全都是客家人。洪氏世代務農，生活並不富裕，官祿　的農民一般生活清苦，平均每年都缺糧八、九個月，長年累月辛勤勞動，卻吃不上一頓飽飯。一首流傳下來的民謠：「官祿　，吃粥送薯芋，烏蠅（蒼蠅）叨粒飼，追到新街舖。」[16]是終年勞苦不得一飽的深刻寫照。因家中人口眾多，故其兄長洪仁發、洪仁達，未入學校接受教育，而在家中幫忙農事。

---

[12] Mostafa Rejei and Kay Phillips, *Leaders of Revolution* (California：Sage Publications , Inc., 1979), p.70.

[13] H. H. S. Bossard and E. S. Boll, *The Large Family System* (Philadelphia：University of Pennsylvania Press, 1974), p.141.

[14] 孫中山先生之父達成公生育子女 6 人，依序為：長子德彰、長女金星（4 歲夭折）、次子德祐（6 歲夭折）、次女妙茜、幼子德明（中山）、幼女秋綺。參閱：黃彥、李伯新，〈孫中山的家庭出身和早期事蹟〉，載《廣東文史資料》，輯 25（廣州：廣東人民出版社，1979），頁 284。

[15] 秋瑾有一兄長，名譽章，有一妹，名珵（字珮卿），一弟（庶出），名宗章。一家 7 口人，算得上是一個大家庭。參閱：楊碧玉，《秋瑾政治人格之研究》（台北：正中書局，民國 78 年 4 月），頁 76-77。

[16] 彭大雍，《洪秀全傳》（台北：國際文化事業公司，1987），頁 4。

文獻上記載為：「兩兄助其父耕田，又種些少瓜菜，全家食糧由此
供給，其經濟不裕，只得耕牛一、二頭，另養豬狗雞等。」[17]由此
情形看來，可推算其經濟狀況不佳。雖非佃農，而是中農，但家道
微寒，因係來自中原，故稱客家。就人格心理學的觀點而言，經濟
狀況對個人人格的影響為：在富裕家庭中，各方面供應充份，但由
於物質充裕，子弟較不能吃苦、耐勞，依賴性較強，不知節儉，對
於惡劣環境抵抗力較弱，一方面自視甚高，一方面又經不起挫折。
而貧苦家庭，父母為衣食奔走而辛勞，生活條件差，使得子女過早
面對事實，易養成冷漠的人生態度和產生自卑感。上述兩種家庭皆
不易養成建全人格。而中等家庭，多屬依薪金收入而生活的智識份
子，時間、金錢、撫愛、溫暖的給予，良心的培育等各方面較能多
方顧到，子女的教養、合作精神較優。[18]家庭的社會地位之影響亦
是重要關鍵因素，相關的研究指出：「超過百分之五十二的革命領
袖是中產階級，僅有百分之十九為上層階級，接近百分之二十九為
下層階級。」[19]由此觀之，洪秀全在人格發展上的條件，並不十分
理想。而成為一位革命領導人物，在機會的或然率上屬於接近百分
之二十九的下層階層，但是同屬於相同階層，人格表現亦不盡相
同。尚須進一步觀察其雙親的管教方式、產序、受教育等情形。雖
說政治人物不能不受環境的影響，但是在同樣的環境之下，仍各有
不同的作為，如果人人能做而做法相同，有如辦理例行公事那樣，
則做者一定是無啥稀奇的普通人，而非特立獨行、嶄露頭角的政治
人物。[20]從另一方面言，他所領導的群眾，絕大多數是終年難得溫

---

[17] 韓山文著，簡又文譯，《太平天國起義記》，前書，頁 838。
[18] 余昭，前書，頁 746-748。
[19] Mostafa Rejai and Phillips, *op. cit.*, p.70.
[20] 馬起華，《政治心理分析》(台北：正中書局，民國 73 年 3 月，2 版 2 刷)，

飽的貧下中，在「上下交征利」的殘酷現實中，易鋌而走險、集體
暴動。西諺：「真正的同情是親自經驗同一境遇的人所具有的特權；
至於通常所謂的同情，只是道義的、感情的微動，不能算是真正的
同情。」由此觀之，有著相同背景出身的洪秀全，自然更易體會群
眾的痛苦和需要。

貳、雙親管教方式

洪氏累世，均以耕讀為業，其父洪鏡揚，亦務農為生，因為人
公正耿直，故被族人推舉管理宗族的田產，並且處理族中對外交涉
事務，曾經擔任村長，甚得族人及全村的信賴。[21]洪秀全自幼即得
其父的疼愛（其母王氏，繼母李氏與其相處情形，文獻中並未記
載）。因他上有二兄一姊，下有一妹，依中國人「祖父疼長孫，老
父疼么兒」的情形而言，「年高德劭，有長鬚」[22]的鏡揚先生，使
二兄耕田，而勉強供秀全讀書的作法，充分說明了他對幼子的重
視。且「彼之老父每與人談話，最喜談及其幼子之聰穎可愛。每聞
人稱讚秀全，輒眉飛色舞。凡有說及其幼子一句好話者，即足令此
老邀請其回家飲茶或食飯，而繼續談此老所愛之題目矣。」[23]由上
述情形觀之，洪秀全的家境雖然不豐，但頗得父親的寵愛。加上家
人、族人對其期望甚高，寵溺過度，自易形成驕傲之習性。心理學
者認為：大凡幼年太受父母疼愛者，長大後在人格上易表現依賴、

頁 11。
[21] 韓山文著，簡又文譯，《太平天國起義記》，前書，頁 836-837。
[22] 同上，頁 836。
[23] 同上，頁 838。

要人注意、望人讚許等傾向。[24]若進一步將父母的管教方式作區分，概可劃分為三種：專制型、寬容型、威望型。其內容為：

一、專制型父母（authoritarian parents）此類父母對子女有高度的要求，但對子女的需求與意願則保持冷漠或不予反應。因此他們為子女決定所有的行為規範，並要求子女絕對服從以達成其控制目的。此類父母管教下的子女雖然還算負責與守法，但多不快樂、情緒欠穩定、易恐懼、退縮、不自然、易激動。

二、寬容型父母（permissive parents）此類父母對子女殊少控制，卻完全順應子女的需求與意願。他們既然以子女需求與意願為依歸，因此沒有控制行為的家規，也很少懲罰子女。可見，寬容型與專制型完全相反。此類父母管教下的子女缺乏自律、愛衝動、不負責、欠成熟、易攻擊。

三、威望型父母（authoritative parents）此類父母對子女有高度的要求，也對子女的合理需求與意願有高度的尊重與反應。他們對子女設定清楚可行的行為標準與規則，也要求子女瞭解並尊重父母的期待與要求。規則的實施雖嚴明一致，但對無心的觸犯予以原諒；施懲時必令子女瞭解懲罰的原因。這類父母管教下的子女多能自我控制、與人合作、愉悅、友善、社交能力強、精力充沛。[25]

洪秀全姪媳的回憶說：「天王（秀全）幼時，品性躁暴易怒，且好自尊自大。每與群兒嬉戲，必以領袖自居，發號施令，莫敢不

---

[24] 朱道俊，〈人格〉，載路君約等著，《心理學》（台北：中國行為科學社，民國 61 年 9 月），頁 445。

[25] 此一區分為鮑穆林（Baumind）所創，詳見：溫世頌著，《心理學》（台北：三民書局，民國 89 年 10 月，初版），頁 284。

遵，稍有拂逆其意者，輒揮拳擊之。以故全村兒童均畏其嚴厲之性。」[26]可見秀全自幼即有權威人格的傾向，復因家人的呵護驕寵，好勝心強，而影響了其人格發展，降低其挫折容忍力。[27]此與其父採寬容型的管教方式，甚至縱容，使得兒童易產生攻擊性行為，應有所關聯。[28]洪秀全此種幼時品性，對其日後性格發展自有很大影響。因而有學者指出：幼子得老父之疼愛，所養成之依賴性，與後來信仰宗教、倚賴上帝，亦不無關係。[29]因為幼兒對於父親、與對於人格神，均認為此優越之東西為「全能的，全知的，莫測高深的，且根據神意的。」[30]在這兩種情形之下，個人對此優越之個別反應均係帶有「無條件的依靠、敬畏、害怕受罰，與感激恩典與保護」[31]之情形。而且幼時愈有遭遇困難與挫折即行倚賴父母親之習性，成年之後，亦愈容易利用「退化」（regression）之自衛機轉（defensive mechanism）[32]而傾向於依賴全能的上帝，因為那種情形的行為或反應模式乃是相通的。

　　幼時太受寵愛，則「予取予求」的可能性高，父母願意給予較多之願望滿足或保護，從而其「挫折忍受力」（frustration

---

[26] 據洪秀全侄洪紹元之妻口述，詳見：簡又文，《太平天國全史（上）》（香港：簡氏猛進書屋，民國49年），頁16。
[27] 心理分析論者重視人格的發展，認為嬰幼兒期的生活經驗是構成個人人格的主要因素。按佛洛伊德的看法，嬰兒與兒童期為人格發展的重要階段，成年人的人格特質可以追溯其童年的生活經驗。詳見：張春興，《心理學（下）》（台北：東華書局，民國66年10月），頁370-371。
[28] 朱道俊，前文，頁446。
[29] 盧瑞鍾，《太平天國的神權思想》（台北：時英出版社，民國74年10月），頁122。
[30] W. P. Alston, "Psychological Explanations of Religion," in Paul Edward ed., *The Encyclopedia of Philosophy* (N. Y. : Macmillan Co., 1967), p.148.
[31] *Ibid.*
[32] *Ibid.*

tolerance），[33] 自然不及其他兒童期較不受寵愛者來得大。因挫折之忍受力，多經學習而得，父母親倘未能培養兒童此種能力，則往後易因些微挫折、打擊，即促成其人格失常或分裂。[34]

參、排序的影響

洪秀全上有二兄一姊，下有一妹，排行老四。這種情況，依兄弟姊妹的排行對人格的影響是：

> 老二或中間者：志向高遠、想超越兄姊。但每與兄姊爭衡，體力智能均應不足，傾向叛逆和妒嫉。但由於慣於對付上面兄姊及下面弟妹，較之老大及最幼小者，會週旋並易於適應環境。
>
> 老大：受到父母照顧最多，但等到第二個孩子出生，老大有如太子冠被摘除，不再獨享而必須與弟妹分享父母之愛。於是不免妒恨他人，自衛以求免於幸福被奪，並時時有不安全感。因此老大多神經質，好飲酒，但管養得當，可成為善於負責，保護他人之人。

---

[33] 羅先彩（S. Rosenzweig）根據醫學上抵抗性的觀念，為挫折忍受力作了如下定義；即不做不適當的反應而抵抗挫折的能力。簡言之，當需求受到阻止或面對阻止欲求的事物時，凡不易於失陷於挫折者，謂其挫折忍受力高；反是，立刻陷於挫折而採取不適當的防衛行為者，謂其挫折忍受力低。詳見：王雲五總編，《雲五社會科學大辭典—心理學》，冊9（台北：台灣商務印書館，民國59年10月），頁40。

[34] 朱道俊，前文，頁464。另參閱：蘇薌雨、莊仲仁所言：「精神病者在各方面的挫折忍受性低，而精神健康的人在各方面表現很高的挫折忍受性，……凡受溺愛及在需求容易或即能得到滿足的環境下被養育的，一旦經驗到強的阻礙，就不能忍受挫折」，詳見：蘇薌雨、莊仲仁，〈挫折忍受性〉，載王雲五總編，前書，頁40。

　　最小者：通常為父母特別寵壞，不成熟，易成問題兒童。

　　獨生子女：獲得父母全部照顧與全心愛護，不免放縱、自大、

　　自尊、自專、任性。[35]

　　在發展心理學上，亦有相同的論點，其對老二或中間者的看法為：「常常想迎頭趕上，可能成為特殊熱中的人物，並養成反抗和競爭的態度」。[36]

　　社會心理學曾研究產序和親和需求的關係，並指出：

　　長子（女）（first born）及獨生的孩子，受到恐懼威脅時，
　　比後生（late-born）的孩子表現較強的親和需求，且這種恐
　　懼與親和需求的關係趨勢，隨著後生晚生秩序而遞減，而與
　　家庭孩子的數目無關。[37]

換言之，非頭生及獨生的孩子，較具有獨立性。

　　身為革命領袖在家的排行，依據統計，其情形是：百分之三十三的革命領袖在家排行為老二或中間者，比率最高。百分之三十一為老大，百分之十八為老么，百分之八為上有姊姊，兄弟排行為長子。[38]

　　由於洪秀全排行老四和上述有關產序的討論，並配合其父對他的教養方式，故形成洪秀全日後依賴性強、望人讚許、挫折忍受度低、予取予求，故敢於從事革命冒險工作，且傾向向不合理的現象反抗。

---

[35] 余昭，前書，頁 742-743。

[36] 王克先，前書，頁 342。

[37] 李美枝，《社會心理學》（台北：大洋出版社，民國 74 年 1 月，第 9 版），頁 140-141。

[38] Mostafa Rejai and Key Phillips, *op. cit.*, p.70.

肆、教育環境的影響

　　洪秀全由於父親鏡揚先生的重視和疼愛，幼時雖然家境不豐，但不必如其兩位兄長「助其父耕田」，而得以入學受業。據其「巷里相接」的族弟洪仁玕憶述：「秀全自幼即好學，七齡入塾讀書，五、六年間，即能熟誦四書、五經、孝經及古文多篇，其後更自讀中國歷史及奇異書籍，均能一目了然。讀書未幾，即得其業師及家族之稱許。其才學之優俊如此，人皆謂其取青紫如拾芥。」[39]此外，根據記載，洪秀全在其第二次赴廣州應考前（道光十六年，1836年，時年二十三歲），曾拜粵東大儒朱次琦先生之門，聽其講學，由其啟迪經史義理，乃飫聞春秋大義、公羊三世說、禮運大同篇。[40]簡又文說：「吾以為其（指洪秀全）後來所作文章，於經史極熟，尤服膺公羊三世說及禮運大同篇，其革命思想，實由是濫觴焉。此其學術背景，非有經學大師之啟發，恐非三家村童生出身之塾師所能進到之造詣者。」[41]由此得知：洪秀全所受教育的內容，是以中國傳統的經史書籍為主，故學歷、思想與理想自不脫中國傳統的基本價值判斷。就其學養部份看來，前後大約十年的讀書時間，飽受儒家思想薰陶，也做過塾師，[42]嚴格的說，是一個知識份子，但學養並非高深。

---

[39] 韓山文著，簡又文譯，《太平天國起義記》，前書，頁 838。

[40] 清史編撰委員會，《清史》，冊 8（台北：國防研究院，民國 50 年 10 月），頁 5948。

[41] 簡又文，《太平天國典制通考（下）》（香港：簡氏猛進書屋，民國 47 年 7月，初版），頁 1577。

[42] 洪秀全 16 歲，即因「家計貧窮，不能再供其讀書，因此秀全即如其他輟學之村童，須助理家中農事，或到山野放牛」。詳見：韓山文著，簡又文譯，《太平天國起義記》，前書，頁 838。

　　前章曾論及，滿清的科舉考試，不但是國家舉才之方，亦成為社會上普遍的價值取向。在廣東科名之士便贏得別人的敬重，一旦為秀才，便有機會中舉人、成進士、點翰林，有三元及第的希望。由科舉出身者，國家、社會視為「正途出身」，進可以為官，退可以為地方紳士，無論為官為紳，都算是「書香之家」，在社會上處處受到尊重。

　　科舉出身的讀書人，若是去當官，則人人莫不希望扶搖直上，加官晉爵，若因此而戴紅頂，拖花翎，出則開府，入則拜相，名利榮耀接踵而至。這對家境清寒、家族期望甚高（「秀全年方弱冠，約在十五歲，即赴廣州應試，所以滿足其家族，對於彼之文才之期望也。」[43]）的洪秀全，自易生奮發向上，努力科考之心，以期「揚名聲、顯父母、光於前、垂於後。」如此既可報答親長之恩，又可實現傳統士大夫「修身、齊家、治國、平天下」、「窮則獨善其身，達者兼善天下」的理想。是以，吾人可依此推論：洪秀全有著高度的抱負水準（level of a aspiration）與進取心，而參加科舉考試，是其出人頭地、重振家聲的唯一路徑。換言之，洪秀全的「理想自我」目標甚高，想為秀才、中舉人、成進士、點翰林，最好能「三元及第」，「得最高功名」。[44]其志願之強烈程度，可由其不憚煩勞，多次參加科考及夢見受命於天「為中國皇帝」[45]之後，「仍再赴廣州應試」[46]，前後共考四次，可見一二。

　　洪秀全十五歲以後，直至三十歲，即從 1828 年至 1843 年的十五年間，洪秀全的經歷主要是應科舉、做塾師，也說明此時的他是

<hr>

[43]　韓山文著，簡又文譯，《太平天國起義記》，前書，頁 839-840。
[44]　同上，頁 840。
[45]　同上，頁 843。
[46]　同上，頁 844。

自負才學、全心投入科試,和一般讀書人的想法和歷程並無甚大差別。

第二節　生病與異夢

　　社會化並不因個人離開其父母和家庭而結束。個人離開家庭以後,會採取各種新的成人角色(如社交的、婚姻的、經濟的等),這些都會使他捲入新的關係之中。這些關係要求不同的對策,並且反過來改變這個人。[47]一般而言,人從出生便和社會接觸,社會化的力量(如父母、兄弟姐妹、教師、同儕)可能在不同的時期和不同地點給予影響,人格發展和變化更是持續一生,直到死亡。個人的社會化過程和個人與社會的互動,就這樣隨著時間的消逝而在進行著。但對一些特殊的人來說,許多特有經歷卻是生命中的轉折點。例如:一場重病、一個悲慘事故、一次偶然的相遇、信念的改變、社會上一項新政策的實行─所有這些都可能是極為重要的。同時,這些事件的經歷所產生的後果可能深遠地滲透到這個人的將來,但是它們的衝擊力也與個人先前的生活史有關。由此可見,行為是由許多發生的事件所多重地決定的。所有這些情況都影響這個人,而又與當時情境中的變項產生互動,成為行為的最後決定者。[48]

　　熱衷科舉功名的洪秀全如何面對接二連三的挫敗?他在 1833年偶獲由梁發編著的《勸世良言》一書,[49]和其在道光十七年(1837

---

[47] 陳仲庚、張雨新編著,《人格心理學》(台北:五南圖書出版公司,民國 79年,第 2 版),頁 320。
[48] 同上。
[49] 有關洪秀全得《勸世良言》之年,據鄧嗣禹的研析是:現在一般學者多認

為是在 1836 年；然夷考其實，恐仍有問題。

第一、原始資料，多謂得書在 1833 年。

例一：1852 年 10 月 6 日，羅孝全牧師在廣州寫了一封信，登在倫敦出版的中國與一般傳教士的消息（*The Chinese and General Missionary Gleaner*）中云：「洪秀全……在某次考試期間，遇著一位容貌非凡的長鬚寬袖，給予他《勸世良言》一書。」原注云：「此人毫無疑問的是中國佈道者梁阿發。馬禮遜博士 1834 年度上給倫敦會董事的一個報告，詳述 1833 年，年初至年底，在中國發生的事件，中云：阿發始終努力佈道，已經給予國內人士良好的印象。中國政府為普及教育起見，在各省會中，每 3 年考試 1 次。在此期間，全省各鎮各邑的士子，都去省城，參加考選。廣東省城考試，在 1833 年 10 月舉行。此時梁阿發及同伴，為傳教的熱忱所驅使，進城分發引用一部分聖經的小冊子，即《勸世良言》，與遠遠近近而應試學生。」（此函轉載《華北先驅報》，1853 年 8 月 20 日）。

例二：當時人麥都思（H. M. Medhurst）對上函加按語，大意云，此函證明散發宗教宣傳品之人，為梁阿發，時期在 1833 年（同上）。

例三：1854 年，韓山文云：「1836 年（原注：或在此年之前），再赴廣州應試，秀全遇見一人身穿明朝服裝，不能操中國語，另有一土人為舌人，其一手持小書一部共 9 本，名《勸世良言》，贈與秀全。」（《太平天國起義記》，頁 846）。

第二、若洪得《勸世良言》如在 1836 年，1837 年又去赴考。是兩年連接考試，恐非洪家之經濟能力與身體狀況所能負擔。觀洪第 1 次去廣府應試在 1828 年，第 4 次在 1843 年，皆相距甚遠，而第 2、3 兩次相連，又頗覺奇異。又如 1833、1834、1836、1837 皆有考試，顯違 3 年 1 次定例。縱有恩科，清代恩科之制，未有如此頻繁繼續不斷者，《廣州府志》、《學政全書》、《清朝文獻通考》、《清會典事例》等書，皆不見有廣州頻年考試之記載。府試日期，亦乏明文規定，若遇雨旱饑饉，兵荒馬亂之年，試期常可改移。如《清文獻通考》（頁 5319 商務十通版）：「考取秀才，於本年十月舉行。」從另一方面看：外國傳教師如馬禮遜等，身在廣州，親眼看見，當時對倫敦會所作之報告，陳述士人赴考情形，當非憑空臆造。

綜合而言，洪秀全得《勸世良言》之年代問題，有兩種原始資料。一為洪仁玕所供給外人之消息，然出於十餘年後之回憶，自云「記憶不確」，在洪仁玕供詞與「洪秀全來歷」，就不一致，自相矛盾。既云 1836 年又云或在此年以前，似此模糊不清，已失去原始資料價值；二為梁發之散發《勸世良言》，遭受官方壓迫、毒打、處罰，不但馬禮遜代為報告，且梁自己亦報告倫敦會，言之鑿鑿，誰也不能懷疑。且為當時記述，係第一手材料；而

年）的昇天異夢，更是研究洪秀全最具關鍵性的書籍和歷史事件。
孔恩（P. Kuhn）云：有清一代這一最大的叛亂，雖然久已孕育于
時代危機之中，卻是由它的創始人早期經歷一些離奇而偶然的事件
發動起來的。[50]此一特有的私人體驗，不僅導引他投身宗教理念的
追尋，亦隨著日後公開化的傳布而吸引無數追隨者。對其創教、革
命、建國等政治行為均有極為深遠的影響，其過程、內容和關連性
為何？現就分別說明、分析如下：

壹、三次科舉挫敗，終至臥病

自幼即受老父、師長親友期許甚深的洪秀全，自十五歲開始，
即像一般傳統讀書人，全心投入科舉考試，但卻接二連三遭受挫
敗。據洪仁玕憶述：洪秀全的家庭對他的文才，抱有很高的期待。
「秀全年方弱冠，約在十五歲，即赴廣州應試，所以滿足其家族，
對於彼之文才之期望也。」[51]「縣考時，秀全每試必冠其曹，惟從

非洪仁玕代述，間接材料。因此，比較兩種原始資料，當以梁發所云為可
靠。當時官方壓迫既如此嚴屬，佈道者當有西洋傳教士合作鼓勵，甚至輪
班工作。梁發常常「夜讀英文」，且能翻譯祈禱文，讚神詩（見《梁發傳》，
頁60、117），可見梁發任舌人，翻譯簡單英文，或譯廣東土語如客家語、
臺山話之類，亦非不可能。故捨1833年與梁發，而另求1836年與其他一
外國人之名，似為捨近而求遠，捨易而求難。麥沾恩作《梁發傳》，也曾找
了不少新材料，濮友真、彭澤益等，皆為謹慎之學者，不從1836年之說，
必有所見而云然。因而本文採第一說，即洪秀全得《勸世良言》一書之年
為1833年。詳見：鄧嗣禹，〈「勸世良言」與太平天國革命之關係〉，中華
文化復興運動推行委員會主編，《太平天國》（台北：臺灣商務印書館，民
國74年8月，初版），頁104-107。

[50] 孔恩（P. Kuhn），〈太平軍叛亂〉，載費正清編，《劍橋中國晚清史（上）》（北
京：中國社會科學院，1933），頁295。

[51] 韓山文著，簡又文譯，《太平天國起義記》，前書，頁839-840。

未能得中秀才。」[52]據清制，童生考秀才，須經過縣、府、院（道）三級考試。[53]在花縣要經過七次縣試，才有參加府試（十四縣集試於廣州）的資格。[54]洪秀全十五歲那次應試，縣考雖名列前茅，但再參加府試或道試時，卻告失敗。道光十三年（1833年），洪秀全第二次到廣州參加府試，又不中。在參加府試過程中，梁發向應試考生分送他編著的《勸世良言》。洪秀全得書，携回家中，涉獵其目錄，即置於書櫃之中。[55]（有關此書之作者、內容及影響，留待下節一併探討、分析）道光十七年（1837年），洪秀全時年廿四，第三次赴廣州投考。初考時其名高列榜上，及復考則又落第。[56]落第的童生再次應考，每次都要從第一級考試縣考開始。[57]洪秀全三番兩次去省城前，必然又得經歷縣一級的考試，在府試中第一場錄取就可以應道試。道試主要是兩場，一正試一複試。這裡說秀全開始時名列前茅，後來又落第，當是道試未能通過。

---

[52] 同上。

[53] 童生是指還沒有取得府學、縣學生員資格的人。童生報考生員的考試稱童試。童試三年兩考：丑、未、辰、戌年舉行歲考；寅、申、巳、亥年舉行科考。詳見：李新達，《中國科舉制度史》（台北：文津出版社，民國84年），頁267。

[54] 根據記載，花縣縣考時，由知縣任考官，赴考者約500人，均為欲中秀才者，每人須填報姓名及三代，並須一已有功名之士保證其確為本縣籍貫。第一日考文章，由《四書》出兩題目，另一詩題。繳卷後，由考官評定優秀，榜列次第。赴考者之名劃為10榜，每榜有50人。隔3日或4日，即照樣考一次，直至赴考者共作詩文7次：首3次兩文、一詩，末4次則每日僅一文、一詩。最後，經過7次考試而其名仍得高列榜上者，即為縣試考中者。府之情形，約與縣考相同。詳見：韓山文著，簡又文譯，《太平天國起義記》，前書，頁839。

[55] 茅家琦校補，前書，頁3。

[56] 韓山文著，簡又文譯，《太平天國起義記》，前書，頁840。

[57] 只有經院試取為佾生者(略相當於備取生)，下次應試可免縣、府兩級考試。

　　歷經三次考試，結果依然名落孫山，滿懷的希望再度落空。面對家人的失望、宗族的恥笑和朋友的輕視，洪秀全的感受自是一次比一次難堪和抑鬱。第三次失敗的打擊，幾乎令他整個身心為之崩潰，一向堅強自負的他，難以承受如此巨大的衝擊，加上持續性的緊張和努力，疲憊不堪，終至罹病。最後只好雇一肩輿，由兩個精壯的轎夫把他抬回家中，而後病勢沉重，竟臥病四十餘日，此期間屢入奇夢。是以相關文獻上記載著：「在悲苦失意之中，秀全又復得病，……連續臥病四十日。」[58]

　　洪秀全自幼即頗有抱負，一旦「真實自我」與「理想自我」不協調，理想與現實距離愈大，則個人感受到的壓力也愈大，情況嚴重時便會導致心理疾病。[59]洪秀全的際遇，相當吻合此一現象。即行為的動機過於強烈時，當他的抱負水準和實際的「成就水準」差距過大的話，動機的挫折相對的大。[60]此點正印證前節所言：其幼時太受寵愛，是以「挫折之忍受力」不大；遭遇困難與挫折，即行依賴父母之習性，成年之後，亦愈容易利用「退化」之自衛機轉。這種「逃到病裡」或「逃至幻想」[61]現象而發生疾病，即並非有意識的裝病，而是「無意識」而不知不覺的生病，以逃避問題的解決。[62]這種「退化」的本身也是上述自我防衛機轉之一，只是，它係以退回到一種早期較不成熟的適應方式，使個人免除失敗與責任。[63]學

---

[58] 韓山文著，簡又文譯，《太平天國起義記》，前書，頁 840、842。

[59] 朱瑞玲，〈人格與人格理論〉，劉英茂編，《普通心理學》（台北：大洋出版社，民國 69 年 9 月，再版），頁 322-323。

[60] 李興唐，〈動機〉，路君約等著，《心理學》，前書，頁 152。

[61] 宮城音彌著，李永熾譯，《精神分析導論》（台北：水牛出版社，民國 61 年 9 月，第 3 版），頁 59、163。

[62] 同上，頁 196、175、176。

[63] 徐靜，前書，頁 115。

者盧瑞鍾針對此點有進一步分析指出，洪秀全此際及往後的「退化」現象有兩方面：一方面屬於生理的與心理的臥病及精神障礙。另一方面，則是思想的與人格的退化傾向，即他在宗教思想上已由中國半玄學半神學的「天」，而退化到信靠純神學的上帝。這種傾向至太平天國晚期，尤為明顯，已陷入「宗教陷溺」（religious indulgence）的地步。[64]而這兩方面的退化現象，彼此間應該是有相當的關聯性。洪秀全生理的或遺傳的體質，限於文獻不足，無從查考。但此時客觀的社會壓力以及主觀的心理壓力之大，是不難想見，若因此而罹病，亦是吾人可理解的。[65]

　　若吾人再從精神醫學觀點來看，心理疾病也可能是肇因於過度工作與疲勞，恐懼與憎恨等，而影響專司分泌賀爾蒙的腎上腺的正常功能而來。如圖 3-1：

　　有關洪秀全的臥病，最早有簡又文為文指出：「當時秀全實患精神病」。[66]其後，他與香港精神病院院長葉寶明共同研究，由葉

---

[64] 盧瑞鍾，前書，頁 123-124。

[65] 或許有人會懷疑洪秀全患病一事係屬虛構神話（昇天之夢），但吾人以為洪秀全與其堂弟仁玕，若意欲製造神話，何以洪仁玕竟有「全邑人皆知其為瘋子」之描述文辭，毀謗領袖，自家作反宣傳，豈非不可思議？是以倘吾人思量洪氏當時受落第之重大打擊，致因心理挫折而生心理疾病之實情，而斷定「洪氏臥病之事為真」，亦即患病一事，乃是客觀的和歷史的事實，應是無疑義。此外，羅孝全在《洪秀全革命之真相》一書中，論及有關洪秀全升天之夢時，於兩處附註中曾謂：「該首領所言靈魂升天所聞所見、種種異象，係在病中發生，凡人體力不健時，其心力或受傷害，記憶中之印象或甚生動逼真，因而常覺自有所見，耳有所聞，皆十分真確，對人講及，真誠無偽者」，又謂：「余不能不信其為真」，原註則云：「就現在均已明瞭及與乎方有進程中之種種事實綜合觀之，均足以證明上文之敘述為真確無偽者」，是以羅孝全對其臥病與作夢是持「可採信」的態度。詳見：盧瑞鍾，前書，頁 119-120。

[66] 簡又文，《太平軍廣西首義史》（上海：商務印書館，民國 35 年 6 月，初版），頁 73。

氏發表專文認為洪氏所得的病「與其說是精神分裂症，不如說是歇斯底里症」。[67]其後如陳勝崑在《健康世界》的〈洪秀全的革命心理分析〉一文中亦提出相同論點。[68]學者盧瑞鍾的研究則進一步提出修正：發覺洪氏的病症，疑似「狂躁型的躁鬱症」。筆者認同此一觀點，並以此為基礎，配合其昇天異夢，將於下一項次內予以詳細分析說明。

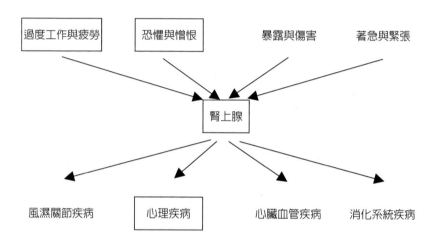

圖 3-1　腎上腺與生理心理疾病關係圖

資料來源：盧瑞鍾，《太平天國的神權思想》（台北：時英出版社，民國 74 年 10 月），頁 126。

---

[67] P. M. Yap. "The Mental Illness of Hung Hisu-chuan, Leader of The Taiping Rebellion," Chun-Tu Hsueh, ed., *Revolutionary Leaders of Modern China* (N.Y.: Oxford University Press, 1971), p.77.

[68] 陳勝崑，〈洪秀全的革命心理〉，載《健康世界》，期 27（台北：民國 67 年 3 月號），頁 81-82。

貳、臥病期間之昇天異夢

太平文獻中有關洪秀全臥病四十餘日的記載不少，吾人除去宣傳意味濃厚及記載不全（如〈洪仁玕自述〉）部分，主要依據的資料為《太平天日》、《王長次兄親目親耳共證福音書》及《太平天國起義記》。現將這改變洪秀全後半生重要關鍵的「夢」，從其經過過程、特殊性，配合前章所述及心理分析相關論點，一一進行說明、分析。

根據《太平天國起義記》與《太平天日》的記載，洪秀全自述其在幻夢之中「昇天」的前後經過情況有如下述：

> 子夜間，倏見有多人接其前去，以為必是去世之兆。乃請父母，兩兄及己妻至榻前作永別，口稱有負雙親養育之恩。又以其妻已生一子，乃囑其在家守節育兒。……語畢，秀全即閉目，五官失去知覺，全身宛如死人，但心靈尚活動，記憶獨清楚。於時，忽見一龍一虎並一雄雞走入室內，又有多人奏樂近前，共舁一華美大轎來，請其乘坐。秀全登輿，任人舁至一光明而華麗之地，即有許多高貴男女，敬禮歡迎。出輿後，有一老婦導其至一河邊，詬其污穢不堪，乃為洗淨全身。既畢，彼乃進一大宮與年高德劭者多人偕，其中有古代的聖賢。於此，彼等剖其腹，取出心肝五臟而易以鮮紅簇新者，傷口即時復合，毫無疤痕。彼復與各老人相將入一大宮，四壁均刻有格言古訓。
>
> 繼進一極華麗之大殿。其中有一金髮皂袍之老者，巍然屹坐於最高寶座。一覘秀全，老者即雙目流淚云：「世界人類皆我所生，我所養；人食我食，衣我衣，但全無心肝來記念和尊敬我，甚至有將我所賜之物去拜事鬼魔的，又有故意忤逆

93

的，至令我惱怒。你不要學效他們啊。」辭畢，即授秀全以劍一柄，命其用以剷除鬼魔，但慎勿妄殺兄弟姊妹；又授以印璽一方，用以治服邪神；……老者復對彼言：「奮勇放膽去幹這工作啊！如遇困難，我必助佑你的。」未幾，老者轉向眾人中年長有德之輩云：「秀全真堪任此職。」言畢，即親引秀全出，命其俛視，並云：「看看世上的人啊！都是反心的！」秀全俯覽全世，芸芸眾生，所有罪過苦難，一一在目，其形狀之惡劣，眼不忍觀，口不忍言。[69]

在幻夢中，除了有靜態的神遊外，也有動態的走動跳躍及叫嚷，如他夢見奉上帝之命在與妖魔鬼怪戰鬥時，還會聲色俱厲地大聲疾呼：「斬妖，斬妖，斬呀！斬呀！這裡有一隻，那裡有一隻，沒有一隻可以擋我的寶劍一斫的。」有時還自唱歌謠，有時則勸訓他人，並常自言已被敕封為中國之皇帝，還寫下數首詩歌。其中著名的有二，如一是：

> 手握乾坤殺伐權，斬邪留正解民懸。眼通西北江山外，聲震東南日月邊。展爪似嫌雲路小，騰身何怕漢程偏。風雲鼓舞三千浪，易象飛龍定在天。

二是：

> 鳥向曉兮必如我，我今為王事事可。身照金烏災盡消，龍虎將軍都輔佐。[70]

至於最後的情形，根據記載則是：

---

[69] 簡又文，《太平天國全史（上）》，前書，頁25-26。此段記載是簡又文將《太平天國起義記》與《太平天日》二文綜合而成的。

[70] 韓山文著，簡又文譯，《太平天國起義記》，前書，頁843。

> 主自三月初一日昇天，至送下凡時約四十餘日，天父上主皇
> 上帝雖吩咐甚悉，既在凡間時，則未能盡醒然於心也。……
> 主遂對其父兄曰：「朕是天差來真命天子，斬邪留正。」[71]

　　從上述的過程及內容中，吾人大致可分四部分觀察：

一、就異夢前後的狀態言

　　在父母、二兄及妻子家人的陪伴下，洪秀全本人及其家人皆認為他即將面臨死亡的命運，故場景悲戚，他分別向家人交代後事，在《太平天日》文中的描述是：

> 秀全一時間竟失去知覺，不知身外各人言動如何，感官失去
> 作用，其身宛如死人，躺在床上，但其靈魂被一種特別的能
> 力所附，是以他不但有一種奇異經驗的發生，且事後尚可記
> 憶清楚。[72]

由此段描述可知，洪秀全在昇天異夢中的天堂遊歷時，對於外界事物是處於無意識的狀態，肉體猶如進入死亡狀態中。此一現象，若照中國傳統有「三魂七魄」的說法，[73]負責精神思維的三魂中的其

---

[71]　《太平天日》，收錄於羅爾綱編，《太平天國文選》（香港：南國出版社，1969），頁137-151。《太平天日》亦載楊家駱主編，《太平天國文獻彙編》，冊2，前書，頁629-650。

[72]　韓山文著，簡又文譯，《太平天國起義記》，前書，頁841。

[73]　子產提出魂魄二元論，後演變為「三魂」及「七魄」的概念，也就是說人的靈魂的組成，基本上還是由魂魄所構成，但是在魂魄之下再區分為三個魂及七個魄，而它們各自負責的功能則有許多不同的說法，並未有一個統一的標準，視中國各地的習俗而異。參閱：Roberto K. Ong, *The Interpretation of Dreams in Ancient China* (Bochum: Studienverlag Brockmeyer Press, 1985), p.23; Myron L. Cohen, "Souls and Salvation : Conflicting Themes in Chinese Popular Religion" in James L. Watson and Evelyn S. Rawaski eds., *Death*

中一部分,被接引至天堂,而留在身體內的剩餘魂則保留些許的功能,因此洪秀全可依然保有和外界溝通的能力,但由於在魂不全的狀態下,只可偶爾恢復知覺和他的父兄溝通;或者跟隨著滯留在天堂的魂行動,因而出現了:在人世間時而高歌或哭泣,時而勸誡人或責罵人,偶爾還會走動跳躍、叫嚷進行斬妖除魔的動作。上述情形可說明:夢的荒誕離奇,都是由「胆碱能神經元」一手造成的。而他發現一些精神分裂病人的腦幹中「胆碱能神經元」的數量不正常。這也許能夠對於神經發生錯亂的幻想行為作出解釋。[74]

　　吾人亦可借由「瀕死經驗」(Near-Death Experience)[75]相關論點,來對照說明洪秀全昇天異夢的情形。有關瀕死者「死而復生」的經驗,國外有些醫學雜誌早已接受刊載瀕死經驗者的研究。[76]國內則在 2002 年 7 月 16 日成立「台灣瀕死研究中心」,並與坐落於美國康乃狄克大學「國際瀕死研究學會」(IANDS USA)締結姐妹關係。此研究中心主任林耕新推估台灣約有十二萬人有瀕死經驗。[77]

Ritual in Late Imperial and Modern China , pp. 181-182.

[74] 根據哈佛大學在有關夢的一些先驅生物學理論的創立學者之一的艾倫‧霍布森博士研究所指出的觀點。詳見:桑德拉‧布萊克斯利著,〈揭開夢的本質〉載《夢境和意識的本質》(長春:長春出版社,2001),頁 270-274。

[75] 作夢的人可能驚恐地醒來,因為他們好像覺得自己有些接近於死亡。但是這種感覺和睡眠過程中的諸如呼吸暫停之類的身體活動無關。有些形而上學學派認為,這種瀕死經驗是由於靈魂作完事之後,不能立即重新進入肉體所致。詳見:戴維‧C.洛夫(David C. Lohff)著,李書端等譯,《梦典》(*The Dream Directory*)(北京:中央編譯出版社,2002 年 1 月,初版),頁 17。

[76] 歐美部分精神科權威及社會學研究團體視瀕死經驗為具有價值的研究材料。2002 年英國醫學權威期刊《刺胳針》(Lancet)就刊載一篇荷蘭的研究報告,指出經歷急救過程的 344 個心臟病人中,已發現一成八的病患曾有瀕死經驗。詳見:高有智,〈周大觀基金會成立首座瀕死研究中心〉,《中國時報》,民國 91 年 7 月 18 日,第 19 版。

[77] 此一人數,相較 1994 年美國蓋洛普的民調資料,2 億人口中有 1300 萬人,比例相差不多。詳見:高有智,前文。

他並指出，人在面臨強大壓力、吃迷幻藥或精神病患者，偶爾也會有「脫體反應」。但眾多瀕死經驗個案的共通經驗為：會感受身心脫離的「脫體反應」，缺乏時間及空間感，同時看見另一個自己，心靈異常舒服滿足。一般而言，有瀕死經驗「復活」後，根據他的研究：有百分之九十不再畏懼死亡，百分之五十八點八覺得人生觀發生正向改變，百分之三十五點二趨向普遍信仰宗教的傾向，更樂於幫助他人。[78]

洪秀全在經歷此一大病與異夢，在身心方面亦發生異常的變化。他的情形是：整個身心有若脫胎換骨；無論性格與外貌均日漸改變；在性格上他變得品行謹慎，行為和藹而坦白，見解寬大而自由，知識力亦絕倫；在外貌舉止上則身體增高增大，步履端莊嚴肅，面部橢圓，容顏甚美，鼻高，耳圓而小，聲音清晰而洪亮，每發笑則響震全屋，髮黑、鬚長而作砂紅色，體力特偉健。使得他對四週的群眾產生某種吸引力與排斥力，「惡人畏而避之，而忠誠者趨於交遊」。[79]這番描述，說明洪秀全在病後的身心變化甚大，旁人也發覺這項轉變，進而影響其人際關係的互動。

二、就夢中所遇之人物、景象言

（一）忽見一龍一虎並一雄雞走入室內

龍、虎、雄雞三種生物，在中國人心目中各代表「威望」、「榮耀」，也各有代表意義，如「虎」是勇敢或猛烈的象徵；「龍」是中國歷代帝王的符號；「雄雞」是宣播新的日子喚起新任務之象徵。

---

[78] 梁靜于，〈鬼門關前走一遭，人生更積極〉，《聯合報》，民國 91 年 12 月 23 日，第 21 版。

[79] 韓山文著，簡又文譯，《太平天國起義記》，前書，頁 843-844。

三者中「龍」是帝王的象徵、「虎」是獸中之王、相傳「雞」亦有五德。這些都是建立新國家必備的。就洪秀全本身而言，此或為「龍虎榜」的暗示，洪氏久欲榜上題名，卻一再挫敗，此乃其心底深處之慾望。也說明異夢開宗明義顯示洪秀全對威權的渴望和追求，亦是指出想滿足的「原欲」（libido）為追求威權，並由之滿足物質的、性欲的與其他的目的。

（二）有多人奏樂近前，共舁一華美大轎來，請其乘坐。秀全登輿，
　　　任人舁至一光明而華麗之地，即有許多高貴男女，敬禮歡迎

　　前已述及洪秀全三次科舉失敗後，因罹病而雇一肩輿，由兩個精壯的轎夫抬回家中，隨後病勢沉重，臥病四十餘日，此期間屢入奇夢。而此時出現在夢中乘坐「華美大轎」，就頗符合佛洛伊德論點：夢的許多情節，與當日白天發生的事息息相關。[80]他同時更進一步指出：「幾乎在每一個我自己的夢中，均發現到其來源就在作夢的前一天的經驗。」[81]也是吾人常說的：日有所思，夜有所夢。同時這也說明作夢並不是毫無意義的、純感性的、非邏輯性的表象活動，夢中也存在著一定程度的理性的、邏輯思維活動。[82]

　　至於「多人奏樂近前」、「請其乘坐華美大轎」、「華麗之地」、「高貴男女敬禮觀迎」的場景，吾人可由以下兩點觀察說明：一則正是透露一介窮書生洪秀全的抱負和羨慕、嚮往衣錦榮歸的願望。亦再次驗證洪秀全的「理想的我」目標甚高，一心一意想得最高功名、期以光宗耀祖。但在事與願違的情況下，臥病中的異夢除避開殘酷

---

[80] S. Freud , *The Interpretations of Dreams*. trans. A. A. Brill. *The Basic Writings of Sigmund Freud*, ed., A. A. Brill (N.Y.: Modern Library, 1938), p.198, 231.

[81] *Ibid.*, p.239.

[82] 田運主編，《思維辭典》（杭州：浙江教育出版社，1996），頁536。

的現實，轉而逃避至幻想世界。而幻想活動與早期受壓抑而存在於潛意識中的東西發生密切關係。是以夢中出現了平日的願望：能在多人奏樂，恭請他乘坐華美大轎，受到高貴男女的敬禮觀迎是無比的尊榮與特寵。這正也是讀書人取得功名後之殊榮和光采。此一現象除了可滿足及補償外，同時說明了「夢是一種（受抑制的）願望（經過改裝）達成」[83]的觀點。另一種解釋則是，多人敬禮歡迎，乃反映上年在街上遇著一大群人圍繞著傳教士聽道，而且歡迎洪秀全之加入，此可滿足其在科場之失敗而在此一場所卻大受觀迎的心理。

（三）進一大宮與年高德劭者多人偕，其中有古代的聖賢……復與各老人相將入一大宮，四壁均刻有格言古訓

　　依上述情景看來，說明洪秀全進入宮殿，前後共計兩進，此與中國傳統廟宇之建築多有兩進以上之建築規格一致。且內進大殿在規模、佈置皆較外殿富麗堂皇，加以宮中四壁刻有格言古訓之景象。吾人可推斷這些場景似應為洪秀全曾經走訪過的廟宇，或許是在其出生、成長的花縣一帶，也或許是應考所至的廣州城境內。或因此種廟宇之影像，平日即儲存於記憶之中，即留在於意識或潛意識層內，而此時出現在夢中，成了夢的背景材料。至於「年高德劭者多人」、「四壁均刻有格言古訓」之人物、格言古訓，有可能和他平日閱讀書籍中得來的印象或想像，或由平日生活經驗中所見（廟宇之神像、繪像或戲劇之演出人物）、所聞（民間傳說、故事）累積而得。由此也可說明他夢中的建築或人物都是中國傳統多神之宗教的表現。

---

[83] 原文為"The Dream is the (disguised) fulfilment of a (suppressed, repressed) wish" .詳見：S. Frued, *op. cit.*, p.235.

（四）夢中出現之老婦老者及年長有德之輩

佛洛伊德的觀點認為「皇帝和皇后（或者國王和王后）通常是代表雙親，而王子或公主則代表本人。」[84]此處出現之「老婦導其至一河邊，詰其汙穢不堪，乃為洗淨全身。」吾人可解釋其可能源於兒時記憶，因日常生活中為其沐浴者，即是自己的母親。也有可能是「戀母情結」（Oedipus complex），經由「夢的改裝」[85]為另一老婦人，將所「壓抑」[86]的慾望，加以「偽裝」，以通過夢的「審查制度」。[87]夢境中初則得母親之關懷（老婦為其淨身），繼則得父親之同情與鼓舞（老者助佑），三則借重兄長之教導協助（中年人協助除妖），凡此三者，均為孩提時期能有效解決問題之途徑，也是在洪秀全屢入奇夢期間所接觸的家人。這也充分表現出排行么子的洪秀全有著強烈的依賴性，依賴雙親、兄長；或可說明此時的他並未通過接二連三考試失利挫折的考驗，轉而逃避至幻想世界（如請其乘坐華美大轎、高貴男女敬禮歡迎等夢境），經由退化過程去尋求早期的途徑。[88]此外，夢境中的「老者」為一「金髮皂袍」，加以「巍然屹坐於最高寶座」的描述，可能來自於中國式的宮殿或廟宇中神像記憶。而「金髮」之特徵，則可能是遊廣州城時所遇見的洋人。[89]由此可知此一老者係一「集錦人物」，亦即將兩個以上

---

[84] *Ibid.*, p.371.

[85] *Ibid.*, p.222.

[86] *Ibid.*

[87] *Ibid.*, pp.223-224, p.235.

[88] John Rickman 編，歐申談譯，《佛洛伊德論文精論》（台南：開山書店，民國 60 年 1 月）頁 60。

[89] 因為：1.中國神像中並無金髮者 2.洪秀全於布政司衙門前所遇之傳教士，及其同行者，乃「身穿明朝服裝，長袍濶袖，結髮于頂」；亦未有金髮之記載 3.洪仁玕於被捕後供詞為：「在龍藏衛所見二人，一長髮道袍，另有一人隨侍」之描述中亦無金髮之特徵。詳見：韓山文著，簡又文譯，《太平天國

人物的特點拼湊集中於一個人的「集體影像」[90]再次顯示出洪秀全
對父親的依賴經驗，係因（前節已述）洪父自其幼時，即對他寵愛
有加，期許甚高，也是他受委曲或有困難時最佳的避風港和守護
神，有他可擔當一切，即有安全和快樂，足見父母雙親均是他尋求
依賴的對象，也可以說明此時的洪秀全尚未成為獨自主的成熟個
體。日後在對宗教的態度上（對上帝）、同儕相處的互動過程中（對
馮雲山）、甚至在領導者角色的扮演上（對東王），仍無法克服「奧
第帕斯情緒」，而表現出「依賴」的傾向。

三、就領受天命的認知言

（一）在夢境中接受身與心的潔淨與改造

在《太平天日》中的記載：

> 繼傳旨剖主腹，出舊換新，又將文字排列，旋繞主前，一一
> 讀過。後有天母迎而謂曰：「我子！而下凡身穢，待為母潔
> 爾於河，然後可以見爾爺爺。」朕身潔淨，天母乃引見天父
> 上主皇上帝。[91]

起義記》，前書，頁 840。故推論可能另一個或數個男性洋人給予洪秀全的
印象。

[90] S. Frued, *op. cit.*, p.328.

[91] 羅爾綱編，《太平天日》，前書，頁 138。因《太平天日》的撰寫係根據洪
秀全事後依照《勸世良言》的內容加以對照，始知其（人物）真實的身份。
在洪仁玕的描述中，「天父上主皇上帝」是用「老人」（a man , venerable in
years）指稱，而「天母」，是用「老婦」（an old woman）指稱，而「天兄
基督」是用「中年人」（a man of middle age）指稱，「天堂」即用「光明而
華麗之地」（a beautiful and luminous place）一詞。此乃因洪秀全神遊天堂
之際，對於所接觸的人、事、地、物均不甚清楚，全為事後的驗證。筆者
撰文時，因配合引用的資料作分析解釋，故均以出處之「原文」方式稱呼。

此時洪秀全無論是接受「身」的潔淨和「心」的改造，應代表著「洗心革面」、「脫胎換骨」之意。此河或許暗示著中國神話的「天河」，或稱「銀漢」，傳說常有仙佛在這裡洗淨全身，而後進入天庭或極樂世界。在除去了凡間（相對於天堂）所沾染的污穢後，才具備了晉見天父上主皇上帝的資格。而剖腹之舉，或許是由一般廟宇（如城隍廟）內地獄圖像、民間傳說的十殿閻羅場景印象中轉換而得。

（二）天父召喚的原因及託付

　　天父上主皇上帝向洪秀全說明召喚他至天堂的原因，在《太平天日》一書中的記載是：

> 爾昇來麼？朕說爾知，甚矣凡間人多無本心也！凡間人誰非朕所生所養？誰非食朕食，衣朕衣？誰非享朕福？天地萬物皆朕所造成，一切衣食皆朕賜降，如何凡間人享朕福，多瞞昧本心，竟無半點心敬畏朕？甚為妖魔迷惑，耗費朕所賜之物，以之敬妖魔，好似妖魔生他養他，殊不知妖魔害死他，纏捉他，他反不知，朕甚恨焉，憫焉！[92]

該段話的內容，除說明自己（天父上主皇上帝）是創造宇宙、天地萬物的主宰，即確立「一神論的宇宙觀」，此亦是基督教所主張的觀點，常為傳教士的說詞和傳道重點。同時指出世人已失「本心」，因而犯下「不敬」之過，究其原因，係為「妖魔」所惑，這也是基督教之「反異教」觀點。洪秀全在聽到上述的訊息後，夢中所作的反應是「心甚不平，欲即去勸醒他們，使各人識得妖魔詭計，回心

---

[92] 同上。

敬轉天父上主皇上帝」。[93]隨後,「天父上主皇上帝又携主在高天,指點凡間妖魔迷害人情狀,一一指主看明;又將其手降賜,凡間妖魔即冒功勞,亦一一指主看明。」[94]此一情節頗似中國小說中描寫神仙佛祖在祥雲處俯看凡塵,查看民間疾苦,或查覺某處怨氣、妖氣太重,而出手拯救眾生苦痛之慈悲舉動。此時,洪秀全轉回現實世界,突然醒來向其身旁的父兄表示:

> 天下萬郭(國)人民歸朕管,天下錢糧歸朕食,朕乃天父上帝真命天子。有時講雜話,是上帝教朕橋水,使世人同聽而不聞也。[95]

由此段描述中,吾人可知洪秀全在經歷這場異夢過程中,並非僅是闔眼躺在床上,而是有時清醒有時在夢中,並有走動跳躍及叫嚷之行為(前已述及)。而在向其父兄表示他已被上帝命定為真命天子之後,又回到了夢中,如此時醒時夢、來回天堂人間前後反覆共計四十餘日,令其家人不知所措,又悲又喜。[96]

(三)受命展開斬妖除魔任務

根據記載,洪秀全回到天堂後,即向天父上主皇上帝請命,自願担任斬除妖魔使命;並蒙天父賜他兩件寶物,一為寶劍(名為雲

[93] 同上。
[94] 同上。
[95] 洪仁發、洪仁達著,洪秀全註釋,《王長次兄親目親耳共証福音書》,載鄧之誠、謝興堯等編,沈雲龍主編,《太平天國資料》,冊 2(台北:文海出版社,民國 65 年),頁 510。
[96] Rev. Thedore Hamberg , *The Vision of Hung-Siu-Tshuen , and Origin of The Kwang-Si Insurrection* (San Francisco : Chinese Materials Center, Inc., Press, 1957), p.11.

中雪），用以斬殺妖魔，一為印璽（金璽），用以治服邪神。由於寶劍與印璽是象徵權威的物品，因此可顯示洪秀全有著不小的政治野心與「權力動機」。[97]此一情節，即是中國歷史上「符瑞」、「受命」的傳統，也與中國戲曲中授劍授印相同，即領受命令，擔當剷奸除惡、伸張正義的重責大任。隨後就和妖魔在「高天三十三天」之間，展開了激烈的戰鬥，在過程中還獲天父、天兄的協助。另據《太平天日》記載，此一斬妖除魔工作進行的十分順利，並已獲得勝利。但在消滅眾多妖魔後，天父上主皇上帝卻出面向洪秀全表示，要保留住妖魔頭的性命，原因是：

> 這妖是考（老）蛇，能迷人食人靈魂，若即收他，許多被他食之靈魂無救矣，況污穢聖所，故暫容他命。即這妖魔仔，天父上主皇上帝亦吩咐主不可遽收他，待到凡間這一重天然後砍他也。[98]

這兩項理由，一是天堂除妖，會污穢聖所，不宜為之。二是如若斬除魔頭，連帶人的靈魂也跟著毀滅。又如何點化、拯救世間的子民？在此雙重考量的情況下，斬妖留正的工作也要留待洪秀全返回凡世間後再進行。這也是洪秀全日後在凡間建立太平天國的重要原因，否則在天堂中將妖魔皆消滅殆盡，則無須在凡間再從事相同的任務，此一斬妖除魔任務，如同上述，是來回天堂人間，重覆進行的。因此也才有跳躍、叫嚷的舉動，且自唱歌謠、創作詩歌、勸訓他人。

---

[97] R.P. Browning and H. Jacob , "Power Motivation and Political Personality ," in F.I. Greenstein et al., *A Source Book for the Study of Personality and politics* (Chicago : Markham Publishing Co., 1971), p. 444.

[98] 羅爾綱編，《太平天日》，前書，頁 139-141。

（四）妖魔作怪之因是孔子教人讀書多錯

天父上主皇上帝對洪秀全不但付予斬妖除魔大任，且向他說明妖魔作怪的原因是孔丘教人讀書多錯，為正本清源，除與天兄等輪留斥責孔丘，尚向他解說真正的「正學」：

> 天父上主皇上帝命擺列三等書，指主看曰：「此一等書是朕當前下凡顯蹟設誡遺傳之書，此書是真，無有差錯。又此一等書是朕當前差爾兄基督下凡顯神蹟捐命贖罪及行為所遺傳之書，此書亦是真，無有差錯。彼一等書，這是孔丘所遺傳之書，即是爾在凡間所讀之書，此書甚多差謬，連爾讀之，亦被其書教壞了。」[99]

這段描述，說明天父上主皇上帝將人間的典籍概分為三，前兩類記載天父上主皇上帝及天兄基督的事蹟及行為，因而「此書是真，無有差錯」，而「孔丘所遺傳之書」，則有諸多「差謬」，被認定是教壞世人之書。此一被中國朝廷、士大夫定位為正統的儒學，此時反被判定是異端、妖書。依照心理分析的理論，此種天父斥責孔丘，與傳統價值觀對立，以當時的社會背景論，誠屬大逆不道之事，理應通不過夢的「審查制度」，而需予以相當程度的扭曲或出之以象徵化的影像才對，此夢境中僅以天父罵孔子的形式通過檢查，似乎間接証明了以下四點：1、有可能將自己屢試不中之過轉移到孔子書說，因考試內容大多不離孔子書說。2、以責罵孔子為大逆不道之社會下的洪秀全，確曾聽過傳教者的說詞，夢中的罵詞，反正只是重述他人的話語，而不是出自於洪氏本來，因此，勿須扭曲。3、傳教者的觀點給予洪氏的印象極深，因而才會浮現在夢中。4、傳

---

[99] 羅爾綱編，《太平天日》，前書，頁 139。

教士的反孔言論，洪氏並不認為是大逆不道，因而不需在夢中偽裝到「難以認出」之地步。[100]此番斥責孔子的言行和前述斬妖除魔的舉動，亦頗符合心理學上「挫折—攻擊說」，[101]並直接影響其病情，他在病中的砍殺、跳動、叫嚷、訓誡等言行，與此應有密切關聯。

（五）賜封號、改名並教導其詩書

在結束斬妖除魔工作後，足見洪秀全能擔負日後凡間斬邪留正、勸醒、點化世人的重責大任，因此天父上主皇上帝特賜他「太平天王大道君王全」的封號，並命他改名為全，並指示：

> 爾為名全矣，爾從前凡間名頭一字犯朕本名，當除去。爾下凡去，時或稱洪秀，時或稱洪秀全，爾細弟之名與爾名有意義焉。[102]

因此小名洪火秀的洪仁坤，從此更名為洪秀全，原因不僅是為了避諱，也因為在其姓名中有著特殊的意義。（全字隱含「人王」之意，日後洪秀全自解舊約詩篇多處「全」字即指其名）其「天王意識」由此萌生，病癒後常對別人以王者自居，稱耶穌為兄，且常敘述其病中昇天的經驗。此外，他也接受天父及天兄的教導詩書，原因是：

> 為爺教爾多讀些詩書，後作憑據，而仍要下凡也。爾若不下凡，凡間人何能得醒，得昇天堂乎？[103]

---

[100] 盧瑞鍾，前書，頁 142。

[101] 王雲五總編，前書，頁 38-41。

[102] 羅爾綱編，《太平天日》，前書，頁 141。

[103] 羅爾綱編，《太平天日》，前書，頁 512-516。

可見學習詩書的用意有二，一是作為日後驗証異夢的「憑據」，二是証明自己已領受天命認真學習上天的意旨，方可担任勸醒、點化世人的重責大任，使其得以順利昇天堂。

洪秀全這種病中經驗（上帝說秀全是祂的「次子」，還把他介紹給其「胞兄」耶穌，並囑咐秀全仗劍「下凡除妖」），在不語怪力亂神的傳統士大夫筆下，被視為荒謬。同樣的，在現代史學家的觀點言，也認為是不可信的。他們認為洪秀全只是「假托」迷信，來爭取群眾，參加革命。這殊途同歸的新舊兩派史家對洪秀全的解釋，都是因為抱持著無神的文化傳統，而無治宗教史和神學之經驗的結果—把一個有神的宗教史，當成無神的思想史處理。[104]

其實秀全這項 vision，在任何有宗教傳統的社會裡，都屬司空見慣。治宗教史或神學的作家，把這靈異分成數種。一般於昏迷中受神靈之「詔」，清醒後記憶猶新，能遵「詔」辦事或傳言者，被列入「先知」（prophet）的一類。至於一些於昏迷狀態中，能為鬼神傳語（多用韻文、詩歌），而醒後自己本人卻一無所知者，即是西人稱為「巫師」的「薩滿」（shaman）。[105]「先知」與「巫師」兩者差別，只是替鬼神傳語的方式不同。先知與巫師亦各有真假，真的確有其「靈異」（miracle）之處，假的則是一些「魔術師」（magician）。根據上項分類，洪秀全（如所言屬實）則應屬於「先知」，先知之鉅子如摩西、耶穌、穆罕默德皆是。以上三位皆是西

---

[104] 唐德剛，《晚清七十年—〔貳〕、太平天國》（台北：遠流出版社，民國 87年），頁 36。

[105] 「薩滿」這種稱呼，源於古代女真語，是古代女真族對巫嫗的指稱。薩滿實際上就是通常所說的巫師，其職能是在人間與神靈、祖靈、精靈、鬼靈諸靈界之間溝通、聯絡，並利用種種神秘的巫術為人們消災解難，其方式諸如跳神、祭祀、唱誦神歌禱詞、巫醫、占卜等。詳見：高華平、曹海東著，《中華巫術》（台北：文津出版社，民國 84 年 3 月，初版 1 刷），頁 202-204。

方宗教史和神學上替上帝傳言的超級「彌賽亞」（Messiah），等而下之，則有各教的「聖徒」（saints）和有走火入魔之嫌的「教主」（cult leaders）。洪秀全後來自稱是「上帝之子」、「耶穌之弟」，唧命下凡、救世除妖的「彌賽亞」、「天王洪秀全」，和近年的「自稱上帝」、「耶穌化身」，下凡打倒資本主義，實行社會主義的「彌賽亞」、「凱撒瓊斯」，[106]實在是屬於同一類型的「教主」。他二人在宗教史中，常被歸類為走火入魔的低等級。[107]

但此一神靈感應（vision）過程，對洪秀全本人及其追隨者，卻有著極為深遠的影響。因他們認為「天啟」這個先知性的夢（Prophetic Dreams）[108]來自上天，是上天的神諭、天命的象徵。（前章第四節宗教環境中已陳述傳統天命思想和民間的真命天子信仰，對政治情勢或宗教團體均具有非凡的義意）此一神秘的天啟經驗，不僅建構了洪秀全的宗教理念，也提供其創教（拜上帝教）、革命建國（太平天國）的合法性來源。換言之，如果沒有這段經驗，洪秀全不會成為創教者，太平天國也不會出現。

---

[106] 1978 年，美國三藩市有位吉姆‧瓊斯（Jim Jones, 1931-1978）基督教牧師，他在不知不覺中產生神靈感應，使他成為一位具有特異療效的醫生。他能為人醫治疑難雜症，包括肺癌，一時聲名大噪，信徒四集。他自稱是「耶穌轉世」（Reincarnation of Jesus）；甚至說他自己就是「上帝」（God）；並自封為「凱撒大帝」（Caesar）。號稱是苦難人民的救世主、社會主義之大護法。他並組織一個人民公社，叫做「人民廟」（People's Temple）。在南美洲之蓋亞那（Guyana）南部，自建「瓊斯堂」（Jonestown），劃地稱王，不受美國之法律約束，1978 年 11 月 18 日，全體教徒服毒自殺，集體殉道（911 人，亦有說 913 人），舉世震驚。詳見：唐德剛，前書，頁 30-32。

[107] 同上，頁 38。

[108] 宗教性的詮釋、預言性的夢，常常使作夢的人處於考慮終極現實的境地，作夢人往往醒來感到一種昇華的意識，覺得與上帝、聖母或者人們看作終極現實的任何東西有了理解和交流。詳見：戴維‧C.洛夫著，李書端等譯，前書，頁 21。

四、就其病症所顯示的疾病言：

吾人若從醫學的觀點來看洪秀全此一臥病四十餘日的病症，其相關研究的情形為：

(一) 簡又文曾於民國 33 年所著的《太平軍廣西首義史》一書中指出：當時洪秀全實患精神病。其後簡氏並與香港精神病院院長葉寶明共同研究，而由葉氏撰成〈太平革命領導者洪秀全之精神疾病〉一文。本篇論文是學界中最早嘗試運用科學分析的方法，進行洪秀全異夢之研究。由於葉寶明為精神醫師，受過專業訓練，此篇專文先在香港中英學會講演，後發表於《遠東季刊》。他在文中運用佛洛伊德的理論，分析洪秀全的異夢。其結論為：洪秀全的異夢並非是上天的啟示，亦不是政治性的欺騙，而是洪秀全在精神不正常的狀態下所導致的幻象。洪秀全本人為精神病患，其所得的病「與其說是精神分裂症，不如說是歇斯底里症」。其心理狀態的異常，亦導致他日後無法扮演好政治領導人的角色，而引領太平天國走向滅亡。葉氏的論點，對學界的影響力很大，研究者大多接受其觀點。

(二) 陳勝崑在《健康世界》的〈洪秀全的革命心理分析〉一文中，亦提出相同論點，據他的「診斷」，認為洪秀全所患的是「歇斯底里心理症」(Hytserical Neurosis) 的轉化型。這種病，原是人類對外界災禍、危險、不安的原始防禦方法，其症狀的發生，在於減少恐懼而發生的反應。這是一種原始的「溝通」方法，用身體變化或幻想來傳達其意思與感情，即所謂「身體語言」(body language)，因無法用普通言語表達，退而用較原始的方法，遠離此世界而獲得

滿足，這樣可以把引起心理痛苦的事加以「潛抑」，並加以否定，自行退縮，產生幻覺等等，在自己內在世界重行組織自己理想的或屬意的遭遇，而減少自己痛苦。[109]至於其幻覺的內容，簡又文經細心考證後認為，洪秀全的「夢話」並非完全無中生有，「皆為以前所見、所聞、所想、所言、所歷；印象潛藏，觀念暗伏，及時復現，東拉西扯，湊合成章」，無非一一所映其心中鬱鬱不伸之雄心大志」，以及「其一生高中科名、直上青雲、玉堂金馬的欲望之反映」。[110]

(三) 盧瑞鍾應用精神醫學和心理分析理論作進一步的研究後，提出修正：發覺洪氏所患病症疑似「狂躁型的躁鬱症」，其所持之理由為：洪氏的病症頗符合美國精神病學會（American Psychiatric Association）所出版《精神病診斷與統計手冊》（*Diagnostic and Statistical Manual of Mental Disorder*, 1980.）所描述的狂躁型的躁鬱症，因為它符合該手冊（簡稱 DSM-III）有關此症的幾項診斷標準。[111]

---

[109] 陳勝崑，前文，頁 81-82。

[110] 簡又文，《太平天國全史（上）》，前書，頁 16。

[111] 有關此症的診斷標準為：

A、 有一個或多個不同時期帶有顯著有活力的、誇大妄想的、或易怒的性情，這種有活力的或易怒的性情必須是疾病的主要部分，且相當持久，同時它也可能轉變或混合有抑鬱的性情。

　　洪氏病中有「怒從心起」、「申斥……斥責」人、「大聲罵也」，且自以為受有神命的誇大妄想等現象。

B、 歷時至少一個禮拜，在此期間，多數時候，至少具有以下幾個病徵的三個（如其性情只屬易怒時，則四個），且已經出現顯著的程度：

1、活動增加（不管是社會性的或性慾性的）或身體上的不休止。

2、比平常好講話，或講個不停。

3、意念飛揚（flight of ideas）……。

　　此外，書中將洪秀全的言行、病症一一對照發現有多處符合DSM-III，如：洪氏自稱受神之命君臨天下（此點特別符合「誇張性妄想含有與神「God」或政治、宗教、娛樂界之名人有特殊關係，實屬尋常」及「當妄想或幻覺產生時，其內容經常明顯地與其主要性情一致，神的聲音可能被聽到，並解釋為其個人具有特殊使命」之病狀描述）、典型的第一次狂躁期發生於三十歲以前、「典型的狂躁期開始得很突然，在幾天內病徵快速擴大，這時期通常歷時幾天到幾個月，其結束也很突然」以及該症會有「唱歌」、也會「勸告陌生人」等特徵。除此之外，洪氏個人資料符合躁鬱症病狀的有：罹致躁鬱性精神反應者的體型以肥胖者居多、躁鬱症具有循環性、在鬱期中有自殺傾向、常為惡夢所苦、無心智退化跡象等的詳盡分

4、誇張的自負（inflated self-esteem）（誇大，它可能是幻想性的）。
5、睡眠的需要減少。
6、容易分心，例如：注意力太容易被不重要或不相關的外在刺激所引開。
7、過分的捲入有高度可能會帶來痛苦之後果的活動。
吾人由相關太平史料中觀察，洪秀全的病徵除了第 7 點無具體記載之外，大抵均有頗為符合之處：
一、患病時間，不論在《太平天國義記》、《太平天日》或〈洪仁玕自述〉中均謂「四十餘日」或「約四十餘日」。
二、「常在室內走動、跳躍、或如士兵戰鬥狀……戰鬥、跳躍、唱歌、教人……鎮日惟唱歌、教人、斥責」顯示活動量大，較尋常多言。符合前述 1、2 與 5 病徵。
三、《王長次兄親目親耳共證福音書》以推想追記秀全唱詩歌內容，固不可信，但從中似已透露洪氏病中意念飛揚不定之現象，符合 3 與 6 之病徵。
四、「彼常自言已被敕封為中國皇帝，人有稱之為皇帝者，則色然喜」另朱色字條「天王大道君王全」，當亦為洪氏所自書之誇大舉止，這些符合 4 之病徵。
7 個病徵，符合者有 6，是以吾人判定洪氏當時所患精神病症疑似狂躁型之躁鬱症，應非毫無所本。詳見：盧瑞鍾，前書，頁 127-128。

析。最後，更進一步排除其他病症，如精神分裂症、妄想精神病（paronoid psychosis）、歇斯底里症等的鑑別診斷分析。[112]

　　經筆者向精神醫師（北投國軍醫院張君威醫師、王梅君臨床心理師）及從事精神醫學教育者（政戰學校心理系楊德宗老師、社工系楊美惠老師）請教、討論相關議題後，筆者認同學者盧瑞鍾的修正觀點。目前醫、學界在精神疾病診斷上的 DSM 工具書（含手冊）已出版至第四冊，如國內由孔繁鐘編譯的中譯本《DSM-IV 精神疾病診斷與統計》[113]一書，譯自：*Diagnostic and Statistical Manual of Mental Disorders: primary care version 4th ed.* (1987)簡稱 DSM-IV。另有《DSM-IV 精神疾病診斷準則手冊》[114]，譯自 *Quick Reference to the Diagnostic Criteria*，這本「迷你診斷手冊（Mini D）」原定位為配合 DSM-IV 教科書共同使用。此書最大的革新並不在於任何特定內容的變更，而在於其建構及記錄時遵循的明確系統化過程。與任何其精神疾患的命名系統相比，DSM-IV 更植基於實驗性証據。[115]基於此，對「狂躁型的躁鬱症」（Manic-depressive psychosis , Manic type）一詞，在對照查尋 DSM-IV 一書後，現乃以雙極型情感疾病（Bipolar Disorders）稱之，特質為躁狂發作（Manic Episode），[116]此亦是吾人常見的情感性疾病（affective disorder or mood disorder）中慣稱的「躁鬱症」，此種疾病症狀是情緒極不穩定，患者的情緒會過度高昂或是過度低落，變化起伏落差極大，不依常理而行，因

---

[112] 盧瑞鍾，前書，頁 128-131。

[113] 孔繁鐘編譯，《DSM-IV 精神疾病診斷與統計》（台北：合記圖書出版社，民國 89 年 3 月 10 日，初版 3 刷）。

[114] 孔繁鐘、孔繁錦編譯，《DSM-IV 精神疾病診斷準則手冊》（台北：合記圖書出版社，民國 89 年 3 月，初版 9 刷）。

[115] 同上，頁 iv.

[116] 同上，頁 321-329。

此病症的基本特質是雙極性（bipolar or manic-depressive，即雙向的躁鬱共存）。若依躁鬱症的分類（based on Young & Klerman, 1992）標準言，洪秀全當屬躁鬱症第一型（Bipolar I）—躁狂和重度憂鬱（mania＋major depression）。[117]唯此點對前述論証並無任何修正意見，僅配合醫學史發展上的命名系統，誠如DSM-IV一書中強調：雖然在範圍廣泛的不同背景需要有公定的命名系統，但這應視為暫時訂定，尚望研究者持續努力，力求完善。[118]

　　上述醫者、學者運用科學分析的方法進行研究洪秀全的異夢，提供了吾人多一項觀點、角度去思考、了解洪秀全在成長過程中的身心變化。一如有些學者從領袖人物的生理與心理上的特異，說明某些領袖人物特立獨行的思想或行為，實與其身心結構特異有關。譬如亞歷山大大帝（Alexander the Great）、凱撒（Julius Caesar, 102-44BC）都是嗜酒如命者，後者還有自戀狂；拿破崙（Napoleon Bonaparte, 1769-1821）患局部性機能萎縮症及癲癇症；俾斯麥（Otto (Eduard Leopold) von Bismarck, 1815-1898）患歇斯底里症；林肯（Abraham Lincoln, 1809-1865）患抑鬱症；希特勒（Adolf Hitler, 1889-1945）患有梅毒、歇斯底里症和妄想症。[119]而最著名癲癇病患（epilepsy）的偉人計有：穆罕默德（Mohammed, 570-632）、法王查理五世（Charles V the Wise, 1337-1380）、俄皇彼得大帝（Peter the Great, 1672-1728）、拿破崙、法國作曲家貝里歐茲（Louis H.

[117] 張溯梟，〈認識情感性疾病—基礎篇、進階篇〉http://www.angelfire.com/ms/madot/basic.html 及 http://www.angelfire.com/ms/madot/advanced.html，上網檢視日期：2004年3月24日。
[118] 孔繁鐘編譯，《DSM-IV精神疾病診斷與統計》，前書，頁iii.
[119] 王榮川，〈從群眾運動的角度看幾種有關領袖的理論〉，收錄於《三民主義與國家建設學術研討會—紀念任卓宣教授百年誕辰論文集》（台北：政戰學校，1995年7月30日），頁4。

Berlioz, 1803-1869）、英國詩人拜倫（Lord Byron, 1788-1824）、法
國小說家福祿拜爾（G. Flaubert, 1821-1880）、俄國小說家杜斯妥也
夫斯基（F. M. Dostosevky, 1821-1881）、荷蘭後期印象派畫家梵谷
（Vincent Van Gogh, 1853-1890）及法國短篇小說家莫泊桑（Guy de
Maupassant, 1850-1893）等。[120]像凱撒的為人敏感、神經質、殘忍、
常有虛偽的行為；彼得大帝生性殘忍嗜殺、桀驁不馴、喜怒無常而
急躁；拿破崙的狂妄自大、不信任他人，希望別人奉承、神化自己、
感情豐富、權力慾強烈，都與此有關。[121]一位曾經當面觀察過希特
勒的人類學者谷祿伯（Von Gruber）說：「他（指希特勒）的面目
表情不像是一個具有健全精神機能的人，而是一個心緒不寧、神經
錯亂的人。他面頰上的肌肉不時跳動，在發言完畢時，總要發出愉
快的自滿表情。」[122]

　　拿破崙患有躁鬱症，他一天只睡幾個小時，工作時卻依然神采
奕奕，異於常人的傑出表現，若從精神醫學的角度來看，極可能是
處在輕躁期，故不太需要睡眠。觀看其一生暴起暴落，會發現他的
情緒變化甚大。他率領大軍攻俄時，除了可能是軍事上的誤判外，
也有可能因為冬季（季節轉變）是精神疾病極易復發的季節，從記
錄上分析，拿破崙當時的情緒正處於憂鬱期，才會決策緩慢、猶豫
不決而戰敗。第二次東山再起，卻又在滑鐵盧之役敗給威靈頓公
爵，當時是春天，時值季節變換之際，也正是躁鬱症病情最易起伏
變化的時候。拿破崙一生的成就與情緒起伏過大不無關係，他的死
對頭威靈頓公爵曾說：「我常說拿破崙這個人在戰場上，像千面人
般變化無常，令人捉摸不定。」除了拿破崙以外，英國的共和時期

---

[120] 馬起華，《政治心理分析》，前書，頁 125。
[121] 同上，頁 122-125。
[122] 方白譯，《希特勒傳》（台北：大明王氏出版公司，民國 64 年），頁 218。

執政者克倫威爾（Oliver Cromwell, 1599-1658）則是一位典型的躁鬱症患者。[123]

　　根據史學家的研究，美國南北戰爭中的南北之首兩位指揮官，雖然彼此對立，卻都受到同一種精神疾病—躁鬱症的折磨。北軍統帥林肯處於憂鬱期的時間比在躁期多很多；南軍總司令李將軍（Robert E. Lee, 1807-1870）也是，憂鬱期多於躁期，但他父親卻是躁鬱起伏極為明顯的病患。美國老羅斯福總統（Theodore Roosevelt, 1858-1919）則是個長期處於輕躁期的人，他一生共寫了十五萬封的親筆函及無數的著作，這是因為他的憂鬱期十分短暫，所以精力充沛，難怪政績斐然。此外，二次世界大戰時，許多西方重要政治人物也都可能患有精神方面的疾病。如英國首相邱吉爾（Winston Churchill, 1874-1965）就可能是輕度躁鬱症的病患，他的情緒波動很大，家族中也有多人如此。傳說戰後他競選首相連任的失敗，可能也與其處於憂鬱期有關。義大利的獨裁者墨索里尼（Benito Mussolini, 1883-1945）則是一位慢性輕躁症患者。[124]

　　從傳記研究歷史人物精神狀態的方法，在國外常被引用。但是在中國，特別是近代政治人物的傳記，由於政治環境因素，作傳者可能會有立論上的盲點（即政治之特定觀點），使得研究不夠客觀。不過最近在毛澤東私人醫師李志綏所著的《毛澤東私人醫師回憶錄》中，作者以專業醫師的觀點，對毛澤東精神狀態作相當詳實的分析。其實早在六〇年代，台大林宗義教授就已根據中國內部文件的記錄，懷疑毛澤東是躁鬱症患者。「三面紅旗」、「生產大躍進」（土法煉鋼）、「文化大革命」等社會改革運動，都是他在狂躁期時

---

[123] 楊延光，《杜鵑窩的春天：精神疾病照顧手冊》（台北：張老師文化出版社，民國88年，初版）頁11-12。
[124] 同上，頁12-13。

的主張和作為；而當全國人民被煽起狂熱時，他卻又陷入了憂鬱狀態。李醫師描述：「毛久臥不起，抑鬱終日，他只簡單說他心情不好，要我對症下藥。毛的症狀多種，包括失眠、頭暈、皮膚搔癢和陽萎，嚴重時會有恐懼感，尤其在空曠的地方，必需有人攙扶，當然在他情緒高漲、精神振奮的時候，就沒有這種情況。而經過多次檢查，毛無論心、腦、內耳都沒有實質的病變……。」躁鬱症的病患有週期性的睡眠減少、多話、活動量增加、性慾增加等症狀，這些狀況的確在毛澤東身上一再出現。除此之外，毛澤東晚年還有極嚴重的被害妄想。[125]

　　幾年前英國有一篇針對世界歷史上兩百多位政治領袖的研究指出，政治人物患有精神疾病的比例可能不低。在精神疾病當中，與創造力或領導力有關的，以情感型疾病最值得注意。尤其是「雙極型情感疾病」（俗稱躁鬱症），因其疾病特質常有可能創造出不可思議的歷史事件或藝術作品，傳誦後世。而從許多傳記文學的研究統計發現，這類疾病發生在文學家、詩人、音樂家及政治人物身上的比例，比一般人還高。這個研究的意義，可以作為精神疾病的另類詮釋。[126]

　　上述這些叱吒風雲的歷史性領袖，雖曾在他們所領導的社會或國家建立不朽偉業，但也都曾犯下了一些戰略上的失誤，有的甚至在「一時糊塗」下，導致致命性的全盤皆輸。若究其原因，不難從其生理心理異常找尋答案。[127]是以洪秀全日後之政治行為、人格特質是否和其生理心理疾病相關？值得吾人觀察和進一步探討。

---

[125] 同上，頁 14-15。
[126] 同上，頁 4。
[127] 王榮川，前文，頁 5。

　　以當時環境背景，自然無法提供針對其影響身心的相關疾病做臨床醫療，而僅能在神鬼致病及民俗醫療上著手。洪秀全的父親當時即認為，是因為堪輿師沒有將其祖墳的風水處理好，以致於洪秀全會發病。他特請許多術士到家裡，希望能用法術驅逐邪靈。[128]《太平天日》一書亦提及，當洪秀全臥病時，有「邪人」（可能即是指術士）來探視病情，均被他大聲喝斥。[129]是以當時洪秀全的至親和官祿布的村民皆私下議論，說他應是得了「失心瘋」，其兄弟尚輪流查看屋子是否鎖好，以確保他沒法逃出屋去。然在嘗試各種方式均告無效的情況下，洪秀全竟不藥而癒，這也使得家人、親友留下深刻的印象。是以事後洪秀全將其所記得之特殊夢境一一為他們詳述，毫不隱匿，大家都認為此一經歷確實為奇，但應和現實並無關係。[130]

　　綜合上述分析，吾人可知這場昇天異夢，當然包含著許多神話加工的成份，儘管如此，它對洪秀全及其家人和花縣一帶崇尚鬼神及風水之說的鄉人，皆留下深刻的印象，也由洪秀全的個人體驗成為公開的事件，一旦有明確的證據足以證明夢中的經歷為真，他（洪秀全）和其一部份親友、鄉人就很容易接受它，進而付諸實踐、展開行動—創教、傳教的教義即以此為依據和主張，金田起義、登基立國亦以此為基礎和藍圖。是以此一特殊富有神祕色彩的昇天異夢，不僅對洪秀全的一生產生了決定性的影響，同時也開啟了他特殊的宗教觀。

[128] 韓山文著，簡又文譯，《太平天國起義記》，前書，頁843。
[129] 羅爾綱編，《太平天日》，前書，頁143。
[130] 韓山文著，簡又文譯，《太平天國起義記》，前書，頁843。

第三節　四次赴考與《勸世良言》

　　洪秀全經歷一場大病後，於道光二十三年（1843 年）第四次前往廣州應試，結果如何？同年他潛心細讀十年前偶獲由梁發編著的《勸世良言》一書後，又將對其產生何種衝擊與影響？其與六年前昇天異夢之間有何關連？現分別簡析如下：

壹、四次赴考

　　滿清的科舉管道狹窄，科舉考試弊端叢生，真才未必得選，失意的知識份子增多。（前一章第五節有論述）就史實言，科舉制度常被統治者作為政治工具，陶希聖認為：「科舉的用意，在羅致被治階級具有反抗思想或較為優秀而有不安於下者」，「是封建君國穩定政權，減少並消弭士大夫身份的反抗的一個方法。這方法是歷朝歷代所反覆援用的！」[131]此外，鄒容在《革命軍》一書中也指出：滿清以科舉考試制度折磨讀書士子，即「困之以八股、試帖、楷摺，俾之窮年矻矻，不暇為經世之學」，「辱之以童試、鄉試、會試、殿試（殿式時無坐位，待人如牛馬），俾之行同乞丐，不復知人間有羞恥事。」[132]但傳統中國社會中，「科舉、做官、發財一直就成了這個社會中進行的三部曲，和不可動搖，不可懷疑的公式。它幾乎全控制了這個社會中精華分子的思想和行為。其結果，致令許多迂腐儒生，將一生的生命整個投入無止境的考試準備，而一無所

---

[131] 陶希聖，《中國社會與中國革命》（台北：全民出版社，民國 44 年 3 月，第 3 版），頁 93、97。

[132] 鄒容，《革命軍》載張玉法編，《晚清革命文學》（台北：新知雜誌社，民國 61 年 2 月，初版），頁 115。

獲」。[133]洪秀全在經過三次挫敗後，仍希望努力再試，足見此一中國傳統讀書人的價值取向(「一元價值」—功名)，仍深深支配著他。假若當時洪秀全能幸運通過科試，取得功名，進而為官、退而為紳，亦與兩百年來一般士紳階級相同，則斷不可能逆向走上革命造反之路。

　　從十五歲到三十歲，這是他第四次赴考，結果卻如同前三次一樣，鎩羽而歸，這次的失敗使他對科舉制度徹底絕望了。因為「沒有人能長期的忍受自卑之感，它一定會使他採取某種行動來解除自己的緊張狀態。」[134]前三次的失敗，他因自責而感內疚，終致於臥病不起（前節已論述）。但這次不同，他把失敗因素歸之於科舉制度的不完備，據其姪孫洪顯初醫生口述，簡又文記云：「彼（洪秀全）自第四次落第回家後，氣憤填膺，怨恨謾罵，盡將書籍擲地上，悻悻然，破唇大嚷曰：『等我自己來開科取天下士罷！』！『非如此大行其道，殆無以雪多年的積憤也。』[135]（日後天朝將科舉舊制幾全部革新）洪秀全也將士人求名不得之淒境書於其《天情道理書》一文中，不僅說明其在屢試不第，身心疲憊、挫折和壓力甚大，也有著氣憤填膺和有志未伸的怨恨。簡又文基於這一點而認為這是太平天國革命運動的濫觴。[136]

<hr />

[133] 黎威（Marrion J. Levy, Jr.）著，龔忠武編譯，〈近代中國社會的變化〉原載《大陸雜誌》，卷 31，期 10，後收入大陸雜誌編，《史學叢書》，輯 3，冊 5（台北：大陸雜誌出版社，民國 54 年 11 月 3 日），頁 9。

[134] 阿德勒（Alfred Alder）著，黃光國譯，《自卑與超越》（台北：志文出版社，民國 60 年 6 月）頁 40-41。

[135] 簡又文，《太平天國廣西首義史》（上海：商務印書館，民 35 年 6 月，初版），頁 86。

[136] 同上。

　　「希望」破碎的另一種比較強烈的後果是破壞與暴力。原因很簡單，人生不能沒有「希望」，「希望」破碎了的人才憎恨生命。[137]洪秀全第四度落榜，自是重大挫折，他決心擺脫此一不合理、扼殺其希望的科舉制度，重尋新的方式替代。由此一轉變歷程可知：他並非天生的革命家，而是一個經受科場失意痛苦，才與科舉制度徹底決裂的知識份子，這也是從挫折的自卑情結中一項超越的表現。

　　時值鴉片戰爭後，就整體環境言，外國帝國主義勢力入侵，滿清政府腐敗無能、喪權辱國、簽訂不平等條約，將中國作為外國傾銷商品、毒品的市場，嚴重影響國計民生（前章已論述）。民族危機日益加深，空前激化。洪秀全的故鄉距離廣州城不過百里之遙，就地利之便，虎門砲台隆隆的槍砲聲，三元里事件的廝殺聲和對清廷不滿的民怨聲，就沿著他的老家花縣邊緣，正興起蓬勃的反英民團運動。這些都使得洪秀全不滿和積怨的情緒急劇增長。1843 年，他終於從沉溺於科舉仕途的夢幻中清醒過來，此時的他不僅對科舉功名不再存有任何幻想，並放棄再參加科考的念頭。如果說，主觀上的考場失意、落榜之憤是刺激洪秀全產生叛逆思想的重要原因；那麼，客觀上嚴酷的社會現實、民族的安危存亡（類似「千年運動」（Millennial Movement）的期望，與歷史記憶─滿清入關後對漢人的屠殺與迫害等民族仇恨，激盪衝擊下，於是受壓抑已久的「反清復明」意念又死灰復燃），和人民的生活疾苦等環境因素，不僅令他痛心且憤恨，卻也是提供和驅使他欲謀解決之道的重要動力。

---

[137] 佛洛姆（Erich Fromm）著，黃榮村等譯，《希望的革命》（台北：環宇出版社，民國 63 年 2 月，初版），頁 28。

貳、《勸世良言》

前節論及洪秀全於 1833 年偶獲《勸世良言》，但未曾仔細翻閱，直至 1843 年落榜後，由其中表李敬芳看後向他推薦言：「此書內容奇極，大異于尋常中國經書」，[138]他才潛心細讀。現先就《勸世良言》之作者、內容概要、特色作一簡述，再進而分析其對洪秀全產生那些影響？

一、《勸世良言》作者梁發略傳

《勸世良言》的編著者是梁發，又名梁阿發（1789-1855），號「學善者」或學善居士，廣東省高明縣三洲古勞鄉（今高鶴縣）人，為中國第一位華人牧師，他只受過四年私塾教育（十一歲到十五歲），讀過《三字經》、四書及《詩經》，即因貧輟學，去廣州學作刻字匠。[139]從其出生及成長背景論，梁發和洪秀全頗為相似，是生活在充滿宗教活動的廣東，亦身受週遭環境的影響，結交朋友中亦有和尚（來自雲南）向他宣傳佛法，並從事各種宗教活動，如初一、十五向各方神佛拈香敬拜，也誦唸觀音經、心經，禮拜觀音菩薩及佛祖，以求身家平安與財富。[140]

梁發在廣州認識倫敦教會傳教士馬禮遜，他於 1807 年初抵廣州，即矢志習中文，至 1819 年將《新舊約聖經》翻譯成中文，稱為《神天聖書》，堪稱中國基督教之開山祖。[141]他的助手米憐（Rev.

---

[138] 韓山文著，簡又文譯，《太平天國起義記》，前書，頁 846。

[139] 鄧嗣禹，前文，頁 100-101。

[140] 梁發，《勸世良言》（台北：學生書局，民國 74 年，再版），頁 290-291。

[141] 李志剛，《基督教與中國近代文化論文集》（台北：宇宙光出版社，民國 81 年 3 月，初版 2 刷），頁 171。有關馬禮遜的事蹟，可參考：王治心，《中國基督教史綱》（上海：上海青年協會書局，1940），頁 147-154。

William Miline, 1785-1822）牧師於麻六甲（Malacca）開設英華書院及印刷所，梁發被雇為印刷工人之一，常與米憐牧師接觸，漸漸成為熱心慕道的人，也少與和尚往來。[142]梁發二十八歲時（1816年），米憐在馬六甲為梁發洗禮，並取號為「學善者」，成為中國第二位基督教新教徒（第一位是蔡高，1814年在澳門受洗）。此後更喜歡《聖經》，若有不明白之處，即請米憐講解。不料米憐於1822年死於馬六甲，梁發於次年被馬禮遜封為牧師。[143]

《勸世良言》是梁發在信奉基督教後所撰寫的宗教宣傳品，早期曾撰寫《救世錄撮要略解》一書，共三十七頁，書中內容經馬禮遜鑑定，一切符合正統派基本教義（Fundamentalism）的神學觀念，印刷二百冊，分贈親友，不幸被告發，官廳將梁發捕獲，毒打三十大板，罰金七十元，並查禁此書。[144]而《勸世良言》為梁發於1832年底在廣州撰述，由馬禮遜代為校訂付印。[145]其內容形式和意旨和《救世錄撮要略解》相同。梁發對此亦做了以下的說明：

> 故我就將真經聖書內數節之意，詳釋略解，輯成小書一本。此書之意，乃勸人不要拜各樣神佛之像，獨要敬拜原造化天地人萬物之大主為神，又勸人知耶穌救世主自天降地，代世人受的天之義怒刑罰而死，已經贖了世人之罪，致使反悔罪改惡信從之者，領受洗禮，皆得諸罪之赦，其靈魂亦可獲救，仍不肯信之者，其靈魂則受永遠之苦。[146]

[142] 鄧嗣禹，前文，頁101。
[143] 李志剛，前書，頁154-155。
[144] 同上，頁102。
[145] 麥沾恩著，胡簪雲譯，〈中華最早的布道者梁發〉載中國社會科學院近代史研究所，《近代史資料（總第三十九號）》（北京：中華書局，1979），頁222。
[146] 梁發，〈熟學真理略論〉，前書，頁304。

此後梁發著有其他宗教小冊，如《祈禱文》、《讚神詩》之類。1855年4月12日，病逝於廣州。1918年嶺南大學當局，將其遺骸遷葬於校址的中央大禮堂。[147]

二、《勸世良言》之內容概要、特色

《勸世良言》一書，共九冊，五百頁，近十萬字。其中思想是半中半西，表面宣揚基督教，而到處流佈地獄苦楚、因果報應的佛教思想。文體是半文半白，文言之部多半引用馬禮遜翻譯的《聖經》。書中內容，勸人信神天上帝，勿信邪神忽視一切迷信，專心向主，重存道，戒酒色財氣，戒偷竊，戒謊言，守安息日等等。其書組識，無條理，常引《聖經》一二句，加以發揮，有似禮拜日之講道，又或引《聖經》一二章，無所論列。或插入數頁自傳材料。全書引《新約》者，約五十處；引《舊約》者不過〈創世紀〉、〈以賽亞〉（Isaiah）、〈神詩〉（Psalms）、〈宣道〉（Ecclesiastes）及〈耶利米亞〉（Jeremiah）五篇，約二十餘次而已。[148]全書目錄總題如下：卷一〈真傳救世文〉、卷二〈崇真闢邪論〉、卷三〈真經聖理〉、卷四〈聖經集解〉、卷五〈聖經集論〉、卷六〈熟學真理略論〉、卷七〈安危獲福論〉、卷八〈真經格言〉、卷九〈古經輯要〉。[149]全書的基本宗教觀及思考方式，詳如表3-1。

---

[147] 鄧嗣禹，前文，頁102。
[148] 同上，頁104。
[149] 韓山文著，簡又文譯，《太平天國起義記》，前書，頁846。

表 3-1 梁發《勸世良言》基本宗教觀點簡表

思路	原文或說明
一位神祇	神只有一位，即「神耶火華」。
二類人等	「伊等二字，指未識真經聖道不敬天地之大主，不望救世主耶穌之人；爾等二字，指識真經聖道之義，知有天地人萬物之大主，敬信救世主耶穌之人也」。 「統論全世界之人，有兩樣分別不同，一樣係未識神天上帝之人，一樣係已識神天上帝之人」。 「未識神天上帝之人，與已識神天上帝兩樣之人」。
二個生命	「要曉得人有兩個生命，肉身一，靈魂一。肉身的生命，了期甚速，最久不久百年之外，而必定要死。靈魂的生命，有始無終，永遠不死的，這兩種生命，切要認得真，識得破」。
二樣敵人	「居這惡世界之中，常有內外誘惑之敵，內敵者，自己心裡之欲，惡意也，私情也，高傲也，淫慾也，忿怒也，慳吝也；外敵者，魔鬼也，世俗之惡規矩也，各樣壞偶假神佛菩薩之像」。
二種報應	「蓋世界被滅之後，萬國之人必受審判，為善者其靈魂享永福，惟作惡者，其之靈魂必受永苦」。 「善者得賞美福，惡者受罰永禍」。 「為善者，判之受賞上昇，在天堂享嗣常生之福，作惡者，即判受罰，物落地獄受永遠之苦」。
二次審判	「蓋審判有大小兩次，第一次小審判係世上不拘何之人，死了之後靈魂即離開肉身，瞬息之間，神天上帝就審斷其一生之事……第二次大公審判，在天地萬物被火燒毀，世界窮盡之時，萬國內所有各代善惡的人，屍身皆復活，與靈魂結合聚集在於一處，聽候救世主耶穌，逐一審斷之」。
三種美德	「今信、望、仁三者並存，而其中最大者仁矣」。
三個世界	「人死後，有個天堂永福可享，又有地獄永禍可受，這兩處所在，人死之後，必居其一……獨在陽間有生命之日，可以悔改，過此大限，則不能也」。 「蓋在陽間之上，任人自是自欺，而於來生陰間之時，焉能瞞得神天上帝，無所不在者」。
三個妙用	「懇求神父、神子賦賜聖神風，助我施洗禮與妻子」。
四等覺悟	「第一樣，以神風先啓其心，今其知覺罪惡之多，而生救赦望救世之心，更令其知肉身之內有個靈魂，永遠不死的靈物，且肉身死後，亦有永福永禍關係之重，遂令其生懷想尋救靈魂之道，惟恐遲延則不及也」。 「第二樣，令其知救世主耶穌，曾代世人贖罪之恩，信之者可獲罪之赦，有罪惡不肯信之者，必受永禍，而失靈魂之救，即感動其心，必要敬信

	救世主，求獲諸罪之赦，仰慕死後來生永樂之福，懼怕永遠之苦禍」。「第三樣，令其心內光明，觀看宇宙內所有之萬物，晝夜滋生繁殖，衰長不息，四時運行不輟，風雨應順其時而至，這些生化奧妙不測之事，非是自然變化之理，乃想必有一位神天上帝宰制管理之」。「第四樣……明知神天上帝發出這無限量之恩，仁愛世上之人，因此存心時刻尊敬上主，恆守真道之言」。
五件要事	「今且說世上不論富貴貧窮之人，第一件當緊事，就要知得天地萬物的大主宰，惟獨尊崇之。第二件當緊的事，就要知道有一位救世主耶穌，係神天上帝之子，因世人之罪，自天而降地，曾代世人受死，贖了世人的罪，故至今凡信之倚賴其功勞為善者，可獲靈魂之救，尤得享嗣其真福，不肯信之獨行惡者，必失靈魂之救，更要受永苦。第三件當緊的事，就要知自己身內有個寶貝靈魂，比肉身更貴重，更長遠永不壞的靈物。第四件當緊的事，就要明白人死後有個天堂永福可享，又有個地獄永禍可受，這兩處所在，人死之後，必居其一。第五件當緊的事就要曉得人有兩個生命，肉身一，靈魂一……切要認得真、識得破」。
八樣迷惑	「蓋當今世上之人，可迷惑未識神天上帝為主宰者，大概論之有八樣：第一樣，被釋家的和尚妄講佛法無邊，故世人只估佛祖為至尊，逐矇昧了靈心，不知有上天上帝之為主宰也。第二樣：因道家的道士，亦妄講玉皇大帝、元始天尊、太上老君三位神是元始開天闢地之神。第三樣：……都想是由陰陽之氣，自然而化生的……第四樣：……日日慣做這樣的事，又估這些偶像能保佑賜福於人……第五樣：因各處風俗規矩……第六樣：……不信有神天上帝……第七樣：日日奉事菩薩神佛之像，亦頗順利發財……第八樣：……不肯追本尋源……只跟隨俗人行之而已」。

資料來源：盧瑞鍾，「中國近代政治典籍導讀」課程講義（台北：台大政研所博士班）

《勸世良言》一書所反覆強調的重點則在於：

(一) 神只有一位，即神天上帝「耶火華」，其餘均不是神。

(二) 人因原罪，需要救贖。

(三) 耶穌是上帝之子，是救世主，因世人需要而降生，曾代世人贖罪而受難。

(四) 世人須敬信神父、神子、聖神風才能得到赦免獲拯救。
　　（按：指聖父、聖子、聖靈「三位一體」的教義）

(五) 痛斥、攻擊中國人之偶像崇拜及巫術風水等信仰及風俗。

(六) 批評儒、釋、道及其他不信上帝之人；勸人悔改勿使靈魂永遠受苦。

(七) 以天堂與地獄之說，勸世人避禍求福，信奉基督教。

(八) 勸人專心向主，注重孝道，戒酒色財氣、戒偷竊、戒謊言、守安息日等。

以上八點，後來均影響洪秀全，並為其所接受。

梁發從嘉慶二十四年（1819 年）至道光十三年（1833 年）所譯者的傳教書籍不下十種之多。[150]為何獨以此《勸世良言》對洪秀全產生影響？此固與洪秀全個人際遇有關（巧獲此書），但主要的原因，即是《勸世良言》一書內容的特色。要而言之，此書特色有二：一是文字通俗而深具說服力，此種注重文字通曉，文體力求合乎中國人之習性的宣教書，當然比原《聖經》的譯本引人入勝。二是解釋經文選擇切合中國傳統文化的資料。（由於梁發早年受佛教的陶冶甚深，因此在《勸世良言》中，他把地獄苦楚、因果報應的佛教思想也加進去，使全書內容中西合壁，令中國人讀之覺得合情合理）。[151]麥都司即認為梁發之文體、語句充滿宣教的「熱誠和犧

---

[150] 歐利得牧師（Rev. Alex Wylie）在中國改正教的出版物中所刊列舉梁發的著作目錄如下：
1819 年在廣州著《救世錄撮要略解》。
1828 年在廣州著《熟學聖理略論》。
1829 年在馬六甲著《真道問答淺解》。
1830 年在高明著《真道尋源》、《靈魂篇》和《異端論》。
1831 年在廣州著《聖經日課初學使用》。
1832 年在廣州著《勸世良言》。
1833 年在澳門著《祈禱文讚神詩》。
詳見：麥沾恩著，《梁發傳（上）》（香港：基督教輔僑出版社，1959），頁 119。
[151] 王榮川，《太平天國初期的政治活動（一八四三－一八五三）》（台北：阿爾泰出版社，民國 71 年 5 月，初版），頁 37。

牲的精神」亦為此書之特色之一。[152]而這些對科舉考試一再受挫的洪秀全確有耳目一新和暗示的作用。如《勸世良言》首篇就說參加科考毫無意義，根本是蹉跎歲月。[153]然而由於該書引用馬禮遜所翻譯的聖經，雖「自命文雅」卻「多半令讀者莫名其妙」。例如：「我等救主耶穌基理師督之恩寵，偕爾眾焉，啞們。」（v1.22b）而這句話的原文是："The grace of our Lord Jesus Christ be with you all. Amem."（The last sentence of Revelation，XXII21）。[154]但我們卻不能忽略這些馬禮遜譯的「莫名其妙」的詩句，因為這些詩句對洪秀全而言，正是他可以穿鑿附會、自圓其說、充份發揮之處，以配合此書乃是上天賜予他的特殊意義。

三、《勸世良言》對洪秀全的影響

　　近代史學者在論述太平天國史事時，皆將《勸世良言》記載其中。如李雲漢著《中國近代史》一書中稱：洪秀全再細讀《勸世良言》，愈感書中所說一些虛構的神話和他夢中所見若合符節，因而更加確定自己是受命於天的真命天子，《勸世良言》是上帝賜他的「天書」，於是創立了「拜上帝會」。[155]費正清（John K. Fairbank）

---

152 梁發，《勸世良言》，前書，頁 77。
153 同上，頁 25-26。
154 鄧嗣禹，前文，頁 103。
155 李雲漢，《中國近代史》（台北：三民書局，民國 88 年 3 月，第 2 版），頁 36。另有學者懷疑「拜上帝會」的存在，茅家琦認為：「並不是洪秀全（或馮雲山）建立了拜上帝會，而是別人用拜上帝會這個名字稱呼經常在一起舉行宗教儀式的拜上帝的人」。詳見：茅家琦校補，《郭著「太平天國史事日誌」校補》（台北：台灣商務印書館，民國 90 年 10 月，初版 1 刷），頁 8。更有學者發表論文認為，拜上帝會並不存在，其論點是：「韓山文使用 "Congregation" 來表徵『拜上帝之人』，是很有道理的。『拜上帝會』不僅名稱是子虛烏有之事，而且任何『會』、『教』一類組織也是不存在的，所以太平天國運動在金田起義之前並不存在『拜上帝會』。詳見：楊宗亮，〈拜

認為：梁發所著《勸世良言》這套書固守基本基督教派的旨意，反覆強調上帝的全能、原罪與偶像崇拜的墮落，以及得救與入地獄之間的嚴肅抉擇，對洪秀全以及中國的命運都帶來了扭轉性的意義。[156]英國人吟唎則認為：中國和歐洲人的接觸是有助於太平天國革命的產生，而促使洪全信教及第一次基督教運動在現代亞洲崛起，則應該歸功於梁發。[157]茅家琦也認為：洪秀全從《勸世良言》中吸取了「獨一真神惟上帝」的思想，還根據這個總的宗教教義，闡述了廣大農民群眾強烈要求的政治平等思想。他把此書看做上帝給他的天書，還接受書中所宣揚守貧、安份、行善的天命論、宿命主義。[158]足見其影響力，不容忽略。現擬就證實天啟、皈依[159]宗教和宗教思想之依據兩方面加以說明此書對洪秀全產生之衝擊和影響。

（一）證實天啟、皈依宗教

根據韓山文的描述：

上帝會子虛烏有考〉載《歷史研究》，期233（1995年1月），頁120-135。本文置重點於：洪秀全、馮雲山傳播福音及有其追隨者（信徒）因拜上帝而聚會之事實，且以此為根基、持續發展，故採肯定之說。

[156] John K. Fairbank 編，張玉法主譯，李國祁總校訂，《劍橋中國史—晚清篇1800-1911（上）》（台北：南天書局，民國76年9月，初版），頁320-321。

[157] 吟唎著，王維周、王元化譯，《太平天國革命親歷記》（上海：人民出版社，1997），頁31。

[158] 茅家琦，〈基督教、儒家思想和洪秀全〉載《南京大學學報》，期2（1979），頁80。

[159] 「皈依」原是佛家語，據《辭海》，謂此即「身心歸何而依附之」。又據《佛學大辭典》，「皈依者，謂身心歸向之也。」或「歸敬依投」之義，即是英文字義（conversion），故用此作為一般的宗教之此一經驗，固不限於佛教也。另 conversion 一詞，亦可譯為「改宗」。詳見：威廉・詹姆斯（William James）著，蔡怡佳、劉宏信譯，《宗教經驗之種種》（台北：立緒文化出版，民國90年），頁263。

（秀全）于書中尋得解釋其六年前病中夢兆之關鍵，覺書中所言與夢中所見所聞相符之處甚多。此時彼乃明白高座之至尊的老人而為人人所當敬拜者非他，即天父上帝是也；而彼中年曾教彼助彼誅滅妖魔者，即救主耶穌是也；妖魔，即偶像；而兄弟姊妹，即世間人類也。有此覺悟，秀全如夢才醒，彼覺已獲得上天堂之真路與及永生快樂之希望，甚為歡喜。[160]

洪秀全本人對書中內容印證自己六年前的「昇天異夢」相當震撼，他說：

這幾本書（按：《勸世良言》一書共九冊），實為上天特賜與我，以證實我往時的經驗之真確者。如我徒得此書而無前時之病狀，則斷不敢信書中所言而反對世上之陋俗。然而若徒有前時之病而無此書，則又不能再次證實吾病中所見所歷之為真確，亦不過病狂時幻想的結果而已。[161]

由上述說明足見《勸世良言》就是洪秀全等待六年的「憑證」，在此書與異夢兩者相互印證後，洪秀全不僅相信自己特殊夢境的經歷為真，也運用《勸世良言》解釋其中許多徵兆。

　　偉大的宗教教師與領袖如其他的天才一般都具有非常（特殊）的心靈才能。而且「宗教皈依」（religions conversion）必經過三個時期：第一個時期：其人必有困惱迷惑、混亂憔瘁的感覺，極不滿於自己，自覺罪愆；內心痛苦與悔恨交迫；緊張、焦慮、壓迫，令其心中不安，實際的我與理想的我交戰，致令內心分裂。第二個時期：處於新與舊，善與惡，實際與理想的內心鬥爭，至轉捩點一到，

---

[160] 韓山文著，簡又文譯，《太平天國起義記》，前書，頁 846。
[161] 同上。

新的宗教思想戰勝，自我也得到解脫。第三個時期：身心已完全皈依於新宗教，因而獲得新的生命，從前的痛苦、困惱、迷惑等一掃而光，轉而呈現充滿諧洽，完滿的心境與歡樂、和平、愉快、希望的感情之中，自己覺得自己已經更生、自新、清潔了，更自覺加一個新的團體，有了新的任務。[162]

皈依的體驗是徹頭徹尾式的，其主要體驗有四：一是由於皈依是較高層次的自我與較低層次自我的衝突。在此衝突中，做出決定前，生命是憂心的，而做出決定後，則出現愉悅和平和。二為迅速的覺醒，很可能是原本無聯繫的神經元成熟後進入和諧的關係中。三為情緒態度的突變，宗教情感的轉變有時可完全改變一個人的情感和依戀。四為打破舊習，因為心理過程中皈依的事實到處都在起作用。[163]

由以上論述可知，宗教皈依的作用是得有新的、真的、實的生命—更高的、滿意的生命，與新的滿意標準，由是造成新的自我，以建設新的社會。[164]即使我們稱之為第二次誕生也不為過，是以我們由此可解釋洪秀全的「宗教皈依」是六年前生病開始的；經過多年的沉寂，在細讀《勸世良言》時，乃大澈大悟，深信自己是耶穌的幼弟，上帝的次子，身心完全皈依於（他自己所想像的）基督教。葉寶明從精神醫學的觀點提出其看法為：

---

[162] 宗教心理學家艾悟士（E. S. Ames）所提出之觀點。參閱：E. S. Ames, *Psychology of Religious Experience*, 1952, chap. 14, 轉引自簡又文，《太平天國典制通考（下）》，（香港：簡氏猛進書屋，民國47年10月，初版），頁1653。

[163] 宗教心理學家斯塔伯克（E. D. Starbuck）的研究觀點。詳見：楊宜音譯，E. D. Starbuck 著，《宗教心理學》（*The Psychology of Religion*）（台北：桂冠圖書公司，民國86年，初版），頁132-140。

[164] 簡又文，《太平天國典制通考（下）》，前書，頁1655。

宗教皈依是在一個疑惑與籌揣（按：躊躇，不確定）的時期
之後，得獲一種新型的安定。大多數的皈依事件，其特質是
有內心痛苦與憂傷為開端，而且是有社會的壓迫加諸有感覺
特殊敏銳的心靈之結果。其性質很少是單屬於智識上的困
擾，而常是牽涉到尖銳的情感上的困擾煩惱，且呈現病理學
的特色者，尤其是當其發生於成人中。……洪秀全初時亦是
心中充滿罪怨與憂傷者。至於在神秘的、啟示的經驗中，異
象之出現，則是很尋常的了；例如古之聖保羅、福士（George
Fox）、及宣定博（E. Swedenborg）之經驗皆是好例證。後
者（宣氏）更如洪氏自述其上天堂小住之經過。在接受或皈
依一種新宗教之前，必有一醞釀（或卵育）時期。……洪氏
皈依基督教，開始即經歷最尖銳的一面，而其程序則直延至
六年後始行完成。[165]

本文同意葉醫生的觀點，認為關於洪秀全的皈依是歷經數（五、六）
年長期間完成的，其皈依經驗之種種特點，多為上述宗教心理學家
所指出的原則相吻合。洪秀全並按書中揣摩到的洗禮方式，和李敬
芳兩人自行洗禮，完成了宗教皈依。洪秀全還自製〈悔改詩〉云：

吾儕罪惡實滔天。幸賴耶穌代贖全（指秀全自己）也。
勿信邪魔遵聖誡。惟崇上帝力心田。
天堂榮顯人宜慕。地獄幽沉我亦憐。
及早回頭歸正果。免將方寸俗情牽。[166]

---

[165] 同上。
[166] 吟唎著，王維周、王元化譯，前書，頁30。〈悔改詩〉的日文為：
　　われらの罪はげに天に滔れども

自此以後，其親上帝而受天命，為天王、建天國之堅決信念，可謂
始終不變，生死以之。

（二）宗教思想之依據

　　《勸世良言》是洪秀全宗教意識僅有的基督教根源，而且可能
是 1847 年洪秀全獲得《聖經》翻譯本以前的唯一依據，此書不僅
是提供洪秀全宗教知識的源頭，也成為他終身奉行的宗教基本概念
與原則，更是日後太平天國的「聖經」。鄧嗣禹說：從 1843 年至
1847 年，此書幾乎成為洪秀全唯一的知識寶庫，新思想來源。[167]根
據簡又文的研究指出：雖然日後從其他傳教士或書籍習得基督教
義，甚或自己（指洪秀全）幻想與思索而產生種種奇怪的宗教觀念，
但在要素上，其基本要理仍不能超越此書範圍之外，可謂「先入為
主」。[168]這一經驗，相當特殊，即洪秀全並非在基督教家庭環境中
成長，全因《勸世良言》書中所言，符合其病中「昇天經驗」，才
進而篤信此書之全部文字與理論。因而在他的認知觀念中，《勸世

　　イエスの贖罪のお陰にて全きを得
　　惡魔に従わず聖戒を守り
　　ひたすら神を敬いて心を養わん
　　天国の栄光は万人のあこがるるところ
　　地獄の悲惨はわれも憐れむ
　　おくれぬうちに真実の道にもどり
　　心を俗情に惑わすことなかれ
　　詳見：吟唎著，增井経夫、今村与志雄譯，《太平天国（1）—李秀成の幕
　　下にありて—リンドレー》（東京：平凡社，東洋文庫，1988 年 12 月，初
　　版 7 刷），頁 57。

[167] 鄧嗣禹，前文，頁 107。

[168] 簡又文尚進一步指出，在其詳讀《勸世良言》後，認為洪秀全一生所信所
　　傳所行的基督教，其知識唯一源頭即《勸世良言》一書，然而此書對基督
　　教的神學，精微教訓皆未有透徹的認識，亦不能發揚其系統神學之全部。
　　詳見：簡又文，《太平天國典制通考（下）》，前書，頁 1669、1695。

良言》不屬於任何宗教的宣傳品，而是上天賜與的「天書」，因此
我們在此要特別提出：梁發本人為新（基督）教牧師，而《勸世良
言》亦屬於新（基督）教的宗教宣傳品，但這並非表示洪秀全接受
《勸世良言》的內容，即等於受到基督教的影響，加上梁發對《聖
經》遇有不明白之處，尚可向馬禮遜、米憐請教，但洪秀全當時並
無教士為之解釋及指導，只憑其主觀見解，穿鑿附會以闡釋其內容
意義，所以對基督教難免有誤解及片面的認識，幾乎將它們抽離原
本所屬的特定脈絡，而置入自己（洪秀全）的脈絡之中（過去二十
餘年來勤讀的中國經史諸義），並賦予新的意義。如其日後所推展
運動中，並未全盤遵循《勸世良言》書中教條行事，反而視狀況、
依需要而採納了許多中國的宗教儀式，特別是經典中所禁止的，如
以酒食供奉神明、燒冥紙、解析夢境與徵兆、通靈顯聖等。如此一
來，自易偏離原典《聖經》，成為他所倡導的宗教思想上的一大特
色。現擬就《勸世良言》對洪秀全宗教思想之啟發、影響，從敬拜
上帝、天國理想、妖魔的概念三個主要層面加以說明：

1、敬拜上帝

梁發將創造天地萬物萬類的主宰，在《勸世良言》一書中，清
楚的告訴讀者，其特點是「無形無像，無始無終，自然而終，自永
遠至永遠」，並且是一「真神」，其名稱為「神天上帝」。[169]從梁發
對「神天上帝」的描繪，洪秀全可以確認，他在天堂遇見的老者，
就是造養之主宰神爺火華。

---

[169] 《勸世良言》一書中梁發亦收錄《聖經》第一章〈創世紀〉，內容為：神以
六日創造天地萬物萬類的過程，為提供洪秀全相信老者就是創造天地的主
宰神爺火華的另一憑證。詳見：梁發，〈論神造化萬生萬物〉，《勸世良言》，
前書，頁 174-178。

　　根據學者的統計，在《勸世良言》中對「上帝」之稱謂甚多（見表 3-2），足見其對上帝之敬畏和推崇。而在太平天國的文獻中，關於上帝的稱號，大致分為 32 種，分別為「上帝」、「神天」、「天父」、「天」、「皇天」、「天公」、「蒼穹」、「天帝」、「帝」、「天父上帝」、「皇上帝」、「真神」、「天聖父」、「魂爺」、「神爺」、「天父上主皇上帝」、「爺」、「天父皇上帝」、「上主皇上帝」、「天亞爺」、「上皇」、「聖神」、「聖父」、「皇帝」、「聖父親」、「父皇」、「爺爺」、「上主」、「老父」、「天父聖神皇上帝」、「神父」、「亞爸」等。[170] 吾人若將兩者加以比較，即可知太平天國文獻對於上帝（天父）的稱謂，大多來自《勸世良言》，而有部分是洪秀全從中國古籍，特別是《書經》中，[171] 發覺出相對的詞彙，有些則是廣東地方方言對親族長輩的稱謂。[172] 由此觀之，洪秀全對「上帝」的認識、敬拜，起源於「異夢」，再以《勸世良言》一書印證，加上他對傳統經書的知識和廣東地方風格的影響揉合而形成其「拜上帝教」，又名「太平基督教」（Taiping Christianity）[173] 的核心觀念。

---

[170] 王慶成，〈太平天國對上帝的稱謂及其來源〉，《太平天國的歷史與思想》（北京：中華書局，1985），頁 296。

[171] 《書經》中提到「上帝」的地方很多，如：
《周書》〈牧誓〉：「祗承上帝，以遏亂略」。
《周書》〈康誥〉：「我西土惟時怙冒，聞于上帝」。
《周書》〈多士〉：「惟時上帝不保，降若茲大喪」。
《周書》〈立政〉：「以敬事上帝，立民長伯」。
《周書》〈康王之誥〉：「用端命于上帝，皇天用訓厥道，付畀四方」。
《周書》〈呂刑〉：「上帝監民，罔有馨香」。
但這個「上帝」是中國自古相沿、朝野尊敬，以及許多稗官野史中，所推崇的「玉皇大帝」，在口語中常稱為「老天爺」，或即直呼為「天」，而不是基督教所謂的那位名為耶和華的上帝。

[172] 王慶成，前文，頁 297-299。及胡樸安編著，《中華全國風俗誌》（台北：啟新書局，民國 57 年），頁 7-15。

[173] 「太平基督教」這個新名詞，原出自幾種敘述太平天國史事的英文書籍，

表3-2　《勸世良言》中對「上帝」稱謂及次數統計表

稱謂	次數
神天上帝	379
神	245
神爺火華	111
神天	71
神父	34
天父	24
造化天地人萬物之大主	20
天	13
天地之大主	11
自然而然之神	6
神主	6
聖神	5
主	3
大父	2
真神	2
自然而然，無形無像之神	2
其他（耶火華、在天我父神、天上帝天父、自永遠至永遠之真神、萬國之神、常行造化萬物之神）	各1次

資料來源：盧瑞鍾，《太平天國的神權思想》（台北：時英出版社，民國 74 年 10 月），頁 162。

涵有兩意義：一是太平天國的基督教之簡稱；次是基督教中之一種特別的宗派，雖未可比擬於羅馬宗、希臘宗、或改正宗，但確是發源於基督教的一流派而自有其個性與特徵。詳見：簡又文，《太平天國典制通考（下）》，前書，頁 1735。

梁發極尊重神天上帝，並表示其不僅是世間造物者，更是掌管世間的最高主宰。書中有言：

> 神天上帝乃係萬王之王，萬國之主，宇宙之王，萬國之人，自國王以至於庶民，皆在其掌握之中，凡敢抗拒其之旨意者，怎能逃脫不罰汝之罪乎。[174]
> 神爺火華曰：「除我而外未有別個神也。」[175]

由上述例證，可見神天上帝是至高無上，獨一無二的真神，他的權柄最大，管理全人類世界各國，但在他面前人人平等。所以後來太平天國所謂男女平等，洋兄弟、「西洋番弟」要聽洪秀全講基督教道理，皆起源於此。

洪秀全將《勸世良言》屢用之神天上帝，簡稱為上帝，並類似「移花接木」，廣引經書中之「上帝」與「帝」以證古代之時，中國與世界各國，偕同拜上帝。日後成立拜上帝會的起源，即來自《勸世良言》中，「聚集拜神天上帝之公會也」[176]，稍加縮減即成「拜上帝會」。拜上帝會成立後，更以崇拜上帝唯一真神，而一切思想力求與拜上帝教教義相符。上帝既是唯一的真神，除了上帝以外，其他一切為人的崇拜偶像都是妖魔，梁發勸人勿拜偶像，洪秀全受此影響甚大，並進一步要打破偶像，使他一生成為一個決不妥協的破壞偶像者（iconoclast）和掃除迷信者（如排斥釋、道及邪教也對付佛教）。

《勸世良言》中上帝還有凡人一般的喜怒哀樂之情，其最顯著的是嫉惡如仇，不時大怒，如：「神天上帝之義怒」、「神耶和華之

---

[174] 梁發，〈論真經聖道福音〉，《勸世良言》，前書，頁 194-195。
[175] 梁發，〈聖經以賽亞篇〉，《勸世良言》，前書，頁 170。
[176] 梁發，〈熟學真理略論〉，《勸世良言》，前書，頁 298-299。

怒」、「神將降怒於無順之子孫」[177]。另《太平天日》一書中記載了
上帝無數次發怒的經過：

> 當挪亞時，世人被邪魔誘惑，淫滅世間，皇上帝大怒，連降
> 四十日四十夜大雨，洪水橫流沉沒世人殆盡，至後天下皆敬
> 畏皇上帝，惟以色列為最，麥西侯獨苦害之。皇上帝大怒，
> 降救以色列麥西邦，過紅海、顯大神蹟、誅滅妖侯，到西奈
> 山。皇上帝親設十款天條，奈後世多中魔計，屢犯天條，皇
> 上帝大怒，欲盡滅世人。[178]

由上述內容看來，「上帝」主要性格是《舊約聖經》中公義的、威
怒的、戰鬥的神，等於世間上的專制君主，這些形象自然讓信奉上
帝的洪秀全先入為主，引以為師。是以洪秀全原本暴躁易怒之賦
性，有感於此書所言（上帝屢次發怒施威之事，具有威嚇的作用），
在敬拜上帝的同時，自易產生心理學上所謂的「發展性認同」
（developmental identification）效應而學習之。[179]其在《原道覺世
訓》中提醒世人，如還不知悔改，會「惹皇上帝易怒，罰落十八層
地獄受永苦」[180]。及其為天王，大權在握輒動怒施威、殺滅異己、
誅鋤仇敵，和其信仰中「義怒」的上帝一樣。即常在適當的時機模

---

[177] 梁發，〈論人不信神天上帝赦罪、恩詔之福道該受的永禍〉，《勸世良言》，前書，頁391-392。

[178] 洪仁玕撰，《太平天日》，收錄於楊家駱主編，《太平天國文獻彙編》，冊2，前書，頁631。

[179] 依心理學的觀點，崇拜行為中所謂「發展性認同」（developmental identification）是指崇拜者經由攝取（introjection）和模仿（imitation）等過程或方式，而獲致或學取被崇拜者的特質或行為，以充實、發展崇拜者的人格。詳見：馬起華，《政治人》（台北：台灣商務印書館，民國62年2月），頁155。

[180] 洪秀全，《原道覺世訓》，載《太平詔書》，收錄於楊家駱主編，《太平天國文獻彙編》，冊1，前書，頁391-392。

仿上帝之「義怒」或表現上帝的「大怒」，以增強部屬敬畏之心。其日後傳教行動與施政治人，流為「以力服人」的霸道作風，即可能與此信仰或觀念有著密切關係。

至於如何拜上帝？《勸世良言》中亦有說明：

> 不需人手所造廟宇立像而拜之。乃在當空潔淨地方，或淨廳堂，或潔淨小屋……隨意而敬拜之。[181]

洪秀全對禮拜、洗禮、禱告等儀式，都是運用自己的判斷，揣摩試驗（書中所言）而行之，[182]以因應宗教信仰所需，也配合政治上的要求，大致的情形是：

> 儀式究竟如何，難以敘述。每遇智識及經驗加增，則儀式改革，隨時變更。其始則沿用中國老拜神方式，後來逐漸改正。現在南京禮拜之儀式，大約不同於當時（紫荊山拜上帝會徒之儀式）。[183]

2、天國理想

梁發在《勸世良言》中，對天國的意義，作了以下的說明：

---

[181] 梁發，〈論有一位主宰造化天地萬物〉，《勸世良言》，前書，頁 150-151。

[182] 其摸索試驗的經過，據韓山文的描述：其始秀全關於宗教儀式一節，本無確定主意。當彼毀去家裡偶像之時，祇以紙書上帝之名以代之。甚至用香燭紙帛以拜上帝。……廣西教徒聚集禮拜時，男女分座，先唱一首讚美上帝之詩。畢，則由主任人宣講上帝之仁慈，或耶穌之救贖大恩，及勸誡人悔罪惡，勿拜偶像，真心崇事上帝。……洗禮……在神臺上置明燈二盞，清茶三杯，畢，新教徒……並以盆中水自洗心胸，所以表示洗淨內心也。彼等又常到河中自祈禱時，教友共向一方下跪，均面朝陽光入室之處。眾閉目，一人代眾籲請。詳見：韓山文著，簡又文譯，《太平天國起義記》，前書，頁 858-859。

[183] 同上，頁 858。

> 天國兩字，有兩樣解法，一樣，指天堂永樂之福，係善人肉身
> 死後，其靈魂享受之真福也；一樣，指地上凡敬信救世主耶穌
> 眾人，聚集拜神天上帝之公會也，神之國三字，亦同此義。[184]

從其解釋可知：「天國」與「神之國」同義，在梁發眼中，天國是
尊信上帝基督之意旨而立之國。這個解釋，對洪秀全有極大的影
響，他進一步加以發揮：

> 一大國是總天上地下而言，天上有天國，地下有天國，天上
> 天下同是神父天國，勿誤認單指天上天國，故天兄預詔云：
> 天國邇來，蓋天國來在凡間，今日天父天兄下凡創開天國是
> 也，欽此。[185]

可見洪秀全心中大願是把想像中的「天國」，搬到地上來，建立一
個沒有侵略與壓迫的「天下一家，共享太平」的「太平天國」。[186]換
言之，洪秀全是以基督教的世界觀和儒家的大同思想，揉和而成其
天啟的實踐—建立「太平天國」。

　　「天上天國」是人死後靈魂的歸所，在那裡享福的地方，而地
上天國，是人生在世，其肉身享福之處。對於太平天國而言，天堂
並非死後靈魂才能到達之處，在現實中只要是太平天國統治的地
方，就是地上的「上帝小天堂」，只要接受真道，不用等待來世，
在現世中就可享受「天堂永福」。換言之，人們只要接受太平天國
的統治，就可獲得現世的福報以及來生的永福。其日後建立「聖庫」

---

184 梁發，〈論富人難得天堂永遠之福〉，《勸世良言》，前書，頁87。
185 洪秀全，〈批馬太福音書第五章〉，載蕭一山編，《太平天國叢書（上）》，（台
　　北：中華叢書委員會，民國45年12月），頁56-57。
186 羅爾綱，《太平天國史稿》（北京：中華書局，1955年5月，初版），頁63。

（在此制度之下，人不得有私財，起事時，官兵攻城掠地所獲得之財物，盡行歸繳聖庫，再分配全體。）、頒佈曆書（顯示「新天新地新人新世界」的意義和規範世人進行宗教儀式的準則。）、頒佈《天朝田畝制度》一書（在書中他說明，在天父上帝的福澤下，人人應該「有田同耕，有飯同食，有衣同穿，有錢同使」，而「無處不均勻，無人不飽煖」，如此「天下人人不受私，物物歸上主，則主有所運用」。[187]）等均為其天國理想的具體實現。故「太平天國」四個字，乃是太平軍所建的理想國的經濟的、社會的、政治的主張與宗教的信仰最鮮明的表徵。

洪秀全和李敬芳研究《勸世良言》後，認為「天國降臨」即指中國。他們又訂製寶劍兩柄，各重數斤，長三尺，各佩一柄。劍上鑴有三字曰：「斬妖劍」，於是祈禱上帝為他們祝福，並賜予成功。繼又同聲朗誦一詩曰：「手持三尺定山河，四海為家共飲和。擒盡妖邪投地網，收殘奸宄落天羅。東南西北敦皇極，日月星辰奏凱歌，虎嘯龍吟光世界，太平一統樂如何！」[188]

3、妖魔的概念：

洪秀全下凡「斬妖留正」任務的對象，天父皇上帝的對立者，皆為「妖魔」。洪秀全對妖魔的認識開始於異夢中和天父的對話（前節有論述），始知天地間有妖魔的存在，並且迷惑世人。梁發的《勸世良言》一書中，對妖魔的描述，亦同樣注重其「迷惑世人」的一面，他指出：人類始祖亞丹（亞當）及依括（夏娃），就是受了蛇魔的誘惑，以致違反天條，被逐下人間，是為世人墮落的開始。《勸

---

[187] 楊家駱主編，《太平天國文獻彙編》冊1，前書，頁 321-322。
[188] 茅家琦校補，前書，頁 4。

世良言》中，梁發對「妖魔」的稱謂，主要為魔鬼、邪神、蛇魔、邪風、鬼風、氏亞波羅（Diabolo），以前三種名稱使用較多，據夏春濤研究太平天國文獻後指出：對於「妖魔」的稱呼多達 37 種。包括邪魔、鬼、妖、菩薩、魔鬼、閻羅妖、老蛇、東海龍妖、蛇魔閻羅妖、妖魔、妖鬼、邪神、偶像、妖徒鬼卒、滿妖、韃旦妖胡、菩薩偶像、妖怪、妖人、怪魔、紅眼睛、蛇妖、蛇魔、蛇、死妖、生妖、蛇獸、臭獸、麻妖、蛇惑、亞把頓、大紅龍、邪鬼、泥妖、該殺、邪魔該殺等。[189]兩者對照，洪秀全接受了「蛇魔」的觀念，再加以轉換成「閻羅王」、「東海龍王」等自加的名詞，以符合中國民間宗教信仰。因在中國傳統觀念中，蛇並未具有「魔鬼」的象徵，洪秀全在《原道覺世訓》一文中指出：「閻羅妖」就是上古的「老蛇妖鬼」所變，因為妖魔「能變得十七八樣」，故在近代牠改裝為「閻羅王」的形象，以利其迷惑纏捉凡間人靈魂。此乃洪秀全將之移入自己思維脈絡中的另一實證。

　　若以道德的觀點論，凡不符合道德規範的行為及職掌，均被視為「生妖」，而一般廟宇敬拜的神祇塑像，洪秀全均將視之為「無知無識之木石泥團紙畫各偶像」，是謂「死妖」。無論「生妖」、「死妖」均是「妖魔」而難脫被毀、被殺的命運。洪秀全進行「斬妖留正」的任務時，他所面臨的「妖魔」就包括了民間信仰的「偶像」和「邪教」，及社會上滿州韃子及敗壞風俗及下流的惰民。日後因應政治鬥爭的需要，而將朝廷統治者及其所屬官兵均列入「生妖」之類，以此觀之洪秀全不但將「妖魔」的概念中國化，亦運用到道德、政治的層面需要中。

---

[189] 夏春濤，《太平天國宗教》（南京：南京大學出版社，1992），頁 64-66。

綜觀以上論述，吾人可知以讀書、應科舉、入仕作前程規劃的洪秀全，在經歷四次落榜的痛苦經驗，決定放棄而另尋他途。在潛心細讀《勸世良言》後，訊息即在進出不同的文化，不同的心智架構（mentality）中發生了差距，意外開啟、印證了六年前的「昇天異夢」之謎，從此深信：自己即是上帝之次子，耶穌之弟，被天父賦予特殊的使命，應挽救這世界回到對上帝崇拜中。並完成天啟的目標─建立太平天國。此一由《勸世良言》書中建立的宗教觀，不僅是其精神上的重大變革，亦主導了洪秀全日後在追尋宗教理想上的種種行為，也衝擊了近代中國的社會變遷。

第四節　基督新教與傳道活動

任何思想，概由過去累積的思想資料出發，不僅可作新的推衍和進展，更可無限發展。吾人觀察洪秀全的歷史意識（historical consciousness）中，「過去」主要來自於中國經史書籍、倫理道德觀點，這是中國固有的。除此之外，基督教（新教 Protestantism）實佔突出而重要部分。基督教是十六世紀德國維丁堡（Wittenburg）大學神學教授馬丁・路德（Martin Luther）領導發起否定羅馬教皇權威的新教改革以後分裂形成的教派，因而又稱「新教」。[190]本節

---

[190] 路德在其《關於基督教》一書中特別強調：宗教改革所發現的自由，是原始基督教的，保羅的，是可直接受基督所拯救之自由，絕非近代「自由主義」之意味著自律的個人自由。因其具有宗教、政治、經濟、社會等各方面之性質，故人們稱近代世界始於宗教改革。詳見：陳鵬仁，〈宗教改革與自由〉，《紐約・東京・臺北》（台北：近代中國出版社，民國 89 年 8 月，增訂 1 版），頁 324-331。基督教之傳入中土，在歷史上共有 6 個階段：
1、唐朝的大秦景教，即涅斯多留宗（Nestorians）。

擬由其中傳教士（尤其是羅孝全）與洪秀全赴兩廣從事傳道活動兩方面去探討其對洪秀全政治人格之形成所造成的影響。

壹、傳教士傳教

一、西洋傳教士傳教及其影響

西方近代文化在中國的傳播，是以傳教士東來進行傳教活動為開端。西方來華傳教士分屬天主教、基督教（新教）和東正教[191]三個教派，其組織和活動也各有特徵。早在十六世紀，一些隨葡萄牙商船來華的傳教士就開始在澳門傳教（天主教）。[192]基督新教傳教士到中國的時間比天主教晚了一百餘年，其正式傳教活動開始於嘉慶十二年（1807年）。初期代表人物為英國人馬禮遜。[193]一八四四年，中、法訂立《黃埔條約》，解除教禁，准許外人在五個通商口

2、元朝的「也里可溫」，即中亞細亞的景教。

3、元朝羅馬宗的法蘭西斯會（Franciscans）與景教爭衡。元亡，兩宗派亦同消滅。

4、明末羅馬宗的耶穌會（Jesuits）及多密尼克會（Dominicans），後稱天主教。

5、清初康熙十九年（1680年），俄國俘虜由黑龍江帶到北平之希臘宗，即俄之東正教。

6、改正宗（Protestant），現在普通稱為基督教，於嘉慶十二年（1807年）由英國傳教士馬禮遜到廣州開基。詳見：簡又文，《太平天國典制通考（下）》，前書，頁1578-1579。

[191] 東正教的組織大體上與天主教相同，其在華傳教組織的發展完善，在1911年以後。詳見：史革新主編，《中國社會通史（晚清卷）》（山西教育出版社，2000年1月），頁252。

[192] 劉志琴主編，《近代中國文化社會變遷錄》，卷1（浙江：人民出版社，1997年11月），頁34。

[193] 史革新主編，《中國社會通史（晚清卷）》，前書，頁255。

岸傳教，傳教活動的範圍遍及中國沿海區域，而影響力大增。[194]傳
教士無論來自何國，其在中國活動的主要目的是傳播基督教的「福
音」（宗教思想），所以其一切活動如傳教、出版、教育、醫藥等四
類都與此有關。

　　根據當時曾與太平軍領袖（指洪秀全等人）有過思想接觸或面對
面接觸的教會人士觀察，似可斷言太平軍所接觸或採納的教義，主要
是為基督新教的教義。其信仰內容，都是以猶太教與希臘羅馬世界的
基督教為主，充滿超自然主義的與希臘哲學化的神學觀念，有其全套
完備的系統。有關其教義的傳播，則是呈連鎖性的，若以起義前後梁
發及太平軍領袖為例，其發展的大致情形，略如下圖：3-2。

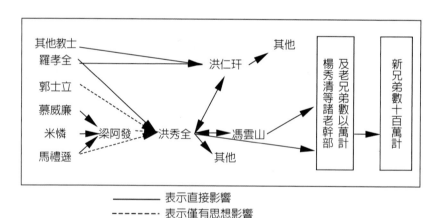

　　　　　　　　　　———— 表示直接影響
　　　　　　　　　　-------- 表示僅有思想影響

圖 3-2　基督新教傳播的連鎖性發展圖

資料來源：盧瑞鍾，《太平天國的神權思想》（台北：時英出版社，民國 74 年 10
　　月），頁 318。

---

[194] 伍錦源，〈傳教士對洪秀全及太平天國之影響〉，載《中國研究》，卷 3，期
　　5（1997 年 8 月），頁 51。

　　由上圖所示，吾人可瞭解，傳教士對洪秀全及其後傳道活動，有著直接和間接的影響：梁發和德國牧師郭士立（K.F.A. Gutzlaff, 普魯士籍，1827 年抵華）對洪秀全的影響是間接的，而美國南部浸禮會傳教士羅孝全的影響是直接的（故有進一步說明、分析的必要）。而隨著洪秀全等人的多重傳播，信徒也愈來愈多。

　　有關梁發所撰的《勸世良言》一書及其影響，在上一節曾有論述。至於郭士立是否和洪秀全接觸，仍未有定論，不過澳洲學者克拉克（Prescott Clarke）認為郭氏在 1844 年 2 月 14 日創立的「福漢會」（The Chinese Union）對太平天國及洪秀全影響甚大。[195]具體而言有以下四點：一為太平天國起義後所用《聖經》的版本，刻有「福漢會」字樣，是郭士立的譯本；二為影響洪秀全及洪仁玕很大的兩位傳教士羅孝全及韓山文都是「福漢會」的會員；三為洪氏兄弟在廣州跟羅孝全學道也是「福漢會」周道行（Choo-thau-hing）引見的；四為太平天國的禮拜儀式和宗教人事制度與「福漢會」的組織及工作情況相似。[196]

二、羅孝全及其對洪秀全的影響

　　一向被學者稱為洪秀全的宗教老師，是目前所知唯一曾經教導過洪秀全的西洋傳教士羅孝全。[197]現就其來華傳教、洪秀全向他學道情形及對洪秀全的影響三方面說明如下：

---

[195] 克拉克（Prescott Clarke）著，曾學白譯，〈上帝來到廣西〉，載《太平天國史譯叢（一）》（北京：中華書局，1981），頁 41-44。

[196] 李志綱，〈郭士立牧師在港創立之福漢會及對太平天國之影響〉，載珠海文史研究所學會編，《羅香林教授紀念論文集（下）》（台北：新文豐出版公司，民國 81 年），頁 1245-1248。

[197] 伍錦源，前文，頁 56。

（一）羅孝全來華傳教

有關羅孝全來華傳教情形，根據王慶成及鄧元忠兩人曾看過收藏於美國南部浸禮會差會部（Foreign Mission Brard, Southern Baptist Convention, Richmond, Virginia）有關羅孝全的檔案（File of Reverend Issachar Jacox Roberts, Achives）後所提出的資料，[198]記載為：羅孝全是美國人，生於1802年2月17日，在田納西州（Tennessee）出生，但在南卡羅萊納州（South Carolina）的福曼神學院（Furman Theological Institution）學習。他在1821年受洗，於1828年被委任為牧師。他曾在密西西比州傳道，並在該處置業，所以後來他便以該物業作為財政基礎，成立羅孝全基金及中華傳道會，隸屬於美南浸禮會差會部，在1837年抵達澳門傳教。[199]為方便日後傳教和與中國人接觸，遂取中文姓名為「羅孝全」。他是香港最早期的西方傳教士之一。

1844年5月15日從香港遷往廣州，在外國商館區附近居住，7月在東石角建教堂，成立「粵東施醮聖會」[200]羅孝全為主教，梁發為其中一名長老，而福漢會其中一名會員周道行則是五名中國教徒之一。[201]後來便由周道行引薦下，洪秀全才得與羅孝全見面。[202]周道行曾寫信邀請洪氏兄弟到廣州，「接得此信後，秀全與仁玕即

---

[198] 王慶成的論文是〈洪秀全與羅孝全的早期關係〉，發表於《太平天國的文獻和歷史》（中國社會科學出版社，1993），頁398-425。

[199] 有關各該年份，與顧長聲的說法有差異，詳見：顧長聲著，《來華新教傳教士評傳》（上海：人民出版社，1985），頁112-122。但因前述兩位學者（王慶成、鄧元忠）曾閱羅孝全檔案資料，可信度較高。

[200] 王慶成，〈洪秀全與羅孝全的早期關係〉，前文，頁412。

[201] 伍錦源，前文，頁56。

[202] 同上。

赴廣州，在羅牧師處研究真道，兩人均得善意的招待。未幾，又晤
見其他傳教士，亦均善遇之。」[203]

（二）洪秀全在羅孝全處學道情形

洪秀全自道光二十三年（1843 年），從梁發《勸世良言》一書
中接受「上帝」之說，開始通過拜上帝而作改造世道人心的救世宣
傳。關於「上帝」方面的知識，既然得知是從外國傳入，而此時外
國傳教士正在廣州宣傳「真道」，加上有人告訴他，《勸世良言》與
教堂所宣講的相符。[204]洪秀全自然得誠意前往學習，以驗證和深化
自己關於「上帝」的知識。

1847 年，洪秀全在羅孝全處逗留兩、三個多月，「研究聖經，
並受訓導」，去之時已「熟悉聖經矣」。[205]同時他還讀了羅孝全所編
註的四種傳道書，分別為：《救世主耶穌新遺詔書》，這是他對《新
約》「馬可福音」譯本加上自己註解的小冊子；《耶穌聖書》四小冊；
《真理之教》關於聖道之問題的小冊子；《問答俗話》一小冊（1840
年印發）。[206]這些書籍對洪秀全的宗教思想、觀點自有其一定的啟
示及影響。而羅孝全在其〈洪秀全革命之真相〉一文中，[207]表示「在

---

[203] 韓山文著，簡又文譯，《太平天國起義記》，前書，頁 854。
[204] 同上。
[205] 同上，頁 856。
[206] Eugene Powers Boardman , *Christian Influence upon the Ideology of the Taiping Rebellion , 1850-1864* (New York : Octagon Books Press , 1972), pp.144-145.
[207] 羅孝全著，簡又文譯，〈洪秀全革命之真相〉，此篇文章係天王洪秀全在未起義前從而學道之牧師羅孝全牧師于起義之第三年致英國人之公函，刊於 *The Chinese and General Missionary Gleaner* , London , Oct. 1852.載楊家駱主編，《太平天國文獻彙編》，冊 6，前書，頁 821-828。

此期間，彼研究聖經，聽受功課，而其品行甚端。」[208]足見其對洪秀全的印象頗佳。

至於洪秀全最後未能正式受洗，是「彼請求受洗禮，但未得吾人滿意于其合格之先，彼已往廣西而去矣。」[209]的因素？還是由於羅孝全對洪秀全「謂夢中所言與書《勸世良言》中所言，兩相証實。在述其異夢時，彼之所言，實令我（羅孝全）莫名其妙。」[210]之故，就不得而知了。另一種說法是洪秀全受到當時教堂中兩位黃姓教徒所欺騙，向羅孝全提出要求津貼，致令後者心生疑慮所致。[211]也有學者認為羅孝全不贊成洪秀全在《原道救世歌》等著作中混入儒家思想之故。[212]無論如何，此次洪秀全對申請受洗不成，感到挫折和失望，但對羅孝全仍相當尊敬。

（三）羅孝全對洪秀全的影響

羅孝全對洪秀全的影響，具體而言有三：一為根據聖經的內容，論證主宰世界的是皇上帝而不是閻羅妖；二為用聖經故事論證跪拜偶像的錯誤；三為根據聖經譯本將上帝譯為皇上帝，論證世間之主不得稱皇稱帝。[213]此三項論述乃著重於洪秀全在羅孝全處就學習《聖經》的觀點所作的分析。事實上，洪秀全原本對基督教的認識，只從《勸世良言》及街頭傳教士的宣傳而獲得粗淺的認識。但在羅孝全處，雖然是短短兩、三個月，卻使得他對基督教有了進一步較深刻的體會。整體而言，羅孝全對洪秀全的影響有以下兩點：

---

[208] 同上，頁 824。

[209] 同上。

[210] 同上。

[211] 羅爾綱，《太平天國史稿》（北京：中華書局，1954 年 3 月，初版），頁 67。

[212] 韓山文著，簡又文譯，《太平天國起義記》，前書，頁 825。

[213] 茅家琦，〈基督教、儒家思想和洪秀全〉，前文，頁 84。

1、宗教觀點的啟發與運用：

　　洪秀全在此處讀到了德國牧師郭士立（前已論述）所譯的中文《聖經》，除了上述分析外，吾人尚可從資料中發現這部《聖經》即是太平天國定都南京後，於咸豐三年（1852 年）所頒布的《舊遺詔聖書》即《舊約》及《救世主耶穌新遺詔書》即《新約》所引用的譯文。此外，他還讀到了羅孝全個人佈道的書籍（前已說明），這些論著對洪秀全的宗教思想有著啟示的作用，如他據此批《舊約》〈創世紀〉中創世傳第一、三、六、九、十五、二十二等章。[214]也對《新約》提出批解，重點則反覆著三大論題和五小旨意。三大論題是降靈、三位一體和王國；五小旨意是祭祀問題，面對上帝與基督、瑪利亞、一夫多妻制和受佛教的影響。[215]而太平天國官書說、天朝宗教文字（如〈十天條〉）等，大都引自羅孝全的著作。[216]

　　洪秀全因在羅孝全處學道，乃得見正式的教會。日後「天朝田畝制度」規定全國村鄉中，每二十五家設立禮拜堂一所，即溯源於此，[217]連羅孝全在廣州教堂的陳設形式也成為太平天國教堂的參

---

[214] 詳見：《欽定舊遺詔聖書》（太平天國癸好三年新刻本），全書自〈創世紀〉至〈約書亞紀〉6 卷，僅〈創世紀〉有洪秀全眉批。
[215] Jordan Paper 著，賴建成譯，〈洪秀全對宗教的理解與行事（上）〉，載《獅子吼》，（民國 78 年 8 月），頁 27-28。
[216] 麥都思在其《天理要論》一書中評論語。《天理要論》，原名《神理總論》（Discourse on Theology），就是正統派神的「上帝論」。原書共 24 章，太平天國甲寅四年（咸豐四年，1854 年）以其前八章為主，刪節修改全書而付梓，此 8 章之主題即：一、有上帝第一章。二、獨有一上帝第二章。三、論上帝名第三章。四、上帝乃靈第四章。五、上帝永在第五章。六、上帝無變第六章。七、上帝無不在第七章。八、上帝無所不能第八章。詳見：楊家駱主編，《太平天國文獻彙編》，冊 1，前書，頁 329-352。
[217] 當時普通稱教會之建築物為「禮拜堂」，而「教會」則為宗教組織之名稱也。詳見：簡又文，《太平天國典制通考（下）》，前書，頁 1716-1717。

考。[218]此外，洪秀全在此期間對各傳教士所編著印行宣導書籍，除其內容對洪秀全信仰有影響外，其數量之多及派送之法，也給予洪秀全很深刻的印象。故於起義後，尤其在奠都天京後，即僱匠刻印書籍多種，廣行分派與兵將臣民，蔚為天朝文化之光彩。據此，吾人可推斷，這也是刻意模仿傳教士工作方法的作為。[219]

2、宣教態度的激烈：

羅孝全的個性及行事作風相當特殊，根據曾經參加太平軍的英國人吟唎，在其書中說羅孝全「是一個不學無術，缺乏堅定性格與和藹態度的人，偏狹和拘泥於浸禮會的教條。」[220]此外，簡又文亦稱：羅牧師於傳教事業雖具熱誠，惟學養未足、賦性躁急、衝動易怒、意氣用事、固執好辯。[221]由此可知他的性格相當特殊，其對宗教態度亦異於一般人，伍錦源即指出：羅孝全對宗教狂熱，其宗教思想是傳統的基本主義的正統派（Un-compromising Fundamentalist），[222]視其他一切宗教為異教和邪教，凡非基督教者即為邪教徒（Pagan[223]，Heathen）全力排斥偶像崇拜。[224]有人查閱過當年羅孝全等所傳布的小冊子，發現他們是「不遺餘力專門攻擊當地的偶像崇拜，並傳

---

[218] 伍錦源，前文，頁 57。

[219] 簡又文，《太平天國典制通考（下）》，前書，頁 1712-1713。

[220] 吟唎著，王維周、王元化譯，前書，頁 201。

[221] 簡又文，《太平天國典制通考（下）》，前書，頁 1714。

[222] 伍錦源，前文，頁 57。

[223] Pagan 是指由猶太教、基督教與伊斯蘭教從自己的信仰觀點所看到自己宗教以外的信徒，將他們視為未開化的偶像崇拜者。亦指猶太教以前希臘或羅馬的多神教信徒。Pagan 在中文一般多翻譯為「異教徒」。詳見：威廉‧詹姆斯著，蔡怡佳、劉宏信譯，前書，頁 155。

[224] 王榮川，《太平天國初期的政治運動（一八四三－一八五三）》，前書，頁 37。

布原教旨主義的教義。」[225]此和社會式的學習理論相吻合：主張行為可經由觀察他人行為而學習，及「觀察學習」（observational learning），且可以透過觀察他人之行為及其行為之後果而得到「替代增強」（vicarious reinforcement）。[226]因而，吾人可據此觀察，洪秀全原本敬拜上帝乃唯一真神、視偶像為妖魔的宗教觀點，在此時此處不僅得到印證、強化，還藉由「觀察學習」羅孝全的宗教態度、言行，經由「發展的認同」產生了「替代增強」的效果。洪秀全離開廣州，往廣西傳教之後，屢次做出打毀廟中神祇偶像及申斥邪神之激烈舉動，應和此有著密切關係。

羅孝全教堂的章程（粵東施醮聖會例式）十三條的內容亦影響洪秀全日後的著作如《天條書》、《太平天日》等的內容，均為其在羅孝全處所見、所聞或由其宗教意識或由其相關制度，在加上洪秀全自己之領悟而得，所做出種種規範，如禁偶像崇拜、禁吸食鴉片、禁賭博、禁講假話等，此均為日後洪秀全用以傳道、治軍、建國等方面重要措施。這也是歷代中國平民革命中，突出而特有的宣傳教化表現。

此外，1860 年 10 月至 1862 年 1 月，羅孝全在南京受到洪秀全禮遇。但在逃離南京後，卻在《北華捷報》投書攻擊太平天國，使美、英、法三國改變中立政策，助清攻太平軍。[227]令江河日下的太平天國局勢，更是雪上加霜，足見羅孝全對洪秀全和太平天國的影響，是直接且深遠的。

---

[225] Eugene Powers Boardman , *op.cit.,* p.148.

[226] 美國心理學者班杜拉（Albert Bandura）提出的理論。詳見：丁興祥校閱，陳正文等譯，Duane Schultz & Sydney Ellen Schultz 著，《人格理論》（*Theories of Personality*），初版（台北：揚智出版社，民國 86 年），頁 462。

[227] 蕭黎，《影響中國歷史的一百個洋人》（廣州：廣東人民出版社，1992），頁 111。

貳、傳道活動的影響

　　洪秀全受《勸世良言》一書啟發，皈依上帝之後，將其特有之宗教知識、宗教信仰與行為向其親友宣講上帝福音，重點是拜偶像的愚蠢和罪惡以及拜真神上帝的必要。首先被他說服皈依的是洪仁玕[228]和馮雲山。他們熱心傳道，多人前來領受洗禮，事實上「拜上帝會」由洪秀全構想，而由馮雲山建立基礎，至 1843 年「拜上帝會」的名稱就遠近馳名。洪秀全一方面往來廣東、廣西兩省多次，展開其艱難的傳道活動，藉以吸收信徒，擴大影響層面。一方面則從事創作宗教作品，文體有對聯、詩歌、論文等，這些作品均成為日後太平天國思想的理論基礎。[229]建國後所編《太平詔書》，即將此時期數篇作品內容增加後彙編而成，在南京印行後，頒行天下，而成為其屬民的行為典範。

　　洪秀全對《聖經》所載：「從未有先知受人尊敬於本鄉及家中」[230]的說法深以為然，1843 年至 1849 年期間，他即「出遊天下，

---

[228] 洪仁玕為洪秀全族弟，與馮雲山最先接受其所傳之新教，同事傳播而受壓迫，後曾隨其到羅孝全處學道，迨洪、馮入桂，他因家庭反對未同行，獨留清遠縣授徒傳教。其信仰接近正統派，時刻不忘努力於傳播及改革宗教之使命，為人熱誠、虔誠、清高，頗受人尊重。詳見：〈干王之宗教改革〉載簡又文著，《太平天國典制通考（下）》，前書，頁 1899-1901。

[229] 根據郭廷以所著《太平天國史事日誌》一書中記載：「是年（一八四五年）洪秀全年三十三，復在廣東花縣開館授徒，並作《原道救世訓》、《原道覺世訓》、《原道醒世訓》、《百正歌》、《改邪歸正》（均完成於一八四五年至一八四六年）。」詳見：茅家琦校補，前書，頁 5。

[230] 此語出自有二，一為《聖經－新約》〈路加福音第四章第二十四節〉：「我實在告訴你們，沒有先知在自己的家鄉被人納悅的。」二為〈約翰福音第四章第四十三、四十四節〉：「耶穌離了那地方往佳利利去。因為耶穌自己做過見證說先知在本地是沒人尊敬的。」詳見：香港聖經公會，《聖經》（香港：聖經公會，1999），頁 91、143。

將此情教導世人」，並遠赴鄰省，到各村鎮宣傳真道。[231]此一走向社會、接觸社會、認識社會的經驗亦能塑造及發展人格。張金鑑在〈領袖人格形成的理論析釋〉一文中，曾指出：「與外界接觸較多，易於得風氣之先，能適應新的時代需求，與辦新事業，接受新思想，把握新機會」。[232]是以此時的時空背景因素下，對一心熱衷傳教、佈道的洪秀全有無衝擊？現就洪秀全在兩廣傳道活動期間對其政治人格形成和太平天國產生重大影響的人和事，歸納成三點：一為馮雲山的輔佐；二為神蹟神話的流佈；三為時局的混亂。現分別說明如下：

一、馮雲山的輔佐

在宣傳拜上帝的福音過程中，對洪秀全影響最大的人，同時也是開創太平天國最大功臣者是馮雲山。他是廣東花縣人，與洪秀全是同鄉、同學、好友又是親戚（遠房表弟）。他出生於殷實家庭，自幼誦習經史，因而熟習天文、曆算、地理、兵法等書，論才華不在洪秀全之下。道光二十四年（1844 年）馮雲山偕同馮瑞嵩、馮瑞珍，跟隨洪秀全到廣西去從事傳教活動，因觀察紫荊山區地偏人稀、山深路隘、外人罕至，即選定為傳教及發展組織之理想基地（紫荊山的地形險要，在第二章第一節中有論述）。這也是他輔佐洪秀全志業的第一步。他不辭辛勞，一路幫人做苦工，或拾牛糞[233]或割

---

[231] 洪秀全自 1843 年至 1847 年，是個狂熱的信道者和傳道者。吾人可從這期間他完成的宗教作品，並要求洗禮可看出並未有革命之企圖，也可說趨向命定論，和充滿理想色彩。再者，若有此打算，斷不會至羅孝全處求道，要求洗禮，但未被接受。足見洪秀全尚在徬徨歧路上，尚在為一生的衣食打算。詳見：鄧嗣禹，前文，頁 122-124。

[232] 張金鑑，〈領袖人格形成的理論析釋〉，載《東方雜誌》，卷 13，期 12（民國 69 年 6 月），頁 13。

[233] 馮雲山有詩一首：孤寒到此把身藏，舉目無親也著忙；拾糞生涯來度日，他年得志姓名揚。詳見：陳翱翔，〈馮雲山在紫荊山艱苦創業〉，載饒任坤、

禾、打穀維生，困如乞丐一般，最後抵達紫荊高坑時，有人賞識其才識，才被薦引至大沖村殷戶曾玉珍家任蒙管教師。[234]

雲山從此食宿曾家，日間教書，晚間傳道，對象眾多為燒炭工人（來自廣東之客家人，生活普遍窮困）。由於他人格純正，飽讀經書，而所傳教義，新奇神秘，故紫荊鵬隘一帶山居人民信服者漸增，於是訂定章程，嚴格規定共拜上帝一神，恪守天條，晨夕禮拜，會友彼此相親相愛結為一體，效忠教主（此時洪秀全尚在粵）；並透過傳教活動將洪秀全昇天異夢轉述給當地的信徒，使其形象在信眾心目中建立神秘救世主的形象。這是馮雲山為洪秀全建立帝業的基礎，也是洪秀全自稱受命於上帝之神話產生社會效果的第一步。道光二十七年（1847年）七月，洪秀全第二次入桂，趕到紫荊山與馮雲山會合時，當地的信徒對洪秀全已深具信仰，並奉為教主，故日後傳教活動進行得至為順利，三年之間（道光二十四年至二十七年，1844年至1847年），紫荊山一帶信徒已約有三千人之多。[235]

馮雲山輔佐洪秀全的第二步，即四處尋訪、吸收信徒，除紫荊山一帶，鄰縣平南、武宣、象州、貴縣、鬱林、博白、陸川、藤縣、岑溪等均有信徒，同時物色適當之領導幹部，以擴大深植影響層面。從拜會地方卓有名望者到相邀入會，網羅其下，馮雲山對這項廣結人緣工作，因其處地利人和的條件下，進行得極為順利、積極。日後太平天國籌謀建國及起事的核心幹部：楊秀清、蕭朝貴、韋昌

陳仁華編，《太平天國在廣西調查資料全編》（南寧：廣西人民出版社，1989年6月），頁93。

[234] 簡又文，《太平天國雜記，金田之遊及其他》（上海：商務印書館，1964年，初版），頁24。

[235] 簡又文，《太平天國全史（上）》，前書，頁106。

輝、石達開、秦日綱（日昌）、胡以晃等六人，幾乎都是受馮雲山的影響而加入的。[236]

洪、馮兩人一面傳教、一面展開實際行動，使其信徒確知棄邪神而獨尊上帝。如其於道光二十七年九月，率眾搗毀象州的「甘王廟」，[237]又將紫荊山左右兩水的社壇搗毀。因而惹起地方官紳及保守派人士的干涉，洪、馮等順勢把原本宗教性的群眾運動轉化成政治性的團體衝突，再藉機宣傳滿清的腐敗無能，指責官吏的偏失包庇。又如貴縣土來械鬥，起因於縣官暗中慫恿本地人自行以武力對付客家人，致使客家人遭受侵害，遂集體央求投效拜上帝會。[238]（經過情形在第二章第三節中有論述）這些事件不但引起信徒的同情、附和，且吸引一批客家人投入拜上帝會。也使得群眾心理由單純的

---

[236] 太平天國心幹部，與一般幹部不同，其中包括了領導地位（封號）的等第、群眾的基礎、與決策的機會及影響決策的程度等。是領袖與群眾間的橋樑，實現領袖目的的代理人。在太平天國起事之前，洪秀全是拜上帝教的教主，這些助手則是洪秀全最虔誠門徒。金田起事後，洪秀全變成政治領袖，而這些虔誠的門徒也變成革命初期最忠誠、勇猛的核心幹部。在李秀成自述中曾謂：「所知事者，欲立國者、深遠圖者，皆東王楊秀清、西王蕭朝貴、南王馮雲山、北王韋昌輝、翼王石達開，天官丞相秦日昌六人深知。除此以外，並未有人知道天王欲立江山之事。」另張德堅編，《賊情彙纂》中所臚列「劇賊」姓名，除洪秀全外，前七名依序為：楊秀清、蕭朝貴、馮雲山、韋昌輝、石達開、秦日綱（日昌）、胡以晃。兩相對照，得知此七人乃是太平天國革命運動重要之核心幹部。詳見：王榮川，《太平天國初期的政治運動（一八四三－一八五三）》，前書，頁 55-56。筆者針對太平天國核心幹部政治人格有專文探討、分析，詳見：楊碧玉，〈太平天國核心幹部政治人格之分析〉，載《復興崗學報》，期 75（民國 91 年 9 月），頁 205-232。

[237] 洪、馮選象州甘王廟做為打擊對象的原因，據廖楊指出：因為當地人們說它「靈驗厲害」，而且還因為甘王廟遍佈州邑，對他的打擊無異於動搖當地人們的信仰支柱和封建統治。詳見：廖楊，〈太平天國運動的人類學考察（下）〉，載《廣西文獻》，期 92（台北：廣西同鄉會，民國 90 年 4 月），頁 10-11。

[238] 韓山文著，簡又文譯，《太平天國起義記》，前書，頁 868。

宗教意識提升為革命意識。[239]這對爾後的革命運動的醞釀有著密切的關係。

　　洪秀全的一系列革命計畫及建國規模幾乎都是出自馮雲山之手。李秀成供詞云:「謀立國者出南王之謀,前做事者皆南王也。」[240]王韜在〈甕牖餘談〉中謂「雲山為人尚權詐多詭謀,時為村人講說水滸演義,以吳用為世間第一流人」,「倡亂以來,用兵詭譎幾於不測,所有軍中偽文檄諭悉出主裁」。[241]其一生追隨洪秀全組教(拜上帝教)、傳教、起義、建國、鞠躬盡瘁、任勞任怨,是洪秀全開創基業的關鍵人物,他輔佐天王可謂忠誠不渝,但卻功成不居。《天情道理書》中謂:馮雲山「隨天王遨遊天下,宣傳真道,援救天下兄弟姊妹,日侍天王左右,歷山河之險阻,嘗風雨之艱難,去國離鄉,拋妻棄子,數年之間,僕僕風塵,幾經勞瘁。……歷經艱辛,堅耐到底。」[242]這也是馮雲山輔佐洪秀全的最佳寫照。從另一方面言,洪秀全對馮雲山也十分依賴和仰仗,因他相助、獻策、籌劃,使得起事之前各項工作推展無往不利。如洪秀全二次抵桂,除積極傳教,也進行起事之準備,《太平天日》記載:「主居月餘,日與南王馮雲山、曾澐正、曾玉景、曾觀瀾等寫奏章求天父皇

---

[239] 王榮川,前書,頁62。

[240] 〈李秀成自述〉,載楊家駱主編,《太平天國文獻彙編》,冊2,前書,頁788。

[241] 簡又文,《太平天國廣西首義史》,前書,頁150。其中《水滸傳》一書,是描繪一群草莽英雄的故事。小說中的人物雖有不同的遭遇,但最後都被「逼上梁山」。由於此書流行甚廣,所以對梁山人物的結局出現不同的觀點,有同情一百零八條好漢的,如陳忱的《水滸後傳》,他是由明入清的遺民,眼見滿州人入主中國的欺凌,所以不甘異族的統治,對水滸人物敢反抗統治者的行為是十分同情、讚許的,亦將「官逼民反」的行為合理化(當然亦有持顧忌、反對態度者,如俞常春的《蕩寇志》)。是以筆者推測,馮雲山應是持一觀點講說。

[242] 《天情道理書》,載楊家駱主編,《太平天國文獻彙編》,冊1,前書,頁371。

上帝選擇險固所在棲身焉。」[243]由此可見此時馮雲山已為洪秀全作妥軍事上之佈置。

　　洪秀全與馮雲山一主一輔的角色，搭配得相當理想，且馮雲山始終居於幕後，從不居功，自願身居次要地位，甚至後來為了顧全大局，再退居更次要職位。[244]探究其中原因，實應與馮雲山人格特質相關。「馮雲山在人格、事功中最無瑕疵者，他不但滿腹經綸，文筆敏捷、辯才無礙，抑且人格純正，態度可親，性情熱誠。」[245]可謂忠誠、理性、重情重義，加上與洪秀全同樣的具有宗教信仰的狂熱和對政治理想的執著，及同鄉、同學、密友、親戚的的情誼，故兩人可維持良好的關係，在太平天國起事初期不僅扮演了舉足輕重、至為關鍵的角色，也成為洪秀全最佳的助力和搭檔。

二、神蹟神話的流佈

　　拜上帝教雖根源於基督教，但其內容並非與基督教完全相同，實是雜揉基督教與中國本土宗教與民間信仰的新宗教信仰。由於百姓識字率低，崇拜多神及迷信現象甚為普遍，（廣西的風俗和廣東相似，第二章第四節中有論述）種種有關教主洪秀全的神話神蹟，早在洪秀全與馮雲山在廣西傳道時即不斷出現，證明他們為上天所

---

[243] 洪仁玕，《太平天日》，載楊家駱主編，《太平天國文獻彙編》，冊2，前書，頁648。

[244] 在紫荊山拜上帝會時，洪秀全自稱天父第二子，他（馮雲山）是天父的第三子，楊秀清是天父第四子，餘次類推，他隱然以第二把交椅自居。但到了起義之時，他看見實力握在楊秀清、蕭朝貴兩人之手，為了團結內部起見，就自己退讓，屈居在楊、蕭之下，並甘受楊秀清的節制。這說明了馮雲山對洪秀全的忠誠，絲毫不為個人的地位而有所考慮。詳見：羅爾綱，《太平天國史稿》，前書，頁236-237。

[245] 簡又文對馮雲山的評價語。詳見：簡又文，《太平天國雜記，金田之遊及其他》，前書，頁23。

揀選，來世間宣揚真道。如《勸世良言》一書的出現，即為現實中
第一個異夢的預示成真的驗證。這既符合當地的環境脈絡，又能增
長天王之威權，增加信眾之信心，故在傳道活動過程中，廣為流佈，
根據文字記載者，有下列十則：

(一) 洪秀全早年得「異人」[246]或「老人」傳授「天書」之神話。
此一神話易使信眾與張良圯下得素書的民間故事相聯想。

(二) 洪秀全在家鄉時，每日於往返離家十里許岳家賴姓之本村
九關教書。黎明即起，夜後始返，由於早出晚歸，行蹤詭
祕；人以白晝不能見之，則傳言騰雲駕霧，往返於兩村
之間。[247]

(三) 洪秀全本村流傳云：一日洪氏午睡間，幼女偶入其臥室，
掀開蚊帳，忽高聲驚叫，謂有一大蛇在帳中，於是輾轉相
傳，人皆以其為真龍轉世，漸信其為真命天子。其後在廣
西桂平紫荊山時亦有相同之傳說。[248]

(四) 蕭朝貴之前妻楊雲嬌「自言在丁酉年（道光二十七年）間，
彼曾患大病，臥床如死去，其靈魂昇天，即聞一老人對其
言：『十年以後，將有一人來自東方，教汝如何拜上帝，
汝當真心順從』」。[249]表示洪秀全至廣西傳道，早在十年前
上帝就透過楊雲嬌做出預示。

(五) 傳說洪秀全是初自施洗禮時，於中夜置清水一盆於門外桌
上，俯伏跪拜，傾俄間，天忽降大雨，全身淋漓盡濕，即

[246] 〈洪秀全來歷〉，載鄧之誠、謝興堯等編，沈雲龍主編，《太平天國資料》，
冊 2，前書，頁 689。

[247] 簡又文，《太平軍廣西首義史》，前書，頁 82。

[248] 同上，頁 83、167。

[249] 韓山文著，簡又文譯，《太平天國起義記》，前書，頁 857-858。

信天父親自為其施洗禮，其後太平軍中盛傳此事，並以之為真受天命之明證。[250]

(六) 道光二十四年（1844 年）洪秀全詩斥潯州桂縣賜谷村洪氏表兄弟黃盛爵家附近，奉祀苟合而死一男一女之六窯廟，其詩曰：「學筆題詩斥六窯，該誅該滅兩妖魔，滿山人類歸禽類，到處男歌和女歌，壞道竟然傳得到，龜婆無怪作家婆，一朝霹靂遭雷打，天不容時可若何」。[251]迷信的土人，一時嘩然反對，各願神像顯靈殺死秀全。然相傳未久此祠及神座俱為白蟻蛀蝕，人皆以為秀全神力所致。[252]

(七) 教徒楊敬修，「去世時，天上奏樂，室內無風，但當其魂離身時，其床帳自動，至二小時之久」[253]，隨即降靈於一小童身上，口中唅唅有詞云：「三八二一，秀柔玉食，人坐一土，作爾民極」，意為洪秀全當君臨天下，此後又常託童子預言，皆類符籙讖語。[254]

(八) 道光三十年（1850 年），陰曆五月，秀全遣江隆昌（音譯）及黃盛爵與侯昌伯兩位教友，帶信回廣東花縣召其全家到桂，據其所言之理由，是因上帝予彼啟示云：「在道光三十年，我將遣大災降世，凡信仰堅定不移者，將得救，其不信者將有瘟疫。過了八月之後，有田不能耕，有屋沒人住，因此之故，當召汝家人及親戚至此。」[255]是年道光帝

---

[250] 簡又文，《太平軍廣西首義史》，前書，頁 82。

[251] 洪仁玕，《太平天日》，載楊家駱主編，《太平天國文獻彙編》，冊 2，前書，頁 644。

[252] 韓山文著，簡又文譯，《太平天國起義記》，前書，頁 860。

[253] 同上，頁 867。

[254] 簡又文，《太平軍廣西首義史》，前書，頁 167-168。

[255] 韓山文著，簡又文譯，《太平天國起義記》，前書，頁 867。

崩，廣西果有數縣發生瘟疫，於是信徒增加愈速，因人人盛傳入拜上帝會者，可免疫癘傳染。[256]

(九) 洪氏在紫荊時，故弄玄虛，於睡覺時使身體發光，他人入室卻不見光，惟於壁間縫隙窺之，乃可得見。[257]

(十) 眾人見洪秀全「能驅鬼逐怪，無不嘆為天下奇人，故聞風信從，且能令啞者開口，瘋癱怪疾，信而即癒，尤足令人來歸」。[258]

加上「神靈附身」[259]的神蹟屢屢出現，這對盛行於廣西的「鬼使」風俗、潯州的「降神僮」迷信的信眾，確能產生吸引力及內聚力。在種種神蹟中，最能夠證明洪秀全異夢的真確性，是在道光二十八年（1848 年），楊秀清及蕭朝貴宣稱天父及天兄下凡託降，幫助洪秀全斬妖除魔，驗證洪秀全於異夢中天父上主皇上帝對其所言：「爾勿懼，爾放膽為之，凡有煩難，有朕作主。」此乃神靈附身神蹟中提供洪秀全異夢確為真實的最佳憑證。[260]這股神祕魅力，使得拜上帝教蒙上特殊色彩。就洪秀全言，能增加自身聲望與權

---

[256] 同上，頁 868。

[257] 簡又文，《太平軍廣西首義史》，前書，頁 167。

[258] 洪仁玕，〈洪仁玕自述〉，載楊家駱主編，《太平天國文獻彙編》，冊 2，前書，頁 859。

[259] 所謂神靈附身，類似人類學家所稱的神媒（Spirit Medium），就是作為神與人之間的媒介，通常神總是藉神媒之口，把神意傳達宣示給其信徒。遠在洪秀全與馮雲山在紫荊山傳道時，就開始發生神靈附身的事：緣當眾人下跪祈禱時，忽有人跌在地上不省人事，全身出汗。在昏迷情狀之下，其似乎有神附體，口出勸誡，或責罵，或預說未來之事。其言常是模糊，聽不清楚，或則為韻語。詳見：韓山文著，簡又文譯，《太平天國起義記》，前書，頁 866。

[260] 天父及天兄參與太平天國活動的文獻記載，可參閱：《天父下凡詔書（一）》、《天父下凡詔書（二）》、《天命詔旨書》，載楊家駱主編《太平天國文獻彙編》，冊 1，前書，頁 7-69。

力，易凝聚群眾效忠和信心，而樂意製造或縱容其流佈。就隨從者言，不斷製造領導者的神祕和英雄事蹟，一方面提高跟隨目的之價值，同時對領導者產生認同的作用，而提昇群眾本身的價值；另一方面不斷的讚揚與提高領導者的身份，亦可藉此滿足隨從者的地位感，及肯定自我價值，滿足需要（精神上或實質上）。[261]由此可知，兩者間有著依存關係，洪秀全藉此鞏固地位，進而帶領追隨者達成目標。如洪秀全在起事後至建國期間即借重楊秀清和蕭朝貴兩人之口，替上帝及耶穌發佈數道命令，透過正式詔書轉達太平天國全軍。[262]其內容的確鼓舞士氣，使軍民一心、效忠天王，還藉以剷除內奸。[263]在建國後仍有種種天助、祥瑞神話神蹟陸續發生，[264]讓太平軍士氣大振、軍紀嚴明，增進其信心和向心力，而終成大業。但也種下日後楊秀清的濫用（神靈附身的神蹟）而演出內訌之禍，帶來亡國的悲劇。

---

[261] 李長貴，《社會運動學》，（台北：大林出版社，民國 69 年 10 月），頁 125。

[262] 《天命詔旨書》，載楊家駱主編，《太平天國文獻彙編》，冊 1，前書，頁 59-70。

[263] 《賊情彙纂》，卷 9，載楊家駱主編，《太平天國文獻彙編》，冊 3，前書，頁 266。

[264] 天助神話在《天情道理書》中有數則，如 1853 年 4 月 27 日英國翻譯官麥都思在南京晤北、冀二王時，北王「言彼之袍澤等受上帝之特殊的保護與幫助，否則斷不能有此成就，足與勢力倍多，財源倍富者相抗衡，言之又言，刺刺不休，有如感激不盡者然」即是太平軍以其成就為天助的實例。詳見：曹墅居譯，簡又文校，〈英國政府藍皮書中之太平天國史料〉，載楊家駱主編，《太平天國文獻彙編》，冊 6，前書，頁 903。另有關祥瑞神話，如洪仁玕之〈誅妖檄文〉云：天國永興也，有無數之兆……萬鳥來朝，早徵幼主降世之瑞；紅光繞室，足驗天啟發跡之祥；起義金田，則天兵暗助；師渡洞庭，則湖不揚波」亦屬之。詳見：洪仁玕，〈誅妖檄文〉，載楊家駱主編，《太平天國文獻彙編》，冊 2，前書，頁 621-622。

三、時局的混亂

清朝自嘉慶至道光年間，國事衰微，無論政治、社會、經濟環境均呈現敗亡現象。羅爾綱就當時的背景，列舉了「豪富兼併、人口增加、金融外溢、連年災荒、滿人的壓迫與漢族秘密會社的反抗運動、政治貪污、軍備廢弛與鴉片戰役的影響」之看法。[265]蕭一山也有「盛衰循環、土地分配、官吏搾朘、鴉片戰爭、來土人械鬥」之見。[266]（第二章第二、三、五節中均有論述）在這混亂時局中，洪秀全所處嶺南地區亦受大環境的衝擊。就道光晚年政治、經濟、社會的變遷對民眾影響，尤其是嶺南地區民眾之主觀態度的可能歷程，要而言之有：1、普遍的挫折感，從而產生基本需求不滿足感和相對剝奪感（feeling of relative deprivation），且較其他省區強烈；2、漸增的疏離感；3、憤怒的累積；4、攻擊的衝動；5、不軌的狀態；6、死亡的焦慮；7、對新領袖的認同。[267]以上態度類型，固然暗示具有由淺而深的階段，但事實上，當時不得志的大眾，其政治態度也可能停留或躍過某一階段，[268]例如僅有挫折感的人，不盡然具有強烈反政府之政治態度，但一旦遇上天災流行，如 1849 年 7 月，洪秀全第四次入桂，正值廣西全省連年發生水、旱、蟲、飢、疫等災害。[269]災荒的結果，導致瘟疫流行，災民四起，轉而投向傳言中黃金遍地的「金田」奔向「有飯大家吃」的「拜上帝會」。[270]洪秀全此時所倡的拜上帝會正好提供受環境壓迫者心靈上的寄託，不

[265] 羅爾綱，《太平天國史綱》（上海：商務印書館，民國 26 年 1 月），頁 1-33。
[266] 蕭一山，《清代通史（三）》，卷（下）（台北：商務印書館，民國 56 年 7 月，第 2 版），頁 35-43。
[267] 盧瑞鍾，前書，頁 52-57。
[268] 同上，頁 57。
[269] 彭澤益，《太平天國革命思潮》（上海：商務印書館，民國 35 年），頁 23-25。
[270] 簡又文，《太平天國全史》，前書，頁 185。

僅可以解決實際困難、鼓舞民心，給人們以新的希望，同時也發揮了宗教上的整合功能（integrative function）。[271]形成「每村每處，皆悉有洪秀全先生而已，到處人人恭敬」的盛況。[272]使得洪秀全遂漸成為信眾的新領袖或「救主」，而歸附的群眾，在起義前後的人數就約有二萬人之多。[273]其餘心存同情或異地呼應如凌十八及陳亞貴等團眾，更是不計其數。

　　洪、馮兩人傳道過程中，目睹國事危急，感觸尤多，使得原本單純的傳教活動，在客觀環境邊變，組織日漸壯大的情況下，隨著局勢的演變，日益政治化、革命化。[274]如前述的搗毀甘王廟及土來械鬥等事件，不僅增大拜上帝會的勢力和團結，也引起官吏注意，於是拜上帝會與滿清官吏的衝突從此展開，拜上帝會的抗爭性質益趨明顯，洪秀全鑑於群眾心理上對朝廷的極端憎惡，故順勢而為，俟時機成熟乃編組為太平軍。因其個人奇特的經驗與創立的宗教組織，正可提供廣大惶恐群眾和一群掙扎在生活邊緣的邊際人（marginal men）以幻想的滿足。誠如佛洛依德也認為宗教具有麻醉藥的功用，可以使人在自然的力量面前處於無助和無能時，得到某種安慰。[275]成千上萬的群眾心理此時在內外、社會、經濟等環境

---

[271] 依照人類學家的看法，宗教實具有三種功能：1.生存的功能（adaptive function）；2.適應的功能（adjustable function）；3.整合的功能（integrative function）。詳見：李亦園，〈宗教人類學〉載《文化人類學選讀》（台北：食貨出版社，民國63年），頁173。

[272] 李秀成，《李秀成親供手跡》（台北：世界書局，民國51年7月影印湘鄉曾八本堂藏本），頁2。

[273] 簡又文，《太平天國全史》，前書，頁185、246。另《清史》中〈洪秀全載記〉云：「一時全軍人數有四五萬，其中戰鬥兵二萬，力量比起義時倍增矣」。詳見：清史編纂委員會，《清史》，初版（台北：國防研究院，民國50年2月），卷五四○，頁6001。

[274] 簡又文，《太平天國全史》，前書，頁106。

[275] 佛洛姆（Erich Fromm）著，孟森祥譯，《基督教義的心理分析》（台北：晨

近乎崩壞的情形下，正沸騰著一種「變天」的期望，與湧現的歷史記憶（滿清入關後對漢人的屠殺與迫害等民族仇恨），相互激盪下，自然易興起「反清復明」的意念。上述現象，類似現代人類學家所說的「千年至福運動」，洪秀全的適時出現，和其「救世主」的神祕色彩，自易引起群眾的歸屬和認同，也皆肯為「拜上、扶主、打江山」而捨棄家產、犧牲效命。洪仁玕在 1852 年對香港傳教士言及：「初時並無舉行革命之計畫，但因官與兵之壓迫與殘害，為吾人所不能屈服，至無路可走之故耳。」[276]就說明是受現實環境逼迫才鋌而走險。加上運用群眾的挫折及痛苦心理，去符合狂熱領導者的心理，正是掀起運動的祕訣。[277]由此觀之，此時洪秀全革命思想中實包含有宗教、政治、民族意識（從洪秀全早年的言行中，我們可以看出其意識中確有民族思想）在內，而其中是以宗教信仰為主導，拜上帝會成立後，則更以崇拜上帝為唯一真神，是以無論政治攻勢或反滿理論，亦均出自宗教解釋，而一切的思想力求與拜上帝教教義若符節合。

洪秀全察覺僅用宗教和倫理覺醒啟迪信徒是不夠的（基督教的天堂是死後才可以享福的地方，對解除現實苦痛來說，起不了具體的幫助），因而運用現世利益來宣揚「天堂」即「大同世界，共享太平」的淑世社會觀點。現實的理想國度，使人們意志精神及行動鼓舞起來。因為宗教能使眾人更易於接受現實所給予他們的許多挫折。宗教所能提供的滿足，是一種「力比多」（即「原欲」）性質的；

鐘出版社，民國 60 年，初版），頁 128。

[276] 羅校全撰，〈米赫士跋〉、〈洪秀全革命之真相〉，載楊家駱主編，《太平天國文獻彙編》，冊 6，前書，頁 827。

[277] 李長貴，《社會運動學》，前書，頁 21。

它主要是在幻想中發生的滿足。[278]在《原道醒世訓》中，洪秀全說：
「惟願天下凡間，我們兄弟姐妹，跳出邪魔之鬼門，循行上帝之真
道……行見天下一家，共享太平」。此一天堂的中國化，滲入了儒
家太平世的思想，不僅傳教方便，符合群眾希望，也使信徒認為必
須努力邁向此人間天堂，現實樂土去。換言之，須經由政治上的努
力，才可以達到「太平天國」的塵世出現局面。因此，拜上帝會的
宗教性質中已潛伏了革命的因素。

　　混亂、動盪的時局不僅提供了廣大群眾基礎，有助於拜上帝教
宗教組織的成長和察覺基層群眾的需求，也逐漸讓洪秀全體認：能
夠以其思想、意志、人格、形象吸引與鼓舞群眾，使接受其領導，
從事打江山，建「天國」的大業。故進而將宗教與革命兩者合而為
一，踏上反清的革命之路。[279]

---

[278] 佛洛姆著，孟森祥譯，前書，頁 127。

[279] 此一轉換歷程，頗符合「發展心理學」（Developmental Psychology）的核心
概念：遺傳影響和環境影響並不只是在人格當中簡單地相加起來，而是跟
化學品加入化合物一樣相互影響，從而形成某種完全不同的東西，然後再
隨著經驗發生不同的影響。詳見：墨頓‧杭特（Morton Hunt）著，李斯譯，
《心理學的世界—類型與發展》（*The Story of Psychology*）（台北：究竟出
版社，民國 89 年，初版），頁 78。

第四章　洪秀全的基本人格特質與政治態度

　　根據格林斯坦在《政治科學手冊》第二冊的〈人格與政治〉篇中的看法，人格的結構應包含四個層次（或部門）。最外層者為「對環境的知覺」（perception of the environment）。知覺的內一層，則為「意識上政治及有關政治的定向」，這兩個層次都屬於意識性（conscious）。見圖 4-1。

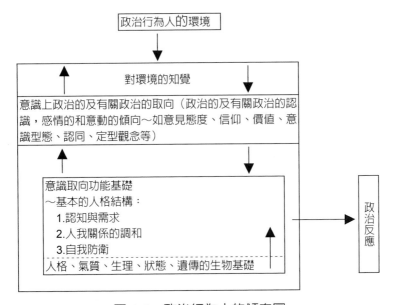

圖 4-1　政治行為人的傾向圖

資料來源：Fred I. Greenstein, "Personality and Politics", Fred I. Greenstein and Nelson W. Polsby, *Micropolitical Theory* (Reading, Mass: Addison-Welsley, 1975) p.7.

　　依照心理學家的觀點，人類的心理活動可區分為三個層次。其一為意識（Consciousness），二為前意識（Preconscious），三為潛意識（Subconscious）。在知覺的這一層中，大概都屬於意識面的（意識上政治的及有關政治的取向）；但是不可否認的，就是在意識面之外，有潛在影響操縱人的行為、決定人的人格。[1]見圖 4-2。

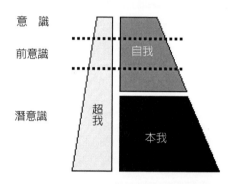

圖 4-2　佛洛依德人格功能與知覺層次的關係

資料來源：張鳳燕等譯，Robert M. Liebert & Lynn Langenbach Liebert 著，《人格心理學：策略與議題》（*Personality: Strategies and Issues*）（台北：五南書局，民國 91 年），頁 407。

　　由前得知，潛意識對意識的我具有極大的影響力。格林斯坦為了說明潛意識與意識，就把知覺劃分成兩部份，其中比較明顯的部份是「意識的功能基礎」（function bases of conscious）。內容有三，一曰：認知與需求；二曰：人我關係的調和；三曰：自我防衛。其潛在基礎為「生物性基礎」（biological underpinnings），不易具體細

---

[1]　吳玲玲譯，Solso 著，《認知心理學》（*Cognitive Psychology*）（台北：華泰書局，民國 87 年 3 月，初版），頁 194-195。

膩分析，其中包含有人格、氣質、生理、遺傳等方面，是屬於本我
（Id），亦即潛意識部份。本文為能理解洪秀全政治人格的內在結
構及行為功能，故於本章先討論其基本人格特質與政治態度，再分
別於第五、六章探討三個功能基礎的內涵之二、三，亦即第五章討
論第二項基礎—人我關係的調和，第六章則討論第三項基礎—自我
防衛。至於第一項基礎—認知與需求，基於格林斯坦對政治意見、
態度、信念、價值、意識型態和固定觀念取向等六項內容並無說明，
而事實上此六項內容也彼此關連且重疊，因而統稱之為「政治態
度」。所謂態度，本指姿勢、精神準備、或行動的傾向，進而言之，
「態度就是對某種對象做一價值判斷，而由此價值判斷所產生的行
為傾向。」[2]總之，本章將綜合討論意識及潛意識兩個層面，而將
格林斯坦的「對環境知覺」、「意識上政治的及有關政治的取向」，
以及基本人格結構之一的「認知與需求」合併分析，現就洪秀全的
基本人格特質與政治態度分別說明如下。

第一節　洪秀全的基本人格特質

　　人格的結構具有複雜性、獨特性、持續性及統合性，係由個人
先天的遺傳、稟賦與生長期間的各種學習及經驗等因素的影響下，
發展而成的一種個人所特有的思想態度、情緒反應與行為模式。[3]人
格理論因假設及分析層面的不同，而有不同的理論，[4]但若綜合各

---

[2]　楊國樞，〈需求與需要〉載《心理學（九）－雲五社會科學大辭典》（台北：
　　台灣商務印書館，民國 59 年 10 月，第 6 版），頁 138。
[3]　余昭，《人格心理學》（台北：三民書局，民國 78 年 2 月，第 6 版），頁 45。
[4]　游恒山譯，Philip G. Zimbardo 著，《心理學》（*Psychology and Life*）（台北：

家之長，或可對洪秀全政治人格有更深的理解。所謂「特質」(trait)是指個人人格中有別於他人的特性，具有穩定及一致性，且能影響行為的「行動傾向」(action tendencies)，它包括獨特性(the idiographic approach)和特徵行為(characteristic behavior)。[5]本節所論洪秀全基本人格特質主要是針對與其政治人格有關及可能影響其行為的重要項目，包括領袖特質、權威人格特質及宗教陷溺三大項。

壹、洪秀全的領袖特質

史學界對洪秀全及其起義的評價褒貶參半，一般文獻中經常可見「盜匪」、「造反」、「叛亂」、「暴動」、「起義」、「革命」、「革命先烈」、「民族英雄」等含價值判斷的詞彙。至於太平軍事件的性質，則有民族的、宗教的、文化的仁智之見。但無如何，有一點是多數學者所接受的。洪秀全是平民運動的領袖，也是一位須加重視的歷史人物。[6]因為在太平軍與清軍對峙的十四年中，太平軍從南到北，歸附、動員的群眾由五、六十人，而至二、三千人，最後終達數百萬人之多。[7]群眾的組成及地域性更是十分複雜，而以一介平民書生，又無實際「革命經驗」的洪秀全，竟能號召廣大群眾，躍居領袖地位，登上「天王」寶座，實非輕易之事。而以當時陸續投靠的集團來看，其中尚不乏深具反動經驗的首領，但皆願臣服洪氏之

五南圖書出版公司，民國 79 年 9 月，修訂版），頁 801-850。
[5] 同上，頁 795-801。
[6] 彭大雍，《洪秀全傳》（台北：國際文化事業公司，1987），頁 9。
[7] 莊吉發，〈清末天地會與太平天國之役〉載《大陸雜誌》，卷 59，期 1（民國 68 年 7 月），頁 24。

下，足見洪秀全必具有特殊的領袖特質及掌握了有利的客觀情境，才能為一般群眾（包括自願投效與環境所迫者）所擁護。此所涉及層面、因素甚廣，但就領導的層面而言，其所處時之時空因素，個人人格特質及領導方法（或手段）顯然是重要指標，吾人就洪秀全領袖特質的形成、發展和影響，分別說明如下：

一、洪秀全領袖特質的形成及發展

（一）溯源

洪秀全的生理的或遺傳的體質，惜因文獻不足，無從查考。在其姪媳回憶中，曾就其領袖特質有段描述：「天王（秀全）幼時，品性暴躁易怒，且好自尊自大。每與群兒嬉戲，必以領袖自居，發號施令，莫敢不遵，稍有拂逆其意者，輒揮拳擊之。以故全村兒童均甚畏其嚴厲之性。」[8]可見秀全自幼即有領袖特質及權威人格（authoritarian personality）（下一節討論）的傾向。加上秀全之父鏡揚先生對他疼愛有加，師長、族人亦對其期許甚高的情形下（第三章第一節中均有論述），自形成其驕傲之習性。心理學家認為：大凡幼年太受父母疼愛者，長大後在人格上易表現依賴、要人注意、望人讚許等傾向。[9]同時指出，幼時太受寵愛，則「予取予求」的可能性高，父母願意給予較多之願望滿足或保護，從而其「挫折忍受力」自然不及其他兒童期較不受寵愛者來得大。[10]不僅如此，據研究顯示，兒童之攻擊行為，與父親之縱容應有所關聯。[11]上述

---

[8] 據洪秀全任洪紹元之妻口述，詳見：簡又文，《太平天國全史》（香港：簡氏猛進書屋，民國49年），頁16。
[9] 朱道俊，〈人格〉，載路君約等著，《心理學》，前書，頁445。
[10] 同上，頁464。
[11] 同上，頁446。

洪秀全幼時有關領袖特質上之傾向，加上廣東花縣一代流傳的抗清事蹟和客家人民族性的特色（刻苦、耐勞、團結、節檢、慷慨、勇敢、愛國、剛強、革命），使廣東一省有盛產革命領袖之傾向等因素（第二章第一節地理環境中有論述），對其日後人格之發展，自有著深遠的影響。

（二）轉變及發展

自幼即以「志在功名」的「期望價值」（expectation-value）為目標的洪秀全，起初應是源於匱乏的需要。身為為花縣農家子弟的他，自懂事開始，家庭的影響和生活窮困的際遇，使他欲追求一個「科舉成名」的目標。以期「揚名聲、顯父母」，如此既可報答親長之恩，又可實現傳統士大夫的理想，故可推論：他有著高度的抱負水準與進取心，而參加科舉是其出人頭地、重振家聲的唯一途徑（第三章第一節教育環境中有論述）。故從十五歲以後至三十歲，十五年間的他是自負才學，全力投入科試。但在「真實自我」與「理想自我」（求取功名），卻因多次落榜而發生不協調和重大落差，個人感受到的壓力也愈大，加上挫折容忍力低，終禁不起三度落榜打擊而臥病四十餘日。依其病象，不乏「歇斯底里症」、「狂躁型的躁鬱症」之說（筆者認同盧瑞鍾的觀點，並配合醫學史發展的命名系統而更名為躁鬱症第一型 Bipolar I，前章第二節中有論述），然均與落第受挫、悲憤成疾有關。大病後，對其人格特質發生極大的變化。據洪仁玕的口述：「秀全之健康既已恢復，其人格與外貌均日漸改變。彼之品性謹慎，行為和藹而坦白。身體增高漸大，步履端莊嚴肅，其見解則寬大而自由，……秀全身材高大，面部橢圓、容顏甚美、高、耳圓而小，聲音清晰而洪亮。……髮黑、鬚長而作砂

紅色，體力特偉健，知識力亦絕倫，惡人畏而避之，而忠誠者趨與交遊也。」[12]

另一項影響其人格特質的關鍵為《勸世良言》一書的啟迪（前章第三節中有論述），使他深信自己被賦予特殊使命，不僅印証異夢為真，尚符合其「真命天子」之信仰或觀念（第二章第四節宗教環境中有論述）。致使其原有的使命感受到再增強的效果，益發堅信其具有拯救世人之義務與權利。基於此一認知，故曾高聲大叫云：「我曾在上帝之前親自接受其命令，天命歸予，縱使將來遇災劫，有困難，我也決心去幹，倘違悖天命，我只膺上帝之怒耳。」[13]是以畢生懷一有種「自我中心的使命感」（An egoistic sense of mission），加上傳教活動期間馮雲山之輔佐，替他佈置好起事前之各項準備工作以及各種神蹟神話的流佈，讓洪秀全的神秘色彩大增，以致信徒增加快速，使其領袖形象加確認。而混亂的時局，除提供他得以運用群眾反清的情緒，更因應環境對新領袖、救主的渴望，終使具有知識份子與預言家雙重身份的意識型態家─洪秀全能夠以其思想、意志、人格、形象吸引及鼓舞群眾，使其接受其領導，從事打江山、建「天國」等大業而成為太平軍之領袖（前章第四節中有論述）。

二、洪秀全領袖特質之影響

從社會心理學的角度看，領袖是社會運動和集體行為的主要因素：領袖支配群體、鼓勵群體，使群體完成目的，是導引方向的決

---

[12] 韓山文著，簡又文譯，《太平天國起義記》載楊家駱主編，《太平天國文獻彙編》，冊6（台北：鼎文書局，民國62年12月），頁843-844。
[13] 同上，頁848。

定力量。[14]洪秀全既為太平天國革命運動的領導者，吾人可試以群眾運動的角度，運用群眾運動或社會運動領導研究觀點，進一步分析洪秀全領袖特質之影響。

（一）藉革命運動紓解其自卑與怨恨

在心理分析學派當中，有從自卑情結理論，去觀察一些名人，包括群眾運動領袖的行為與動機。其中最為著名的是阿德勒，他發現自卑情結的來源有三，即 1.器官缺陷；2.寵壞；3.被疏忽。[15]由於人不能長期忍受自卑之感，所以一定會採取某種行動，來解除自己的緊張。[16]但由於身體缺陷或其他原因所引起的自卑，不僅只是摧毀一個人，使人自甘墮落或發生精神疾病，它還能使人發奮圖強，力求振作以補償自己的弱點。以此觀之，洪秀全四次參加科舉考試，均告落榜，其中第三次還因過度挫折而臥病四十餘日，以致形成精神異常，日後自許為上帝次子，並藉以展開革命運動，成為太平天國領袖的過程，應是藉以紓解其自卑（科舉落第）與怨恨（怨恨考試不公）的情緒。[17]群眾運動學者認為：不管反抗的文士怎樣說他們為被壓迫者和被傷害者仗義直言，然激發他從事反抗的十之八九還是私人的怨懟。[18]這也說明洪秀全投入群眾運動雖然出自對現狀的不滿，但其真正的動機卻很可能是基於個人的挫折和怨恨。

---

[14] 李美枝，《社會心理學》（台北：大洋出版社，民國 74 年 1 月，第 9 版），頁 550。

[15] 阿德勒（Alfred Alder）著，黃光國譯，《自卑與超越》（台北：志文出版社，民國 60 年 6 月），頁 2-3。

[16] 同上，頁 40-41。

[17] 王榮川，《太平天國初期的政治運動（一八四三－一八五三）》（台北：阿爾泰出版社，民國 71 年，初版），頁 57-60。

[18] 賀佛爾（Eric Hoffer）著，旦文譯，《群眾運動》（The True Believer）（香港：今日世界出版社，1972 年 9 月，第 2 版），頁 234。

孫廣德亦持相同觀點，認為洪秀全的反清，可說是由落第的刺激而引起。[19]

（二）大行開科舉取士以平衡、補償自己

洪秀全攻下南京城後即大舉開科取士的行為看來，即令身居高位，也難以忘卻年少時期的理想（科舉成名）。透過此舉或可平衡、補償自己當年的夢想。[20] 那些原來處身紳士階級的革命份子（Gentleman-revolutionist），其「誤入歧途」參與群眾運動的真正原因，是因為他無法適應原有的高階社會，以致不受尊重而導致怨恨。[21] 如若洪秀全第四度到廣州參加科舉考試不再名落孫山，是否就會放棄後來「驚天動地」的群眾運動？應不無可能。

上述兩則影響除說明洪秀全在領導群眾運動的心理層面因素外，同時亦印證：有些叱吒風雲的歷史性領袖，雖曾在他們所領導的社會或國家建立不朽偉業，但也都曾犯下一些戰略上的失誤，有的甚至在「一時糊塗」下，導致致命的全盤皆輸的失誤。若究其原因，不難從其生理心理異常找尋部分答案。此即所謂的「領袖生理心理異常說」觀點。[22]（前章第二節中有論述）

（三）塑造「真命天子」之形象

洪秀全深信自己是上帝之次子、耶穌之弟，被天父賦予特殊的使命。（第三章第三節有論述）加上各種神蹟神話的流佈，讓他超

---

[19] 孫廣德，《明清政治思想論集（下）》（台北：桂冠圖書公司，民國 88 年 5 月，初版 1 刷），頁 933。

[20] 王榮川，〈從群眾運動的角度看種有關領袖的理論〉，收錄於《三民主義與國家建設學術研討會──紀念任卓宣教授百年誕辰論文集》，台北：政戰學校，1995 年 7 月，頁 8。

[21] Crane Brinton, *The Anatomy of Revolution* (New York: Random House, Inc., 1965), pp. 107-108.

[22] 王榮川，前文，頁 4-8。

凡魅力大增。在一再極力誇讚上帝之光榮偉大，宣傳天王受命的莊嚴神聖，也無非在鼓吹天王統治威權具有絕對之合法性，認為人們服從盡忠於真命天子（或下凡做主的救世主），乃是天經地義、理所當然之事。在金田村起事時，他曾率領核心幹部，同登一座高山表演「宣誓效忠」的儀式。他把誓言大紙攤在地，然後全體核心幹部環繞大紙下跪。洪秀全即模仿耶穌的神態，獨立徒眾前面，高舉雙手，呼籲上天，求天父保護他們。事後，仍站立不動，各徒眾魚貫經他面前，交刀立誓，願獻身命以護衛秀全，以保證各人拜上帝之權一如誓言所載。據說宣誓典禮剛行完，清軍就出現在山下，於是一場血戰展開，是役清軍全體被殺，無一生還。[23]足見這場宗教式的「效忠宣誓」，不但使洪秀全贏得核心幹部的擁護，而且也激發太平軍的宗教熱情和戰鬥意志。

　　上述記載說明洪秀全能了解、把握群眾期望領袖是令人崇拜的英雄心態，讓群眾相信且敬畏「天之子」（或救世主）特有的超凡魅力，並覺得自己是在「替天行道」。洪秀全亦適時戲劇性的模仿耶穌，效果絕佳，贏得群眾擁載。就群眾運動的觀點言：一位真正領袖的主要任務，就是要在他的黨徒中間引起一種幻覺，覺得他們是在參加一項了不得的大事，一種莊嚴的或是輕鬆的戲劇表演，這樣終能把死亡的殘酷性和真實性遮蓋起來。[24]由此觀之，洪秀全出現群眾面前，善於模仿，以使自己的行止與群眾的期待契合。就領導策略而言，也約略顯示出洪秀全的政治智慧所在。

---

[23] 晏瑪太（Rev. M. T. Yates）著，簡又文譯，〈太平軍紀事〉，載楊家駱主編，《太平天國文獻彙編》，冊6，前書，頁923。

[24] 賀佛爾著，旦文譯，前書，頁172。

（四）造成太平天國革命運動的功敗垂成

群眾運動，尤其是政治性或革命性的運動，需要卓越的領袖（以卓越形容領導，係指能適當有效達成運動目標，這其中即包含許多領導上的特質）和切合情境之配合。如美國獨立運動的成功、日本明治維新運動的成功和孫中山先生推翻帝制建立共和的成功皆屬之。[25]但如若所出現的領袖並非卓越人物，則往往這場運動不是中途遭受挫敗，就是釀成歷史性的大悲劇。太平天國革命運動的功敗垂成，其關鍵因素就是在領導人物洪秀全及其核心幹部等人缺乏雄才大略的治國理念。在洪秀全攻下南京後不思北伐以定中原，反在內訌中自削力量。復因洪秀全的狂妄自大、期望他人奉承、神化自己、性多猜忌又乏容人之量的領袖特質，使其部屬紛紛受累受害。據相關研究指出：天地的首腦洪大全，曾為太平天國釐訂軍制，教以用兵之法，對起事初期頗有貢獻，而秀全卻猜忌他，致使被俘犧牲了性命。天地會黨人錢江，亦曾為太平天國運籌帷幄，也遭秀全排擠，後來錢江投靠雷以誠，「乃倡抽釐法以與湘軍添翼，卒滅太平。」[26]太平天國六年（1856年），天王密詔北王韋昌輝入京，趁其不備，殺了東王楊秀清，導致天京最大的內訌，使天國開始走向下坡。另據范文瀾指出：內訌後更增長了洪秀全暮氣沉沉的保守思想，他為了保全一己的權位，「對臣下採取有疑忌沒有團結，有懲罰沒有愛護的消極手段。」像李秀成、陳玉成那般優秀忠心的將領，仍然遭他猜忌，竟封了1700個王以相互牽制，結果「人心不服」（李秀成語），「各爭雄長，苦樂不均，敗不相救」（曾國藩語），遂使太平軍呈瓦解現象，終遭曾國藩等清軍殲滅。[27]

---

[25] 王榮川，前文，頁2-3。
[26] 蕭一山，《清代通史（三）》（台北：台灣商務印書館，民國52年4月），頁308。
[27] 韋政通，《中國19世紀思想史（上）》（台北：東大圖書公司，民國80年9

貳、洪秀全的權威人格特質

韋伯（Max Weber）將政治領導的權威區分為三類，即超凡魅力權威（Charismatic authority）、傳統權威（traditional authority）、合法權威（ration-legal authority）。[28]三種權威在政治上都有其存在的時空，而實際上三種權威有時是重疊的、界限並不清楚。不過，在群眾運動中，超凡魅力權威卻常見於領導者身上。這類型權威領袖的魅力，來自領袖的個性或奇特的經驗。「超凡魅力」（Charisma）源於希臘字 Kharisma，意為「神之恩寵」，係德國教會史家首先引入，以對教會中具教父特質領袖的解釋。韋伯則將之用於具有或被認為具充滿特殊力量與救世精神人格特質的人，他將「超凡魅力」界定為：

「超凡魅力」，是用以表示某種人格特質，某些人因具有此特質而被認為是超凡的、稟賦著超自然及超人的、或至少是特殊的力量或品質……他們具有神聖或至少是表率的特性。這些人因具有這些特質而被視為領袖……最重要的是服從「超凡魅力」支配的人，如追隨著（followers）或門徒（disciples）他們如何誠摯地來看待具有此特質的領袖人物。[29]

吾人倘就韋伯所列的三種權威觀察，洪秀全等人瞭解舊政權為滿洲異族之政權，固無法由繼承以取得權威，而滿洲所定世俗性法律乃是「妖魔條律」，[30]必須消滅之。因而其權威，僅有經上天所賦予一途，這種詩書中常見的天命觀念，正是太平軍領袖宣稱其權

月），頁 338。

[28] 陳鴻瑜，《政治發展理論》（台北：桂冠圖書公司，民國 81 年，再版），頁 172。

[29] Max Weber, *Economy and Society* (N.Y.: Bedminister Press Inc., 1968) p.400.

[30] 《頒行詔書》，載楊家駱主編，《太平天國文獻彙編》，冊 1，前書，頁 162。

威源於上帝所授的思想基礎。此種靈魂昇天、受上帝命、下凡作主，以拯救世人的聲明，在眾人心靈中起了迷幻與鼓舞作用，遂引起大眾狂熱擁護而效忠追隨之。以此觀之，太平天國統治權威，在主觀上和客觀上均屬於超凡魅力權威的性質，故吾人可將洪秀全歸類為擁有「超凡魅力權威」的領袖，亦為人類學家所說的典型先知─「罹患嚴重精神不適的人」。王榮川在〈從群眾運動的角度看幾種有關領袖的理論〉一文中，認為歷史上的洪秀全、希特勒、墨索里尼、史大林、毛澤東均屬此一類型的領袖。[31]儘管他們皆擁有權威人格特質，但其性格與領導作用，還是各異其趣。現就洪秀全的權威人格的形成、發展及其影響分別說明如下：

一、洪秀全權威人格特質的形成及發展

（一）溯源

　　前已述及秀全自幼即有「權威人格」[32]的傾向，而在客觀環境中，君權神授觀點一直存在於農業時代的中國社會，加上傳統中國的天命思想或真命天子思想的普及。另一方面民主政治的思想觀點、條件等尚未在中國形成、傳播；洪秀全自然無法接觸、認知此一制度，更談不上採行。故以當時帝制下傳統的中國舊農業社會之政治社會化過程言，所謂天地君親師與三綱三從的禮教，籠罩整個社會，成為牢不可破、不容挑戰之社會價值。這種價值觀，經過家庭或社會的傳遞，自然容易影響幼童對權力與權威之觀念，而成為

31　王榮川，前文，頁 9-10。
32　指不容忍的、不通融的，注重權威和服從的關係的政治人格。詳見：楊日旭、盧瑞鐘編著，《政治學（上）》（台北：敦繹文化事業公司，民國 77 年 9 月，初版），頁 61。

持久性的價值標準。及長，復無挑戰性的反對觀念（如民主、平等、自由等觀念），遂視為當然，終生不移。[33]此種天尊人卑、君尊臣卑、父尊子卑的不平等關係一旦被視為理所當然，則容易塑造父親、國君甚至長官的權威性角色，也要求子女或屬下臣民完全順從。就中國文化言：中國傳統的家庭是血緣、生活及感情纏織起來的蜘蛛網。在這網裡，濃密的情感核心中有一個不可渡讓和不可侵犯的父親意像（father-image）。這個父親意像輻射出一股權威主義（authoritarian）的氣氛，是以中國傳統的家庭是雛型的權威主義之自然的養成所。[34]這種家長式權威心態擴大的結果，乃形成家長式的權威心態的社會。經過這樣政治社會化的結果，自然使得社會上普遍存在「權威人格」者，這種人往往趨向以權力的觀點作思考（如較敏感誰統治誰的問題），較偏愛秩序，觀念上較剛毅，常用陳腔濫調，以及依賴外在的指導等等。[35]這種政治文化滲入一個人的心理結構中，成為其思想及行為的重要依據，便造成其「權威人格」。洪秀全亦不例外，在上述社會結構和社會角色情境中，是為其權威人格起源的重要因素。復因教育環境被灌輸知識份子特別之使命感及企圖心（第三章第一節中有論述），自易強化此一傾向，也熱衷追求。

---

[33] 盧瑞鐘，《太平天國的神權權思想》（台北：時英出版社，民國 74 年 10 月，初版），頁 197。

[34] 殷海光，《中國文化的展望（上）》（台北：桂冠圖書公司，民國 81 年 5 月，再版 2 刷），頁 127-128。

[35] F. I. Greenstein, "The Study of Personality and Politics: Overall Considerations", in F. I. Greenstein and M. Lanner, eds., *A Source Book for the Study of Personality and Politics. op.cit.,* p.25.

（二）轉變及發展

　　前已述及秀全落榜生病罹患疑似躁鬱症第一型（Bipolar I）是其人生重要轉變，因而留下來的影響（部份妄想狂躁的病徵，即令在健康的情況下，有些似乎也持續存在，這種心理的偏頗，對其人格發展、政治性格或對權力的態度，自有著密切關係。）至深且鉅，不容忽視。洪秀全在病後，對病中的夢境和幻覺，記憶深刻，不能忘懷。而夢中老人授予象徵權威的物品—寶劍與印綬，正顯示洪氏有不小的政治野心與權力動機（第三章第二節有論述），人格特質也起了極大變化。據洪仁玕口述：「秀全之健康既已恢復，其人格與外貌均日漸改變。……惡人畏之而避之，而忠誠者趨與交遊也。……彼為塾師時甚為端肅，訓治學徒至嚴。但對於品行端莊為己所悅之人則至為友善。」[36]因此，族人中畏懼秀全者甚多，一旦犯錯，不是逃往外地躲避，就是接受秀全嚴厲的責罰，而絕不敢抗議或蓄意復仇。此乃他自認為「承上帝之令」、替天行道的狂妄自大心理使然。另在其所著《百正歌》中（如「湯武天應人順，乃以正伐不正；楚漢項滅劉興，乃以正勝邪」）亦可看出他對人對事必欲明白分出個正邪善惡，不喜歡模稜兩可或曖昧狀態，此種「不容忍曖昧」即為權威人格特徵之一。[37]復因《勸世良言》一書的啟迪（前章第三節有論述），以為其權力乃出於神天所授，係由上而下，既由上帝授命，其擁有的權力，依洪秀全自己的宣言：「倘違悖天

---

[36] 韓山文著，簡又文譯，《太平天國起義記》，前書，頁 844。

[37] 權威人格或權威態度的特徵有：1、因襲慣例，遵循習俗；2、服從權威；3、政擊傾向；4、迷信的傾向；5、思想刻板，愛用二分法，不容曖昧；6、重視權勢；7、不信任別人；8、反科學。詳見：李亦園、楊國樞主編，《中國人的性格》（台北：桂冠圖書公司，民國 83 年 8 月，再版 5 刷），頁 32-33。

命,我只膺上帝之怒耳。」[38]如此看來,只要上帝未發怒,則可以任意而行,此種權力之大,已近乎無限制的地步。再加上在敬拜上帝的同時,因上帝主要性格是舊約《聖經》中公義的、威怒的、戰鬥的神,等於世間上的專制君主,這些形象讓洪秀全先入為主,引以為師,易產生「發展的認同」效應而學習之、模仿之。此外,曾赴廣州羅孝全牧師處求道,對其(羅孝全)行事作風及激烈的宣教態度(前章第四節有論述)亦頗認同,進而成為其學習、參考的對象。這些經驗對洪秀全原本即具權威人格特質均有增強效果。

待他成為太平軍的領導者,欲將一批來自社會各階層,份子複雜不純的群眾,轉變成一個有戰鬥力的團體,除了訴諸軍事化的統治外,別無其他更好的組織方式,依此而決定統治方式及權力性質時(由馮雲山設計構想出一套制衡的權力關係),集軍、政、教大權在握的洪秀全,更加體會、確認權力之重要性;再則以尊卑關係定權位高低之設計,也顯示他善於迂迴地以神權和父權強化君權的巧思。

二、洪秀全權威人格特質之影響

(一)講求「正」與「邪」的兩極標準

洪秀全有著不容曖昧、不耐含混的權威人格特徵,故講求以「正」與「邪」二分法作為道德的兩極標準。不僅在其所著《百正歌》中嚴分正邪善惡,還在《原道救世歌》中,將不正之事物列舉事實,如:第一不正淫為首;第二不正忤父母;第三不正行殺害;第四不正為盜賊;第五不正為巫覡;第六不正為賭博。其次是「食

---

[38] 韓山文著,簡又文譯,《太平天國起義記》,前書,頁848。

洋煙」（抽鴉片），「堪輿相命輩」亦屬之。[39]因有上帝的存在，必有魔鬼與之作對，洪秀全為他的敵人—滿清所立下的魔鬼代號曰「閻羅妖」，還藉「妖」字以劃分敵我界限，並將人世間的一切罪惡歸之於妖。此外，還在拜上帝教之《幼學詩》[40]中，將人類倫常關係，劃分為朝廷、君道、臣道、家道、父道、母道、子道、媳道、兄道、弟道、姊道、妹道、夫道、妻道、嫂道、嬸道、男道、女道、親戚等應遵守的的規範，同時將心、耳、目、口、手、足亦分別各列出一條道德箴言，作為約束的準則。其所蘊涵的人倫禮義遠較傳統中的五倫，更為細緻與詳實。顯見他企圖設計新的制度施行於社會，並以改造社會為己任。[41]這點頗符合解釋上述情形：追求權力滿足為補償方式之五項行為特質之一—冀企創設有秩序之體制並強行施於他人之身。[42]而日後毫無妥協地展開清除偶像、消滅異教運動的種種「不妥協」、「不容忍」的態度和行為，正符合其權威人格的特質。

（二）獨特的治軍思想、法治思想及集權統治

　　正因洪秀全具有注重權力、嫉惡如仇、激烈的個性和言行一致的作風，也影響其後來治軍的思想，故起事後所訂頒的法令規章，都在體現出此種激烈的觀念，而形成其獨特的法治思想。如其先後

---

[39]　《原道救世歌》，載楊家駱主編，《太平天國文獻彙編》，冊1，前書，頁88-90。
[40]　《幼學詩》，顧名思義是為教導幼童所做，事實上則亦訓及為人父母者。全書分九節，內容強調：敬上帝、敬耶穌、敬雙親、肯定朝廷的威嚴與申述君道與臣道。詳見：洪秀全，《幼學詩》，載楊家駱主編，《太平天國文獻彙編》，冊1，前書，頁231-235。
[41]　Alexander L. George, "Power as a Compensatory Value for Political Leaders", *Journal of Social Issues*, Vol.24 (July 1968), p.37.
[42]　*Ibid.*, p.45.

頒布之律令:《簡明軍律》五條[43]、《太平條規》(含〈定營規條十
要〉與〈行營規則〉十條)[44]、《天條書》十條[45]、《天令》六十二
條[46]等之條文。其內容大要為:第一敬拜上帝;第二不吸烟酗酒;
第三禁姦淫搶劫;第四禁私藏財物;第五禁擾民拉夫;第六嚴懲叛
國通敵;第七禁濫殺無辜;第八別男女。其他如《行軍總要》、《原
道救世歌》、《千字詔》、《醒世文》、《天情道理書》[47]等,均有明文
對群眾行為的嚴格苛刻制約,蘊含了濃烈的禁慾主義色彩。凡太平
天國所頒布的軍律,不僅在條文上甚為瑣碎繁複,在執行時亦是要
求一絲不苟,凡觸犯條規者,上至天王、諸王、朝中男女官,下
至一般軍民都不能逃避刑責。這點正是洪秀全權威人格特質的具
體表現。

太平軍最尊崇上帝,但不足以約束、限制天王(洪秀全),因
其權力中心,表面上是服從《遺詔聖書》之聖旨,事實上不僅解釋
權歸天王,有時天王還可「任意曲解」。於是乎「絕對權力」能任
意擺佈支配官兵士民,而陷入「絕對權力、絕對腐化」[48]之覆轍中。
這種專制主義的家長式統治,對諸王(除東王外)並不尊重外,並
實行軍事統治、中央集權,控制層面尚遍及政府、社會、經濟(如
〈天朝田畝制度〉)、思想。人民處於強權下,生命和財產皆無保障

---

[43] 《簡明軍律》五條是太平天國起事時所頒行,詳見:簡又文,《太平天國典
制通考(下)》(香港:簡氏猛進書屋,民國47年10月,初版),頁1282。

[44] 《太平條規》,載楊家駱主編,《太平天國文獻彙編》,冊1,前書,頁155-156。

[45] 《天父詩》,載楊家駱主編,《太平天國文獻彙編》,冊2,前書,頁439。

[46] 張德堅,〈賊情彙編〉,載楊家駱主編,《太平天國文獻彙編》,冊3,前書,
頁227-232。

[47] 以上太平天國官書收錄於《太平天國文獻彙編》第1、2冊中。《原道救世歌》、
《天情道理書》在第1冊,《行軍總要》、《千字詔》、《醒世文》在第2冊。

[48] 艾克頓(Acton)說:「權力傾向於腐化,而絕對的權力,絕對的腐化,偉
人經常是壞人」轉引自:G. Himmelfarb, "Acton, J. E. E. D" IESS, Vol.1, p.42.

而任由支配者予取予求。由太平天國的刑律中，[49]最足以看出其高
壓控制與極權統治的恐怖，有時「殺還是最溫和的方式」。[50]針對
太平天國的統治，有研究指出：

> 太平天國直是一個低級的迷信，絕對的暴力集團，神權、極
> 權、愚蠢的統治，只為滿足自己的無限慾望，絲毫不顧及大
> 眾的福利，所造成的是遍野白骨，滿地荊棘，喪失的生命最
> 少為二千萬至五千萬，以富庶稱著的長江下游各省，幾於無
> 地不焚，無戶不虜，死亡殆盡，倖存者亦均無人色，呻吟垂
> 斃，真是中國歷史上的浩劫慘劇。[51]

死亡枕藉，應與清軍強力鎮壓、冤冤相報有關，但上述這段話，實
亦形容此種政治權威與宗教狂熱結為一體、專斷獨行的政治型態—
極權政治實施的惡果。

（三）宮廷私生活的行徑

太平天國的國法、軍紀都十分嚴格苛刻，這在革命、作戰過程
中，為了維持軍紀和秩序，固有其必要性。但是洪秀全卻把這一套
嚴刑峻法，再加上慘無人道的酷刑惡法搬到宮廷裏來，以維持他個
人對后妃的家長制統治。這和他早年不遺餘力、宣傳鼓吹的自由平
等思想，真是大相逕庭。加上他性情固執、脾氣暴烈，根本不給他
人分辯機會。一如其所著《天父詩》第三百七十八首云：「只有媳錯

49　刑有兩種：枷杖與死刑（分斬首、五馬分屍及點天燈三種），一種比一種殘
　　酷。詳見：韋政通，前書，頁319-320。
50　佛洛姆（Erich Fromm）著，孟森祥譯，《人類破壞性之剖析（下）》（台北：
　　牧童出版社，民國64年），頁132。
51　郭廷以，〈太平天國的極權統治〉，載《大陸雜誌》，卷10，期2，民國44
　　年，頁31。

185

無爺錯，只有嬸錯無哥錯，只有人錯無天錯，只有臣錯無君錯。」[52]
《幼學詩》子道云：「子道刑于妻，順親分本宜。」[53]妻道云：「妻
道在三從，無違爾夫主。」[54]這種男尊女卑的倫理觀點，使他往往
為了一點小事，聽一面之詞，逞一時之氣，就用「靴頭擊踢」或加
「杖責」，即使對身有孕者亦不能免。[55]不僅如此，他常三天兩頭
給后妃們寫一些無關宏旨的詩歌，加以教訓、防範、斥責、處罰。
筆者認為此種行徑應似與其罹患躁鬱症第一型 Bipolar I 之「狂期」
相關，以致多頒誇大妄想之詔旨。若從《天父詩》[56]中內容看天王
私生活，概知洪秀全經常是擺起帝王的架子，板著尊者的面孔，遴
選眾多妃嬪來服侍他，表現了私心的專橫享受和思想的低落腐敗。
在《天父詩》中反映最為明顯的是天王的性情剛烈，脾氣暴躁，他
尚詭稱這種性格是由「天」而生，並詰論其后妃，千萬不要沖起他
的火來，火了起來要趕緊救，否則「延燒無了止」，連旁人也要遭
殃（第四百五十六詩）。如果有人冒犯，他的責罰極為嚴厲，甚至
十分殘酷，充分顯現其權威人格特質帶來的影響。

參、洪秀全的宗教陷溺

　　拜上帝教被認為是太平天國的思想中心，不僅因拜上帝教為其
國教，而是因革命運動的原始意識與組織完全是源於拜上帝教；其
運動的推動力與支配力，亦完全由拜上帝教而來；其全部理想、行

---

[52] 洪秀全，《天父詩》，載楊家駱主編，《太平天國文獻彙編》，冊2，前書，頁484。
[53] 洪秀全，《幼學詩》，載楊家駱主編，《太平天國文獻彙編》，冊1，前書，頁232。
[54] 同上，頁233。
[55] 《天父下凡詔書二》，載楊家駱主編，《太平天國文獻彙編》，冊1，前書，頁34、35、38、51。
[56] 洪秀全，《天父詩》，前書，頁433-499。

動、生活、制度、目的……在政治上、經濟上、法律上、各方面均
受拜上帝教的總原則所支配。[57]有學者形容太平天國的拜上帝教，
猶如吸石，把散沙似的群眾聚成一有力的統一體。[58]歷來中國無數
革命起義，大多與宗教迷信有關，如東漢末年黃巾之亂與太平道、
東晉孫恩、盧循之與天師道、元朝紅巾之與白蓮教、朱元璋之與明
教等。但能自始至終抱定宗教思想不變原則，從起事至建國，大概
只有太平天國了。唐德剛就認為「太平天國」是宗教名詞，並指出：
太平天國運動最大的致命傷，實是在他們（洪秀全等）一知半解，
卻十分自信，而萬般狂熱的宗教，興也由它敗也由它。[59]足見作為
開國之君又兼亡國之君的洪秀全，終究因長期沉溺於宗教迷信不能
自拔，致受東王愚弄，引發內訌，導致亡國。吾人現就其宗教陷溺
的形成、發展和影響，分別說明如下：

一、洪秀全宗教陷溺的形成及發展

　　論拜上帝教創始的淵源主要是洪秀全個人因落榜生病四十餘
日，病中神奇經驗（天啟異夢的神靈感應），使其使命感因夢見上
帝而益形強化。加上《勸世良言》一書的印證，使「彼自己確為上
帝所特派以拯救天下─即中國─使回到敬拜真神上帝之路者。」[60]
而皈依宗教，遂成為宗教狂熱者。

　　洪秀全所創的宗教，雖根源於基督教，但其內容並非與基督教
完全相同。不但在教義上因洪秀全的誤解，或有意曲解而有顯著差

57　簡又文，《太平天國典制通考（下）》（香港：簡氏猛進書屋，民國 47 年 7
　　月），頁 2040-2051。
58　施有忠，〈太平天國的基督教〉，載《幼獅月刊》，卷 41，期 3（民國 64 年
　　3 月），頁 13。
59　唐德剛，《晚清七十年》（台北：遠流出版社，民國 87 年），頁 30。
60　韓山文著，簡又文譯《太平天國起義記》，前書，頁 848。

異，而且在儀式上也差異懸殊。他將其昇天的神秘經驗與《勸世良言》中的經義結合，後來洪氏赴羅孝全處習聖經，羅孝全也屬基本教義派，對洪秀全有相當影響（前章第四節中有論述）。據簡又文的研究，洪秀全所取的是《舊約》中神威莫測、屢發義怒的上帝。[61]筆者認為洪秀全所信仰的上帝，其性格與洪氏實有近似之處，甚至可以說，洪秀全是將自己性格投射在他所信仰的上帝之中。依據宗教心理學觀點而言，當「宗教人」的智力還停留在滿足一個專制神的階段，隨之將易產生狂熱（Fanaticism）的現象和缺點。[62]這亦是洪秀全宗教陷溺的源頭之一。

　　傳教活動期間，當馮雲山在紫荊山招募信眾時，即與信徒遙奉洪秀全為首，此乃為洪氏自稱受命於上帝神旨的重大效果。其後「天弟」秀全立封諸王，亦相約「君臣」名分，便於統治。加上領導者刻意製造的政治神話，使群眾堅信不移，不但增進太平軍政權的合法性，亦強化洪秀全的宗教執著和沉溺。因而吾人於太平天國文獻中，隨處可見洪秀全迷信宗教的證據。[63]

---

[61] 簡又文，《太平天國典制通考（下）》，前書，頁1773-1778。
[62] 威廉·詹姆斯（William James）著，蔡怡佳、劉宏信譯，《宗教經驗之種種》（台北：立緒文化公司，民國90年，初版），頁415-416。
[63] 例如：
1、太平天國癸好三年或以前他批解《新舊約》時，已是「滿篇荒唐神話」。詳見：蕭一山，《太平天國叢書（上）》（台北：中華書局，民國45年12月），頁59。
2、頒佈詔旨，亦常語無倫次，如「麥基洗德實朕全」。詳見：太平天國辛酉十一年四月二十七日天王詔旨，載楊家駱主編，《太平天國文獻彙編》，冊2，前書，頁980。
3、「東天奏，天上有聲」（時東王已死五年）。詳見：太平天國辛酉十一年五月十六日天王詔旨，載楊家駱主編，《太平天國文獻彙編》，冊2，前書，頁685。
4、天王並為了「獨尊全敬上帝」竟下令「改太平天國為上帝天國，……玉璽內太平天國四字改上帝天國，凡天朝所封列頂中承爵銜，前刻太

太平軍定都天京後，天王洪秀全更是志得意滿，逸樂成性。以為握有南京，天下即垂手可得，全憑天父、天兄之庇蔭，不但不從宗教中自我覺醒，從事理性的政治建設與社會改革，而反一味地在宗教上著墨，加強其父子統治地位以鞏固政權。並試圖透過宗教儀式、科舉考試以及教育制度等方式，將其天啟經驗、宗教觀點，深入民心，使其成為人人熟知的神蹟，以及世世代代的共同記憶，以維持太平天國及天王的神聖性。

二、洪秀全宗教陷溺之影響

（一）深信神靈附體與救世主現世

道光廿七年（1874年）年底至道光三十年（1850年），即從馮雲山被捕至金田起事。這期間在紫荊山的拜上帝會中，因洪秀全感於拜上帝會群眾都來自兩廣，多數相信流行於潯州一帶的「降神僮」迷信（神藉著神媒之口，把神意傳達宣示給其信徒）。故當楊秀清與蕭朝貴分別以至尊的天父、天兄附體鎮懾各方時，洪秀全不僅判定其為真，尚據以認可楊、蕭的特殊身份。自此之後，「自洪秀全以下，各偽王偽官，皆長跪聽受」（《賊情彙編》，卷一）。神靈附體之巫術及迷信成份即滲入太平天國神權思想之中。而楊秀清取得天父代言權，隨即搖身一變，成為新的權力核心，却也埋下日後內訌之禍的種子。但同時也藉著天父、天兄傳言，傳達了天父之次子、耶穌之弟下凡作主的神諭，建立了他們以神權統治的至高地位。洪秀全則由宗教團體的教主，變而為奪取政權、建立人間理想國的救世主。而其秉承天命，帶領世人進行斬邪留正之使命、開創新局之

平天國九門御林十字冠首，通改上帝天國，天朝九門御林凡詔書各件有太平天醒四字通改上帝天國」。詳見：蕭一山，前書，頁59。

形象，正符合當時紫荊山區受壓抑群眾心理渴求新天地的企期，在救世主領導之下，此一浩大的反抗運動也顯示了千祈年（Millenarianism）的性質。[64]此一宣示凝聚、鼓舞了群眾的士氣亦強化洪秀全下凡作（救世）主的使命感。

（二）以神話迷信醜化滿清

洪秀全對滿清稱之為「妖」，所謂「妖」者、最初是專指偶像邪神而言，後來則滿人、官吏、官兵、鄉勇、團練，凡屬滿清各式人員，以及一切制度器物書籍皆在其列，同為全軍之敵，在所必除者。[65]因而在聲討滿清的檄文，他是運用了拜上帝教的宗教神話，去詆毀、醜化太平軍的敵人—滿清，這個神話的內容是：

> 予細查滿韃子之始末，其祖宗乃—白狐—赤狗交媾成精，遂產妖人，種類日滋，自相配合，無人倫風化。乘中國之無人，盜據中夏，妖座之設野狐升據；蛇窩之內沐猴而冠。我中國不能犁其窟而鋤其穴，反中其詭謀，受其凌辱，聽其嚇詐，甚至庸惡陋劣，貪圖繩頭，拜跪於狐群狗黨之中。[66]

這是醜化滿人又羞辱降清漢人的說法，接著轉而又提醒漢人要洞悉滿清統治中國的目的是想將漢人都變成「妖」，因為滿清本身就是蛇魔閻羅妖的化身；並巧妙結合其教義中所謂的「閻羅妖」是創世

---

[64] 關於太平天國運動具有千祈年性質，參閱：Eugene P. Boardman, Millenary Aspects of the Taiping Rebellion in S.L. Thrupp ed., *Millenial Dreams in Action* (Netherlands：Mouton & Co., 1962), pp.70-79.

[65] 簡又文，〈洪秀全載記〉載《清史》，冊 8（台北：國防研究院，民國 50 年 10 月，初版），頁 6131。

[66] 楊秀清等，〈奉天討胡檄〉，載楊家駱主編，《太平天國文獻彙編》，冊 1，前書，頁 162-163。

紀那條老蛇轉化而來，所有在地上所為人崇拜的木偶神像都是供它使喚的妖魔鬼卒；此魔即是上帝的仇敵、太平天國的仇敵，也是全中國甚至全人類的公敵，在〈奉天誅妖救世安民論〉中，除同樣強調滿人率人類變妖類，天所不容外，很重要的是強調天王此次的斬妖救世，是上帝對人類的第四次大怒後的救世行動。[67]

由以上論述，充分顯露洪秀全對宗教信仰的偏執和成見，也使一些具有民族自尊心或反對宗教迷信的民眾難以接受。

（三）將政權的維繫訴諸於上帝的權能

洪秀全誤信太平軍屢次能脫離險境大敗清軍，皆為上帝神蹟之顯現，一次又一次的「增強作用」遂愈發深信神蹟為真、信仰神權至上，以至於陷溺日深。即至天京內訌，太平天國元氣大傷，仍只知仰賴上帝。而此時的他不思調整統治機構，強化民眾的凝聚力，反而是關心「洪家天下」的延續，「爺哥帶朕幼作主」之類詞句屢屢出現，刻意強調天父天兄與天王幼主的神聖傳承關係。顯見此時的洪秀全希望家天下局面「世世靡既」。[68]將政權的維繫訴諸於上帝的權能，對軍政亦少直接處理，對屬下將相又不夠信任，乃愈退縮至其自構的宗教王國中。[69]

---

[67] 第一次大怒，皇上帝連降四十日四十夜大雨，洪水橫流矣。第二次大怒，皇上帝降凡，救以色列出麥西國矣。第三次大怒，皇上帝遣救世主耶穌降生猶大國替世人贖罪受苦，此次皇上帝遣天使接天王昇天命誅妖，復差天王作主救人。詳見：楊秀清等，〈奉天誅妖救世安民論〉，載楊家駱主編，《太平天國文獻彙編》，冊 1，前書，頁 159。

[68] 洪仁玕，《干王洪寶製》，載楊家駱主編，《太平天國文獻彙編》，冊 2，前書，頁 667。

[69] 陳華，〈論洪秀全的歷史意識暨其與宗教信仰及現實考量的關係〉，載《清華學報》，清華大學歷史研究所，民國 85 年 3 月，頁 118。

　　忠王李秀成在供狀裏即嘆道：「天王自失東北二王之後，不知謀慮，不問政事，一味只知靠天。……其他一事不管，後來人心也亂了，……直至殉國，只守此心，信道可謂極篤，然國破家亡皆此之由也。」[70]此現象與其罹患之躁鬱症鬱期中「在情感方面憂傷、悲觀、自卑、冷漠，對任何事情都不感興趣，孤獨寂寞、意志消沉。在行為方面，活動慾望降低、避開他人、缺乏生氣、昏睡，有反覆的自殺傾向」[71]的情形相近。而秀全始終以「朕奉上帝聖旨，天兄耶穌旨，下凡作天下萬國獨一真主，何懼之有」[72]的幻想，在嚴重危急的局勢下，儼然成為一個弱者。弱者總是夢想依靠奇蹟，求得解脫，以為只要能在自己的想像中，驅除了敵人，就算打敗了敵人。而洪秀全只有在自我迷矇中，信靠他的「天父」和「天兄」，當天京陷入重圍，兵力不足，他不但不思做出突圍部署（如永安突圍），反而揚言「朕之天兵多過於水」，不須懼怕！糧食不足，他卻說：「合城俱食甜露，可以養生。」[73]他從 1862 年起，下令屬下模仿以色

---

[70] 李秀成，〈李秀成自述〉，載太平天國歷史博物館編，《太平天國文書彙編》（北京：中華書局，1979），頁 532。由於此〈自述〉係依原件影本以鉛字排列，原件湘鄉曾八本堂藏本已於 1962 年交由台灣世界書局影影印出版，即《李秀成親手供手跡》。此外，〈李秀成自述〉亦收錄於楊家駱主編，《太平天國文獻彙編》，冊 2，前書，頁 826。

[71] 游恆山譯，K. T. Strongman 著，《情緒心理學》（*The Psychology of Emotion*）（台北：五南圖書出版公司，民國 85 年 9 月，初版 2 刷），頁 323。

[72] 李秀成，〈李秀成自述〉，前文，頁 827。

[73] 同上，頁 826。所謂「甜露」可以養生，來源於《舊約》之〈出埃及記第十六章〉中的一個神話故事。洪秀全曾把這個神話故事編進《三字經》：皇上帝，大權能，以色列，盡保全，行至野，食無糧，皇上帝，諭莫慌，降甜露，人一升，甜如蜜，保其民。詳見：洪秀全，《三字經》，載楊家駱主編，《太平天國文獻彙編》，冊 1，前書，頁 225。根據《聖經》的描寫：「甜露」是上帝降下的露，小小的、圓圓的、味道是甜的。以色列人稱之為「嗎哪」，樣子像芫荽子，如同摻了蜜的薄餅。詳見：香港聖經公會編，《聖經》（香港：聖經公會，1999）頁 104-105。

列子民每年存放十蒲式耳的嗎哪以佑其渡過難關。沒人知道該怎麼
遵旨，李秀成說：「我天王在其宮中闢地自尋，將百草之類，製作
一團，送出宮來，要闔朝依行毋違，降詔飭眾遵行，各而備食。」[74]
由於洪秀全戰略決策的錯誤，造成困守天京的局面。一籌莫展的
他，只知一味靠天，以為天兵可以抵擋湘軍，神話可以填飽肚皮，
現實中的困難，卻在神蹟中求解救，足見此時其宗教觀實居主導、
支配的地位，使他喪失理性，不僅偏離現實、不切實際，亦凸顯其
宗教陷溺至深，直至太平天國覆亡為止。

第二節　洪秀全的政治態度

　　前已述及，態度就是：「對某種對象做一價值判斷，而由此價
值判斷所產生的行為傾向。」而依心理學的觀點，一般將態度劃分
為：一、認知性成分（cognitive component）；二、情感性成分（affective
component）；三、行為性成分（behavior component）三因素。根
據此，我們可將政治態度界定為：「對政治事件或政治行為做一價
值判斷，而由此判斷所產生政治的或政治相關的行為傾向」。而學
者近來對政治態度的研究則著重於個人對政治系統的關係，其中則
以對政治系統支持的傾向為核心。因任何政治系統的維持，有賴系
統對它的信仰與支持。伊士頓（David Easton）即指出支持的對象
有三類：一、政制（regime）；二、政治社群（political community）；
三、權威當局（authorities）。政治支持的態度包括：一、外顯的支
持（overt support），即支持性的行為；二、內隱的支持（covert

---

[74] 李秀成，〈李秀成自述〉，前文，頁 826。

support），即支持性的態度或情感。[75]下面試依伊士頓所提出的政治態度分析架構來觀察洪秀全政治態度的內涵。

壹、對政治體制的態度

政治體制是指規範政治互動的典章制度，由於洪、楊起事建天國，不僅以宗教天神思想相號召，而且依此思想以建立制度執行政事。因洪秀全具有天子思想，自稱是奉天父（上帝）、天兄（耶穌）之開恩而下凡御世，又是上帝的次子、耶穌基督的幼弟，受天父之命而稱天王，遂自命為全國元首，其政治理論是奉天以治人。辛開三月十四日天主傳上帝之命，有曰：「天父曰，我差爾主下凡作天王。他出一言是天命，爾等要遵。爾等要真心扶主顧主，不得大膽放肆，不得怠慢也。若不扶主顧主，一個個難逃命。」[76]這頗類似中國古代依天意以為治的天命思想和歐洲中古時期政教合一的神權政治。現就洪秀全以天治神權政體的觀點為依據，實踐其治國（統治）原則兩方面來了解其對政治體制的態度。

一、天治神權政體的觀點

太平天國以宗教立國，就理論言，乃一神權政體，其政治思想之根本觀念為神權至上。所謂神權至上，可從兩方面加以說明：第一、所有的人，包括天王、文武百官及全體人民皆須虔誠的信仰及崇拜上帝。既然一切人類都是上帝子女，在宗教的觀點上便是人人

---

[75] David Easton, *A Systems Analysis of Political Life* (New York: John Wiley & Sons Inc., 1976), pp.156-161.

[76] 羅邕、沈祖基編，《太平天國詩文鈔》，載《太平軍史料》，冊 9，（台北：台聯國風社，民國 62 年），頁 1。

平等，則奉事帝乃是人人的義務與權利，就是天王也不能例外，這和中國所謂禮教是不同的。中國傳統思想，只有天子方可敬事天地，臣子皆不得參與。而太平天國的君、臣、人民皆可直接敬拜上帝。[77]《天條書》曰：「今有被魔迷蒙心腸者勸說君長方拜得皇上帝。皇上帝，天下凡間大共之父也。君長是其能子，善正是其肖子，庶民是其愚子，強暴是其頑子。如謂君長方拜得皇上帝，且問家中父母，難道單是長子方孝順得父母乎？」可見洪秀全的宗教思想無異是人類平等的宣言，一反中國專制時代的等級體制和尊卑精神。故在《太平天詔書》的《原道救世歌》中亦曰：「開闢真神惟上帝，無分貴賤拜宜虔。天父上帝人人共，天下一家自古傳。盤古以下至三代，君民一體敬皇天」。第二、洪、楊承認上帝的管治權力，不僅限於全體臣民，即天王本人亦受上帝的監督與管制，所以領導階層每託天父下降以博取臣民的信從。《天父下凡詔書》即是其正式的官方文書紀錄。例如辛開元年十月二十九日楊秀清等託言天父下凡，命逮捕謀叛的周錫能之命令，就是假天命以震懾臣民的事例。又如癸好三年新刊之天父下凡書記楊秀清託天父降命以譴責天王之事，足証天王亦受制於天父皇上帝。情形大略是：「東王乘金輿至天王宮，天父忽再下凡，女官啟奏，天王步出迎接。天父怒曰，秀全，爾有過錯，爾知麼。天王下跪，同北王及朝臣一齊對曰，小子知錯，求天父開恩赦宥。天父大聲曰，爾知有錯，即杖四十。眾官哭求代受。天父不許，乃令責天王。天王仍俯伏受杖。天父以其遵旨免其杖責。」[78]天王為國家元首，尚不敢不遵天父皇上帝意旨受責杖。由此觀之，神權政體之精神已充分表露無疑。姑不論實質

[77] 張金鑑，《中國政治思想史》（台北：三民書局，民國 78 年，初版），頁 1900。
[78] 《天父下凡詔書二》，載楊家駱主編，《太平天國文獻彙編》，冊 1，前書，頁 30-31。

上有無訛詐、套招等存在，就形式而言，洪秀全已將神權主義意識型態奉為太平天國最高準繩的認知，進而影響其統治型態。

二、積極實踐神權治國

洪秀全在實踐神權治國原則方面，可謂不遺餘力，非常積極投入，範圍尚及於宗教、民族、經濟、文化、社會等各層面。就政治層面言，太平天國所欲建立的國家不同於一般世俗化或半神權的君主專制政體，而是一種極端奉行宗教教條、徹底施行神權統治的國家。如天國稱謂以「太平『天國』」為名；政治地位與角色的區分，受「神聖」觀念的影響，大抵上與上帝之神聖性關係愈密切、親近者，其位愈高，其權愈大；所有律令規章，多用「天條」、「天法」、「天令」、「天誡」之名行之，以顯示其法令具高度尊嚴。根據「凡物皆為天父所有」論點，在經濟上採「聖庫制度」與「田畝制度」以達成其政治、軍事控制的目的。此外，歷代君主，由於未行敬拜皇上帝的神權統治，所以一律被侮為「君狂」，[79] 被貶為侯。[80]「凡一切制度考文，無不革故鼎新」，[81] 諸如：正朔改依「天曆」，官爵名稱改為天義、天安、天福、天燕、天豫、天侯，「自天王以至某天侯，皆冠以天字」[82]等。此種對神權觀點的服膺、狂熱和執著的認知，也反映在積極建立政教合一（教權優先）的帝國的政治態度上。筆者認為，此固與其個人所學、所知有限和所遭遇的挫折有關，但也頗符合、印證前節所論述其宗教陷溺和權威人格的人格特質。

---

79 北京圖書館攝製柏林藏初刻本校注，《天條書》云：「君狂方拜得皇上帝」，載楊家駱主編，《太平天國文獻彙編》，冊1，前書，頁81。
80 同上。又洪仁玕，〈欽定英傑歸真〉云：「吾主貶之為侯」，載楊家駱主編，《太平天國文獻彙編》，冊2，前書，頁572。
81 洪仁玕，〈欽定英傑歸真〉，前文，頁587。
82 同上，頁575。

貳、對政治社群

所謂政治社群一般是指依政治分工集合而成的人群組織。本文則配合時空環境因素,調整指涉範圍,以當時對政治有影響的人群組織為標的,用以探討洪秀全對民族、會黨、團練的政治態度。

一、對民族的政治態度

在探討洪秀全對民族的政治態度時,須先說明本文是以歷史觀(或稱時代觀)的角度觀之。換言之,此處所指民族思想的本質是顛覆以異族亡我中國、奴我漢族之滿清,而恢復我國我族之自由獨立。就史實而論,太平天國革命是含多種性質(政治、社會、經濟、宗教等),如簡又文認為:太平革命之性質,非單純的民族革命,而兼為宗教革命與政治革命。[83]彭澤益則認為太平天國的目的是在:爭取漢民族的解放,和在政治經濟各方面平等。[84]足見民族革命確為其革命性質之一。吾人若進一步從洪秀全的著述中可看出,其一生抱持的民族思想卻遠不如其對宗教的熱誠,但就其早年革命思想的醞釀而言,民族思想的刺激卻有著密切關係,如洪仁玕提及革命前在故鄉與洪秀全談心,洪秀全仇滿的民族情緒表達無遺(第二章第三節有論述)。後因宗教潛移默化的影響,淡化了原本純淨的民族思想。孫廣德亦認為太平天國因避耶和華之會,將中華的華改為「花」,足證其宗教意識高於民族意識。[85]

---

[83] 簡又文,《太平天國全史(上)》(香港:簡氏猛進書屋,1962年,初版),頁31。

[84] 彭澤益,《太平天國革命思潮》(上海:商務印書館,民國35年,初版),頁87。

[85] 孫廣德,前書,頁936。

　　洪秀全積極倡導、建立的是「太平天国」。這個名稱，從中國歷史、歷代王朝來看，相當特殊。其意義是：「天国是總天上地下而言，天上有天国，地下有天国，天上地下同是神父天国，勿誤認單指天上天国。故天只預詔云：『天国邇來』。蓋天国來在凡間，今日天兄下凡，創開天国是也。」[86]強調的是「天下大家處處平均」、「人人平等」。事實上太平天國的革命，某種程度上是受了西方思想的傳入，特別是基督教教義的影響。但它有濃厚的中國社會祕密會黨的色彩（天地會的暗號、奮鬥目標、祖師的家鄉、機關的稱號等多曰：太平），儒家（公羊學派）「太平世」觀念和中國歷史傳統的平民氣息（中國平民起義多以順應天心相號召）；亦有秦漢以來的帝王專制、天子牧民的思想和作風，以上這些特性，從「太平天国」的命名上，可得到證明。[87]值得一提的是，太平天國的「国」字，它一反平常，將國字改為「国」字。[88]洪秀全改「國」為「国」，是表示這個「天国」之內，有一位「天『王』」。（可見他有稱王道帝的想法）這和「羊群裡的羊是一律平等的，但必須有個牧者，來

---

[86] 此乃洪秀全對馬太福音第四章「天國近矣」之注釋，因太平天國是在道光三十年（西元 1851 年）定名，而《新遺詔聖書》，則是在它的 2 年之後新刻，也就在此時附加上註解。這是洪秀全以舊事附會新知，且利用上帝——天父、天兄來自圓其說，從而也可以助長他的聲勢。把一切神秘而不可知、難以說，和一切至尊至上的事、理、意、象，都探本溯源而歸之於上天，這是中國的平民傳統和西方的宗教思想共同的基點，中國人且將「天上」「人間」化，將神人格人，洪秀全因利乘便，而加以利用，所謂「天上有天國」，「地下（也）有天國」，「天兄」有天上的天國，天弟就有地下的天國，這在當時以及他本身的思想而言，是有利而無害之舉，遂有對《聖經》的這一種註解。詳見：李振宗，《太平天國的興亡》（台北：正中書局，民國 88 年 11 月，初版 2 刷），頁 82。

[87] 同上，頁 45-54。

[88] 太平天國將「國」字改為「国」字，其所頒行之一切文件中均書「太平天国」。本文僅在此節用「国」字，以存其真，其餘均仍用「國」字。

管理這群羊」的道理相同。在「王」之下，「人」皆平等；在「人」之內，唯「王」獨尊。而這個「王」就是「我」的代表，換言之，就是「唯我獨尊」。[89]他為了避諱「上主皇上帝」之「皇」與「帝」，而不便自稱「皇帝」，正如他在建號封王時，頒發的詔書中表示：天父上主皇上帝而外，皆不得僭稱上、僭稱帝也。[90]於是退而求其次，用一個名異而實同的「天王」之號以自導，這也充分表露其私慾和政治野心，但證諸其後來言行，卻多有違背。[91]

洪秀全把其宗教的世界觀應用在民族思想上，提出：「上帝劃分世上各國，以洋海為界，猶如父親分家產於兒輩，各人當尊重父親之遺囑而各自保管其所得之產業。奈何滿州人以暴力入侵中國而強奪其兄弟之產耶？」[92]原本種族仇恨因而轉化為兄弟奪產之爭。由此觀之，其民族思想已與其宗教思想、甚至道德思想混合而為一了。其實他這種民族主義非只為一國一族，他認為世界各國疆界的劃分，是出於上帝的安排，滿清未獲上帝的許可，強佔中國領土，是違反上帝的意旨，故所有的漢民族應把滿族逐出去，而後世界各國才能各保上帝所劃分的領域，互相交誼，同拜上帝。這種超民族思想，已改變了其原本民族思想的內涵，是洪秀全融合西洋基督教和中國儒家的大同思想所產生的觀點。[93]

在傳教活動、號召群眾來歸、對敵作戰期間，洪秀全深深體會，最有效的宣傳工具還是民族思想，故因應客觀形勢的需要，在有關聲討滿清的相關文件中，洪秀全採取站在民族立場聲討滿清，運用

[89]　李振宗，前書，頁55。
[90]　《原道醒世訓》，載楊家駱主編，《太平天國文獻彙編》，冊1，前書，頁91-92。
[91]　李振宗，前書，頁55。
[92]　韓山文著，簡又文譯，《太平天國起義記》，前書，頁854。
[93]　王榮川，前書，頁50。

手段計有：（一）、從歷史上挑起滿、漢之間的仇恨；（二）、指出滿清破壞漢人制度倫常；（三）、揭發滿清對漢人在政治與經濟上迫害。[94]惟因洪秀全對宗教信仰的狂熱和偏執，堅持摻入大量傳教觀點和字句，因而削減民族主義的號召力，也使一些具民族自尊心的群眾難以接受。由此觀之，洪秀全的革命思想並未以民族思想為中心，而只在宣傳時偶爾為之。其真正的理想、心中的大願是把想像中的「天國」，在地面上如法泡製，建立一個沒有侵略與壓迫的「天下一家，共享太平」的「太平天國」。

二、對會黨的政治態度

在滿清政府統治下，會黨是祕密社會組織，主要的有康熙年間的天地會（又名三合會或三點會，會中人自稱洪門）、雍正年間的哥老會。這些祕密會社，一般都以「反清復明」或「興漢滅胡」為宗旨，是各階層反異族統治的志士所結成的同盟，但其基本群眾都為下層社會的勞苦人民，特別是破產的農民和失業的手工業工人，就分佈情形言，在南方和西南，以天地會與哥老會勢力最為雄厚。[95]洪秀全是廣東人，而兩廣一向是天地會（三合會）活躍的地區。洪秀全早年曾受祕密會黨之影響與前明遺老之民族思想之薰陶（第二章第一節有論述）。洪秀全尚對會黨提出其觀點並批評：「我雖未嘗加入三合會，但常聞其宗旨在『反清復明』，……我們可以仍說反清，但不可再說復明了。」[96]由此可見，他贊成其「反清」主張，因這點正與太平軍目標一致，但不主張「復明」，而是另建其宗教的理想國度─「太平天國」。此外洪秀全對天地會成員行為，不表

94　同上，頁 126-129。
95　李振宗，前書，頁 17。
96　韓山文著，簡又文譯，《太平天國起義記》，前書，頁 872。

認同，多有責難，他對此曾發表議論：「況且三合會又有數種惡習，為我所憎惡者。例如：新入會者必須拜魔鬼邪神及發三十六誓，又以刀加其頸而迫其獻財為會用。彼等原有之真宗旨，今已變為下流卑污無價值的了。」[97]故在金田起義時，三合會首領八人，率部參加，洪秀全則採「條件式的允許」：同拜上帝及遵守會規（天條）。其中七人因會規太嚴而退出，獨羅大綱一人改奉上帝教，與其所部會黨加入（日後受倚重，升為太平軍之將領）。洪秀全在〈奉天誅妖救世安民諭〉（原刻文）中有針對會黨的宣傳：「況查爾們壯丁，多是三合會黨，盍思洪門歃血，實為同心同力以滅清，未聞結義拜義結盟，而反北面於仇敵者也」。規勸會黨勿助「清」為虐。太平軍初起時，人數不過二萬，惟自金田起義至南京奠都，歷時二年餘，太平軍所至，清軍多望風逃散，各地會黨的響應為主要原因。[98]《清史》亦記載：「及突圍出桂入湘，一時湘省義民、會黨與土匪紛紛入伍」。由此得知，太平天國起義時曾一度與天地會聯合，收納其會員並得其襄助。天地會與太平軍各有長短，和則雙美，可是他們雖曾合作，無非基於一時的策略彼此利用而已。洪楊起義初期，會黨確為太平軍盡力，各地會黨遂趁機而起，大為活躍。無奈彼此理念不同，終致貌合神離。[99]由此可見，洪秀全認同其「反清」之理念並考量革命情勢的需要，未曾拒絕會黨人士的加入，但亦要求投效者改變舊習、遵從真道（拜上帝）、遵守會規。其對宗教信仰的執著，將宗教考量置於政治考量之上，又再次得到印證。

---

[97] 同上，頁 873。

[98] 莊吉發，〈太平天國起事前的天地會〉，載《食貨月刊》，卷 8，期 12（民國 66 年 3 月 15 日），頁 580。

[99] 莊政，〈洪門會黨與太平天國的反清運動〉，載《東方雜誌》，卷 12，期 4（民國 67 年 10 月），頁 46。

三、對團練的政治態度

　　團練原係一種民間自組自訓的地方武力，目的在保衛本鄉，防止土匪入侵，清廷鑑於川楚白教之役，因用團練奏效，故再三下諭籌辦團練，期能配合正規軍牽制、掃蕩太平軍。當時人士徐日襄對團練的觀察指出：「軍裝不備，器械不齊，技藝不習，部伍不整，號令不聽，統領者又不操生殺之權，不嚴約束之條，故未遇賊已惴惴焉不敢前；倘遇敵陣，前列者未見勝負，而後者已紛紛遠遁，是鄉團雖有數十萬，不足恃也。」[100]洪秀全雖知團練的素質、訓練、裝備，尤其是鬥志雖不是太平軍的對手，但對太平軍的軍事推展仍具牽制力量。故排除以往（金田起義前）的對立、鬥爭（第二章第三節有論述）態度，改以「拉攏」、展開「爭取」的方式，以木本水源的同根情感和激發同仇敵愾之意識為訴求重點，展開勸諭：

　　嗟爾團勇，不知木本水源，情願足上首下，瞞高天之大德，反顏事讎，受蛇魔之迷纏，忘恩背主，不思已為中國之善士，本屬天朝之良民，竟輕舉其足於亡滅之路，而不知愛惜也耶？況爾四民人等原是中國人民，須知天生真主，亟宜同心同力以滅妖，熟料良心盡泯，而反北面於讎敵者也！[101]

　　以上是針對一般團勇。學者指出：說服之訊息分為兩種，一種是強調使之屈服者（yielding to presuasive attempt）；另一種是強調注意與了解者（attend to and comprehension），對前者，智慧高者比智慧低者較不受影響；對後者，則智慧高者比智慧低者較易受影響。[102]

---

[100] 徐日襄，〈庚申江陰東南常熟西北鄉日記〉，載楊家駱主編，《太平天國文獻彙編》，冊 5，前書，頁 436。

[101] 〈奉天討胡檄〉，載楊家駱主編，《太平天國文獻彙編》，冊 1，前書，頁 160。

[102] W.J. Mc Gruires, "Personality and suscepliblity to social influence," in G. Lindzey & E. Aronson, eds., *The Handbook of Personality Theory and*

以此觀之，洪秀全頗能把握其中要領。以下則是對團勇領導人的勸諭，態度上傾向軟硬兼施的說服：

> 急散團練，速即投誠，以保身家事。……獨不思團練可以保家，團練即所以敗家。貪圖七品之軍功，拋棄億萬人之性命，可憐父子離散，劬勞之恩難報；尤其夫妻拋棄，魚水之情即時休。……仰爾各鄉員士庶人等一體知悉：務宜急散團練，痛改前非，勿以當妖為榮，勿以團練為事，照依舊規，請令設局，投誠捐糧，納貢輸餉，安樂如常，貿易相依。有智勇過人之輩投營立功，共圖大業，封妻蔭子，可謂棄暗投明之豪傑；其餘百姓歸家樂業，各安本分，春祈秋報，以保身家，永享昇平之真福。[103]

從以上論述中，吾人可以清楚的看出洪秀全在規勸會黨、團練勿為滿清利用，應即時起義來歸時，仍不忘其傳教的任務。這種基於救世幻想鼓舞下的宗教運動，對社會上多數心理上無所歸屬的群眾，正可以提供一個「安全的庇護所」。這同時可說明，洪秀全在起事前後，能在極短的期間，順利地將四方（包括上述的會黨、團練）蜂湧而至的群眾納入預先設計好之軍事組織。

參、對政治權威的態度

所謂政治權威（authorities）通常是指當局實際負責政策制定或執行的人，[104]亦即當權之政治人物或權威當局。在政治體系中的

Research (Chicago: University of Chicago Press, 1968), pp. 1130-1187.

[103] 林彩新，〈林彩新勸諭〉，載楊家駱主編，《太平天國文獻彙編》，冊 2，前書，頁 753-754。

[104] David Easton, *A System Analysis of Political Life,* (New York : John Wiley &

成員對政治權威當局態度的內涵，則包括信任政治當權人物以及接受權威當局的決策與價值的分配。洪秀全基於民族思想，對滿人的政治態度頗為對立和仇視，自然亦對滿清政府不具有任何的信任。但最後步上革命一途，在政治態度上的轉換，似乎應從其社會化過程和人格特質進行了解。

　　洪秀全自幼即以「志在功名」的「期望價值」（expectation value）為目標，但經度落榜挫折，無法進入中國傳統文人士紳的官僚體系，不僅無法滿足其「揚名聲、顯父母」的宿願，亦對滿清政治權威的政治態度轉為不滿和疏離，甚至嚴屬批判整個政治結構與制度，曾憤言：「等我自己來開科取天下士罷！」、「非如此大行其道，殆無以雪多年的積憤也」。[105]簡又文基於這一點而認為這是太平天國革命運動的濫觴[106]（第三章第三節有論述）。此外，盧瑞鍾依其修正芬尼特（Ada W. Finifter）兩種政治疏離感[107]與政治行為關聯表，[108]分析太平天國革命前夕的社會，人們四種不同型態的政治態度後的觀點指出：洪秀全、洪大全之輩屬於第四種類型的政治態度（即高度無權力感、高度無規範感），其特點是權力慾望未能滿足，又憤慨政治與社會不公平無正義者，此輩人士對舊政府採完全疏離態度，為革命運動與分離主義之隊伍。[109]凡此均充份說明了洪秀全

Sons Inc. 1976), pp.212-213.

[105] 簡又文，《太平天國廣西首義史》（上海：商務印書館，民 35 年 6 月，初版），頁 86。

[106] 同上。

[107] 疏離感的意義和內容，固然人言人殊，不過大抵不外包括無權力感、無規範感、無意義感與孤立感等不同層面。詳見：M. Seeman , "On the Meaning of Alienation," *American Sociological Review,* Vol.24, (1959), p.783.

[108] 盧瑞鍾，《太平天國神權思想》，前書，頁 53-54。

[109] 同上，頁 54-55。

的「心路歷程」，在其「成就動機」遭遇挫折後，導致主觀態度上有所轉變。

　　洪秀全雖然對政治權威具疏離感，但在宗教領域中找到了自我，透過《勸世良言》一書的啟發，皈依了他自己所想像的基督教，成為宗教狂熱者。其後之成為太平天國革命的領袖，當然不是「神」的意志實現，而是他個人的「覺悟」和發展。簡又文說：「秀全常誇讚基督教之教理，且曰：過於忍耐或謙卑，殊不適用於今時，蓋將無以管鎮邪惡之世也。」[110]充份顯示他對基督教的批判，也透過自己的「解讀」，而把西方的「上帝」改造成為「革命」的上帝，把宗教狂熱與政治革命合而為一，期能建立其心目中的「天國」，終於走上革命之途。[111]其間轉折的潛在動力，實源於原先的挫折感（追求個人功名不成）、急切功名的個性和宗教陷溺的人格特質。

　　洪秀全反清革命的決心，是確立在 1847 年以後，[112]在整個反清革命運動過程中，他採取的是最激烈的反抗態度，配合其一神教不容忍的破壞行動，毫不妥協。具體而言有二，一方面展開對偶像的摧毀，此一象徵對政治權威者的打倒，肇因於洪秀全「認為滿清統治者是以無數的偶像牢籠人心，使人民永受愚弄。故破壞偶像等於破除人民對統治權威的信仰。」[113]他以教主的身份率領忠誠的信徒，激烈的對各處的偶像展開破壞、搗毀行動，最著名的一次是象

[110] 韓山文著，簡又文譯，《太平天國起義記》，前書，頁 864。
[111] 政治心理學者指出：涉及中心信仰的政治態度，不會受環境影響且是長期主導的。詳見：石之瑜，《政治心理學》（台北：五南圖書出版公司，民國 88 年，初版），頁 75。
[112] 李振宗，《太平天國的興亡》，前書，頁 406。
[113] 王榮川，〈太平天國拜上帝教的形成及其影響〉，載《復興崗學報》，期 16，台北：政戰學校，民國 66 年 6 月，頁 262。

州極著名的甘王爺廟。[114]此一事件的影響，使其宗教目的超越信仰
層次，依附群眾急驟增多，不僅洪氏個人聲威大振，並將面向、層
次、規模等逐漸提昇。當拜上帝會由宗教團體蛻變成為太平天國武
裝革命團體後，破壞偶像成了有計畫的革命行動，演變至後期則成
為軍事行動。另一方面，洪秀全掌握群眾排滿、仇滿的情緒（基於
民族思想、三元里事件、土來械鬥等因素），配合運用其宗教神話
在聲討滿清的檄文中（共計三篇，一為〈奉天誅妖救世安民諭〉；
二為〈奉天討胡檄布四方諭〉；三為〈救一切天生天養凡屬天父上
主皇上帝子孫諭〉。內容重點為痛斥滿清的黑暗統治），指出滿清這
個「魔鬼」，就是「蛇魔紅眼睛的閻羅妖」，是〈創世紀〉中的那條
老蛇轉化而成，以神話迷信醜化滿清（上一節有論述），故滿清不
但是上帝的仇敵、太平天國的仇敵，也是全中國，甚至全人類的公
敵。相對的，在戰爭進行中，加諸滿清軍民的燒殺擄掠，就一律被
美化成「替天行道」、「斬邪留正」、「弔民伐罪」等義行，使其傾覆
滿清權威當局的行動取得合理化的藉口。

---

[114] 韓山文著，簡又文譯，《太平天國起義記》，前書，頁 859-860。

第五章　洪秀全調和人我關係的方式

　　格林斯坦認為基本的人格結構有三：一是認知與需要；二是人我關係的調和；三是自我防衛。在前（第四）章已就洪秀全政治人格的基本人格特質與政治態度等加以分析，本章擬再就洪秀全調和人我關係的方式，特別針對其人格發揮時期對外界社會環境及內在願望知覺的交互運作，作一分析。

　　格林斯坦研究如何調和人際關係問題，乃將重點置於「引起人際關係傾向的需求和過程，其中包含認同、忠誠、以及對同志與對手的反應等等。」[1]換言之，也就是著重在認同、忠誠、對贊成者與反對者的反應等傾向的內容以及形成歷程。因人類生存在各種社會情境中，必然接觸到各種團體生活，如家庭、學校、遊伴團體、工作團體、軍旅團體等等，也因而產生各種的人我關係。人在形成其人格時，常常要在這些人我關係中適應並調和，甚至受其影響。有句話說：「人在江湖，身不由己」。意即是指不得不要調和人我關係，在調和之人我關係下，才易生存發展。至於如何調節，則視該個體人格上的基本功能傾向而定，其中不僅包含認同、忠誠、對贊成者與反對者的反應等項，且這四個項目之間又彼此重疊，因此本章不擬採取格林斯坦的說明為細部的架構。而改以洪秀全本人接觸的環境為依歸，而討論上述的四個項目。我們雖並不認定此四項就已將洪秀全的人際行為涵蓋已盡，而且這四項本身也並非沒有重疊

---

[1]　F. I. Greenstein, "Personality and Politics" , in *Handbook of Political Science*, eds. F. I. Greenstein and Nelson W. Polsby, (Reading, Mass: Addison-wesley, 1975), Vol. II, pp.9-10.

交集之處。但身為一個政治人，一對家人；二對同志；三對對手等等的處理方式如何？應為研究洪秀全這位政治人的學者所應探究的。現就按此三項，分別說明如下：

第一節　與家庭的關係

家庭是一種社會團體，它是屬於初級團體（或稱為直接團體 primary group），是一個人最初參與的團體。參與者彼此間的關係最為密切，人數也比較少，對人性和人格的發展影響最大。它最低限度的功能，就是可在情感需求方面給予滿足和控制；尤其在中國傳統社會中，它更是扮演著重要的角色。然而十分遺憾的是，洪秀全一生從事傳道、起義、建國（太平天國），雖然著述甚多，但卻鮮少論及家庭親友的私事。反倒是其自稱是「上帝次子」一事，令人側目。故吾人從相關事件、文獻中，細心謹慎地發掘與探討他與「兩個」家庭的關係。茲就從洪秀全對父兄、妻兒、神靈家族三方面分別說明如下：

壹、對於父兄

洪秀全自幼即得父親鏡揚先生的疼愛，不若兩位兄長仁發、仁達因家貧失學，而得以入學受教。在老父、師長期許下，他發憤努力，並自負才學、全心投入科舉，可說是對其父期望的一種實際回饋作為。他在三度落榜患重病，自以為死日將至，於是：

召其父母及家人等至病榻前，而告之曰：『我的日子短了，我命不久了。父母啊！我不能報答大恩，不能一舉成名，以顯揚父母了』。……言畢即閉目……不能自主。[2]

顯示洪秀全對不能成就功名，以光宗耀祖，達成父親心願，深感慚愧和遺憾。

　　洪秀全離鄉傳道前曾「叮囑仁玕細心研究新教道，並宣傳于其家人及族人。秀全之父母兄嫂及姪輩未幾果悉心皈服，不事偶像，旋均受洗禮。」[3]由此可見，洪秀全有著常以己見影響他人的行為傾向，何況「拜上帝」乃是其堅信不移的宗教信念。1849年年節過後，洪秀全返家，得知老父病逝，享年七十三歲，死前告誡其子女：「我如今上昇天堂；我死去勿請僧人，勿行俗禮，但只拜上帝與祈禱上帝便得了。」[4]此時的洪秀全早已蓄髮留鬚，他人問其何以故，則答因「預知」其父死期之故（中國人守孝時不薙鬚髮）。[5]此一事件反映出兩個重點：一為洪鏡揚先生洗禮（受其愛子的影響）後亦篤信「拜上帝教」，故安排身後事時，一反中國傳統中有關辦理喪事的習俗和規矩。[6]二為洪秀全有「預知」的能力，此一神蹟為其後宣教時增添幾分神祕色彩。

---

[2]　洪仁玕撰，《太平天日》，載楊家駱主編，《太平天國文獻彙編》，冊6，（台北：鼎文書局，民國62年12月），頁840。

[3]　同上，頁850。

[4]　同上，頁862。

[5]　同上。

[6]　太平天國政權曾反覆出示：人死不准用棺（「賊出偽示，死不用棺，用則為妖；香火不設，設者為邪」），此一反對棺葬之作法，亦及於高級將領，就連1864年6月，洪秀全去世亦沒有用棺槨，只是「以黃龍緞袱裹屍」，此乃在太平天國中至高無上的喪禮形式。詳見：李文海、劉仰東，《太平天國社會風情》（台北：雲龍出版社，民國80年7月），頁69-70。

　　洪仁發、洪仁達為洪秀全之長兄、次兄。早期在家助父耕田，受洪秀全影響入教。起義時，舉家入金田參與，初封國宗，未得參與政事。[7]及至丙辰六年秋，楊、韋內訌後，翼王石達開回京，朝臣擁他執政。洪秀全猜忌異姓，只信骨肉，始封仁發、仁達兩位兄長為安王及福王並參與政事，借以排除石達開，致使石達開被迫出走。仁發、仁達兩人狼狽為奸，招權納賄，肆行無忌。[8]李秀成力請罷黜他們，起用翼王等人。洪秀全大怒，反革李秀成爵位，自此人人側目，敢怒不敢言。[9]直至庚申十年秋，天京缺糧，洪秀全仍信任兩位兄長，殊不知他們貪劣至極，反誣陷李秀成提「各速買糧」之奏有奸心。[10]糧將盡時，還命人把守城門，搜淨金銀始放行，可謂暴虐恣橫。[11]太平天國後期政治的腐敗，仁發、仁達實是罪魁。由此可見洪秀全基於私心而信任自己的兄長（多次封王、重用），因一味固執己意而不明現狀、不明是非、不辨忠奸、不信任將相（石達開、李秀成等），此種非理性領導作風，終至兵敗糧絕。

貳、對於妻兒

　　前已述及洪秀全媒妁之言聘定的妻子夭亡後，再娶的媳婦為賴氏。1849 年賴氏產下一子，洪秀全為其子取名為天貴，意為「天之貴子」，後加福字，名天貴福。[12]洪秀全一心創教，奔走各處，

---

[7] 羅爾綱，《太平天國史稿》（北京：中華書局，1954 年 3 月），頁 352-353。
[8] 同上，頁 353。
[9] 同上。
[10] 李秀成，〈李秀成自述〉，載楊家駱主編，《太平天國文獻彙編》，冊 2，前書，頁 813-814。
[11] 羅爾綱，前書，頁 354。
[12] 同上，頁 15。

甚少照顧家庭。唯在 1850 年五月，他遣江隆昌等三人帶信回花縣召其全家來桂。[13]不出數日，洪秀全家人、妻兒、近親均收拾行李，處理家產，赴桂與秀全同居一處。雖然我們無法得知這封信的內容，但從相關資料中，研判有三種可能：一為將發動革命造反，須接來家小，免遭清廷挾持或迫害。二為當時綁架拜上帝會教徒子女、勒索錢財的情事日增。[14]其三為洪秀全稱天父諭示過他：「在道光三十年（1850 年）我將遣大災降世，凡信仰堅定不移者將得救，凡不信者將有瘟疫，過了八月之後，有田不能耕，有屋沒人住。因此之故，當召汝之家人和親屬至此」。[15]無論是出於上述那一種因素，均可看出洪秀全對家人、妻兒（此時天福貴尚不足八個月）的關心和照顧，深恐他們留在廣東將遭不測。

洪秀全以其高天上的妻為「正月宮」，賴氏排次第二，稱「又正月宮」，其他妃嬪等稱她為「二姊」，天王囑咐：「二管爾妹細心教，至緊教要遵天條，當打則打當奏奏，不用惱氣咁操勞。」[16]由此可見，其地位、權勢與專制王朝的皇后相當。賴氏之外，其他妃嬪都稱「副月宮」，其中地位較高的是「兩十宮」，這是陸續晉封的寵位。洪秀全宮廷私生活的行徑（第四章第一節中有論述），處處誥諭（如《天父詩》全篇五百首）其后妃從修飾儀容、舉止莊重、侍侯殷勤以至講究清潔衛生等等，鉅細靡遺。尤其不可惹火他，否則責罰極為嚴厲。由此可得，洪秀全完全沒有男女平等的觀念，也

13　韓山文著，簡又文譯，《太平天國起義記》，載楊家駱主編，《太平天國文獻彙編》，冊 6，前書，頁 867。

14　史景遷著，朱慶葆等譯，《太平天國（上）》（*The Taiping Heavenly Kingdom of Hong Xiuquan*）（台北：時報文化出版公司，2003 年 6 月），頁 156。

15　韓山文著，簡又文譯，《太平天國起義記》，前書，頁 867。

16　《天父詩》第 262 首詩，載楊家駱主編，《太平天國文獻彙編》，冊 2，前書，頁 469。

沒有宗教關係中兄弟姊妹的情誼。在這種唯我獨尊、男尊女卑的觀點下，雖然提倡一夫一妻的制度，但屬行男女之別，甚至禁止男營、女營之夫妻會合。而他自己呢？据〈洪大全自述〉說，洪秀全在永安時，就「躭於女色，有三十六個女人」，[17] 壬子二年十二月，又在武昌選妃，[18] 都是可信的事實。至天朝末年計「有八十八個母后」（幼主洪天貴福自述）。[19] 為太平諸王所不及，充分表露出洪秀全承襲歷代君主縱其私慾、觀念腐化和其特有的宗教陷溺、權威人格的人格特質。

洪秀全對其子洪天貴福，根據其子自述：「從小受天王嚴格教育，誦習上帝教經籍」，[20] 又說：「老天王不准看古書，把那古書都叫妖書，我也偷看過三十多本，所以古書古色也還記得幾種。」[21] 由此可知，洪秀全對其子管教甚嚴，其宗教文化政策中對儒家思想的否定，禁讀經書的命令，連其子亦不例外，徹底要求、不稍寬貸，可謂一絲不苟，這亦是其權威人格特質的具體表現。此外，洪秀全對子女的舉止立下嚴格的規範，要求他們牢記在心：男孩四歲就不准與姐姐過於親密；七歲就不能與母親或其他妃嬪同床；必須距離姐妹三米以上；要學會自己洗澡；到了九歲，甚至連祖母、外祖母也不能看望。而姐妹也必須和他們分開，五歲之後就不能再碰弟

---

17 洪大全撰，〈洪大全自述〉，載楊家駱主編，《太平天國文獻彙編》，冊 2，前書，頁 778。

18 陳徽言撰，〈武昌紀事〉中稱：「首逆僭稱選妃，使民間女子，往閱馬廠聽講，至則選十餘齡有殊色者 60 人，即逼令入撫署，從此沉溺狂瀾，遂與父母永訣矣」。載楊家駱主編，《太平天國文獻彙編》，冊 4，前書，頁 597。

19 羅爾綱，前書，頁 15。

20 同上。

21 〈洪福瑱自述〉，載楊家駱主編，《太平天國文獻彙編》，冊 2，前書，頁 855-856。

兄；九歲之後就須終日與女性為伴，連弟弟也不能見。[22]根據洪天
貴福回憶：「老天王做有『十救詩』給我讀，都是說這男女別開，
不准見面的道理，……我九歲後，想著母親姊妹，都是乘老天王有
事坐朝時，偷去看他。」[23]這種要求實在是執拗、怪僻到不通人情
的地步。足見洪秀全除對國法、軍紀要求十分嚴格，即令對妻兒、
后妃的家長制統治亦十分徹底。

參、對於神靈家族

　　1837 年洪秀全落第生病之前，皆與家人同住，家中重要成員
為：上有老父，洪秀全的生母故後，父親再婚，但繼母無出，有兩
位兄長及嫂子，還有一姐、一妹。洪秀全在媒妁之言聘定的妻子夭
亡後，新娶的媳婦為賴氏。[24]

　　當年的一場「昇天異夢」大病中，卻也戲劇性的重整了這個組
合，衍生出一個虛偽的家族出來。根據太平天國辛酉十一年四月二
十七日〈天王詔旨〉云：「三子爺共同作主，……天酉朕蒙接上天，
上帝親子蹟顯然，基督親胞齊可悟，老媽太嫂降凡緣……父子公孫
同顯權……上帝親子蹟越見，父兄君王共為三，基督親胞哥故降，
三人同日苦成甜」。[25]因此，洪秀全天上有天父、天母、天兄（耶
穌）、天嫂、天妻、（正月宮），世俗間亦有父母、兄嫂、妻兒。不

---

[22] 洪秀全，《幼主詔書》，載楊家駱主編，《太平天國文獻彙編》，冊2，前書，
　　頁519。
[23] 同上，頁855。
[24] 關於洪秀全與蘇世安（音譯）之妹的第一次婚約，詳見：陳周棠編，《廣東
　　地區》，頁46-47。此為史景遷指出夏春濤替他澄清相關疑點。詳見：史景
　　遷著，朱慶葆等譯，前書，頁196。
[25] 〈天王詔旨〉，載楊家駱主編，《太平天國文獻彙編》，冊2，前書，頁680-681。

僅如此，拜上帝教中諸領導人物均以上帝為天父，耶穌為天兄，洪
秀全為二兄，馮雲山為三兄，楊秀清為四兄，餘次類推。在《太平
天日》一書中，亦不憚其煩的記述洪秀全原屬天上的神聖家庭。在
中國民間宗教信仰中，地方神祇往往被視為與其他神祇有親屬的關
係，諸神的關係正反映出中國社會和文化，特別重視家庭觀念。以
此觀之，洪秀全自視為神靈家族的成員，甚符合中國多神教中往往
視帝王為「半神」的身份之觀點。若自人類學的角度探討太平天國
運動史：洪秀全把神天上帝家庭化，並認為天上不僅有天父、天兄、
天嫂，還有楊秀清、馮雲山、韋昌輝、石達開等天弟，這種「天人
合一」、「人神同形」的思想，使拜上帝會的宗教信仰日趨多神化和
中國化，從而也易於崇拜多神的壯瑤人們所認同。[26]

　　洪秀全特別強調自己（天王）乃上帝親生之次子，雖然也主張
天王與平常人一樣，同為上帝之子女，彼此的靈魂同為上帝所生。
在《原道救世歌》中即有「普天之下皆兄弟，靈魂同是自天來」，[27]
故尊稱上帝為「魂爺」[28]或「魂父」[29]。但是天王的靈魂卻特別寶
貴，因為他的魂係由「天媽」所生。相關的文件皆有類似記載，如
天王手批新約〈聖差保羅寄布伯來人之書〉第七章云：「前在天上
老媽生太兄及朕輩」。[30]批〈聖人約翰天啟之傳〉第十二章云：「太
兄暨朕及東王輩……蒙天父上帝原配即是天媽肚腸出生」。[31]因而

---

[26] 廖楊，〈太平天國運動的人類學考察（上）〉，載《廣西文獻》，期91（台北：
　　廣西同鄉會，民國90年1月），頁28。

[27] 洪秀全，《原道救世歌》，載楊家駱主編，《太平天國文獻彙編》，冊1，前
　　書，頁88。

[28] 同上，頁62、67、68、159；冊2，頁2、410、434等。

[29] 同上，頁227；冊2，頁429。

[30] 洪秀全，〈欽定前遺詔聖書批解〉，載沈雲龍主編，近代中國史料叢刊，輯
　　36，載《太平天國史料（上）》（台北：文海出版社，民國65年），頁84。

[31] 同上，頁86。

在他的認知裡，「父母祖宗只生身，不生靈。然則此靈自何來？故在天有。上帝降下，則在地方有人靈，不然人生在世，靈魂將何以得之也」。[32]「肉是肉父生，魂是魂爺生」。[33]換言之，天王、耶穌與東王特別寶貴之靈魂係由「上帝原配即天媽」肚腸生出。以上認知觀點係洪秀全自創部分之教義，此一荒誕且不成熟的政治神話，正是外國傳教士或西方基督教徒最不認同之處，但卻對洪氏領導當時其信徒（或群眾）反而有利，但卻讓天意與現實訓令相混雜，對其領導統御造成一定程度的困擾。[34]

　　洪秀全在革命前強調：「我只膺上帝之怒耳」。[35]此外，為了表示對上帝的崇敬，遵循中國避稱皇帝之名的傳統，在《天條書》第三天條規定：「皇上帝本名耶火華，世人不可妄題」。是以天國境內上帝名諱，不可妄稱，違者即犯天條，必遭天究。足見他對天父之服從和敬畏之心。不僅如此，他將自己暴怒個性歸之承襲天父（在《天父下凡詔書》之二天父曰：「爾主天王性氣太烈，性既似我，量亦要似我也」[36]）。筆者認為此應是為其行為作合理化之解釋，並強調其確為天父之子。實際上，他亦十分認同並學習其「義怒」之性格（第三章第三節有論述）。

---

[32]　《天理要論》，載楊家駱主編，《太平天國文獻彙編》，冊1，前書，頁330。

[33]　洪秀全，〈欽定前遺詔聖書批解〉，載沈雲龍主編，《太平天國史料（上）》，前書，頁83。

[34]　如蕭朝貴替天兄代言，他自然要稱洪秀全為「二弟」，而在現實生活中，蕭朝貴又娶了洪秀全的御妹（宣嬌）為妻，兩人自然成了姻親。如果蕭朝貴想讓妻子更聽話，就能以耶穌的身分降旨要求洪秀全的「御妹」順從丈夫，而他確實也曾這麼做。詳見：史景遷著，朱慶葆等譯，前書，頁154-155。

[35]　韓山文著，簡又文譯，《太平天國起義記》，前書，頁848。

[36]　《天父下凡詔書二》，載楊家駱主編，《太平天國文獻彙編》，冊1，前書，頁25。

在權力運作方面，表面上均須服從上帝《遺詔聖書》之聖旨，但最為特別的是洪秀全稱：「況朕親上高天見過天父多少，見過天媽多少，見過天兄多少，有憑有據正為多，上天下凡總一樣，耳聞不若目見也，欽此。」[37]其與天父、天媽、天兄互動如此頻繁，方式「上天下凡」又是如此特殊，結果是往往隨已意任意宣佈或曲解《聖書》，甚至自頒《真約》而與新、舊約鼎足而三。

洪秀全對天父的敬畏、推崇處處可見，無論在戰爭、制度、各項文告、儀式、生活中均須敬拜上帝，祈求祂的庇護。直至太平天國後期，洪秀全面臨窘境時，尚不明實情，仍「一味靠天」地仰賴、寄託天父之神蹟（前章第二節有論述），這在宗教心理學的觀點看，是幼時依賴、崇拜、敬畏父母以消除不安之經驗的重演。[38]

由上述種種行徑看來，真實性固然可疑，然亦顯現出洪秀全本身缺乏分辨能力和偏差的認同，連自我概念都出現病態。除充份反映其宗教陷溺、權威人格的人格特質外，目的卻十分明顯，即是借以樹立、鞏固其「宗教權威」的神聖性和世俗的「政治權威」。

第二節 與同志的關係

一般學者常將人與人之間的關係，用光譜（spectrum）的觀念來說明，意即它是一種情感的好與壞之間的程度問題。因人與人之間沒有絕對的善或絕對的惡，而且並非一成不變。它有轉好，也有

---

[37] 洪秀全，〈欽定前遺詔聖書批解〉，載沈雲龍主編，《太平天國史料（上）》，前書，頁85。
[38] 佛洛姆（Erich Fromm）著，欣瑜譯，《心理學與宗教》（台北：有志圖書公司，民國60年9月），頁10。

轉壞的可能。(一般而言,轉壞較易,轉好較難)而一個團體或組織的成員,也會有共識(consensus)和衝突(conflict)的現象發生。人與人之間亦復如此,洪秀全與他同志之間的關係,也會存在著合作與衝突。尤其是在太平天國革命、建國過程中,一路征戰,配合宗教信仰上的教規甚嚴,其間的心理狀態以及如何處理意見紛歧時的人際關係,則為本節探討的重點。在時間上,則以道光三十年(1851年)洪秀全決定起事開始,至太平天國十四年(1864年)其政權結束,前後近十五年為主。在對象上,是以影響太平天國盛衰及彼此權力消長的兩次內訌及石達開出走事件中的關鍵人物楊秀清、韋昌輝、石達開三人為主。現在分別說明如下:

壹、對於楊秀清

　　楊秀清是馮雲山在紫荊山所物色的一個傑出的領導人才。他是廣西潯洲府貴平縣鵬隘山新村人。李秀成說他「在家種山、燒炭為業」。[39] 金田人曾德周亦謂:「秀清自幼孤苦赤貧,向以燒炭斬柴為生」。[40] 可見其出身貧賤,不可能接受良好教育,但卻極富謀略、工心計。根據《賊情彙纂》記載:「年約三十餘。身中人,黃瘦微鬚……識字無多,奸譎異常」。[41] 當他加入拜上帝會後即先以熱心與誠懇贏得會內信徒的好感,而後藉神靈附體的手段(偽裝啞病,兩個月不能言語,當恢復言語時,即顯示有神附體、可代人求神力治病),博取大眾的信任。[42]

---

[39] 李秀成,〈李秀成自述〉,前文,頁788。

[40] 簡又文,《太平天國雜誌,金田之遊及其他》,初版(上海:商務印書館,1964),頁28。

[41] 張德堅,《賊情彙纂》,載楊家駱主編,《太平天國文獻彙編》,冊3,前書,頁49。

[42] 韓山文著,簡又文譯,《太平天國起義記》,前書,頁866-867。

　　道光三十年十月，廣西潯州官軍圍困洪秀全、馮雲山於平南鵬化里花洲山人村胡以晃家時，楊秀清在故計重施—「在昏迷中得上帝顯示于紫荆山眾兄弟，謂其領袖等有難，而令彼等速往救。」[43]拜上帝會的信徒在楊秀清的「代上帝傳言」下，自桂平金田發兵前往救援，擊破官兵的圍困及所設木樁，救出洪秀全與馮雲山，為太平天國起事立下首功，也奠定他在太平天國中的地位。

　　洪秀全因得馮雲山的輔佐，從吸收信徒、創教、物色核心幹部至起義建國均進行十分順利（第三章第四章有論述）。使得洪秀全開始擁有軍、政、教大權，初期依拜上帝會的制度安排，以金蘭結拜方式及宗教倫理關係而建立，故長幼有序，情同手足，彼此之間是親密無間的兄弟。眾領導人物均以上帝為天父，耶穌為天兄，洪秀全為二兄，馮雲山（南王）為三兄，楊秀清（東王）為四兄，依次類推。[44]當楊秀清、蕭朝貴假借天父天兄下凡附體後，情勢因而改變。在洪秀全的「認可」下，楊秀清取得代天父發言之權，蕭朝貴取得代耶穌發言之權，因而牽動領導階層的權力關係巨變。權力結構形式上為：

　　洪秀全（天王）－楊秀清（東王）－蕭朝貴（西王）

　　　－馮雲山（南王）－韋昌輝（北王）－石達開（翼王）

　　　－秦日綱（燕王）－胡以晃（豫王）

尤其是楊秀清得權後，為謀更高權位，不但目無天王，擠下馮雲山，並對其他結拜兄弟施以壓力。進而掌握軍、政、教大權，洪秀全僅

---

[43] 同上，頁 870。

[44] 太平天國諸領導人在起事後雖在權力關係上發生巨變，但諸領導人私下稱呼仍沿用起事之前因宗教倫理關係所建立的稱號，即使對死去的馮雲山、蕭朝貴仍保留其原有順序。故楊秀清得權後，韋昌輝仍稱他為「四兄」。詳見：《天父下凡詔書二》，載楊家駱主編，《太平天國文獻彙編》，冊 1，前書，頁 23-56。

擁有天王之虛名。事實上洪秀全、馮雲山早已看出楊秀清的野心，然而在領導群眾上非借重其才能（羅爾綱認為他是一個天才組織者[45]），才予以隱忍和退讓。

楊秀清奪取最高領導權應在太平天國甲寅四年（1854 年）九月，因在那年九月八日（太平天曆為九月二十四日），楊秀清以天父的名義宣佈：恩命四殿下（即楊秀清本人）下凡，繼治天下，佐理萬國之事。[46]洪秀全對楊秀清的種種逼迫與羞辱，總是逆來順受，原因是楊秀清此時既有群眾又有黨羽，在名義及實質上，均握有權力。原本由馮雲山設計出一套制衡、牽制楊秀清的計畫，[47]也因馮雲山、蕭朝貴的相繼陣亡，[48]而完全失效。使得洪秀全遷就現實，無計可施。楊秀清攘奪一切大權之後，對洪秀全絲毫不留一點餘地和情面，終於在太平天國丙辰陸年（1856 年）以洪秀全為中心的領導集團內部，爆發了爭權的「內訌」浩劫，洪秀全命夏官丞相賴漢英，密召北王韋昌輝、翼王石達開圖之，李秀成對此事的描述為：北王殺東王之後，盡將東統下親戚屬員文武大小男婦盡行殺盡。[49]

---

[45] 羅爾綱，〈太平天國領導集團內訌考〉，載《太平天國史事考》（北京：三聯書局，1995），頁 240。

[46] 郭廷以，《太平天國史事日誌》（台北：台灣商務印書館，民國 65 年 2 月，第 3 版），頁 349。

[47] 此計劃要點有三：一、繼續滿足楊秀清的權力慾；二、培植牽制楊秀清的勢力（對韋昌輝、石達開、秦日綱等另成一系的勢力予以扶植並加以固結）；三、拉攏蕭朝貴以削減並牽制楊秀清的力量。詳見：王榮川，《太平天國初期的政治運動（一八四三－一八五三）》（台北：阿爾泰出版社，民國 71 年 5 月，初版），頁 71。

[48] 太平天國壬子二年（1852 年）四月馮雲山在全州中砲陣亡，同年七月蕭朝貴在長沙亦砲傷死亡。

[49] 有關天京內訌詳情，各家記載不一，茅家琦認為李秀成的供詞較可信，故本文採之。詳見：茅家琦校補，《郭著「太平天國史事日誌」校補》（台北：

　　此一事件中，洪秀全初則迫於情勢，極力容忍，表面上看起來雖平和而近乎無能（一再忍讓楊秀清及沉溺於宗教）。實則是洪秀全知道自己爆躁的脾氣，恐發作後無法收拾（因和早年那場大病有關），故容忍下來，亦曾在《天父詩》中暗示楊秀清自己火暴脾氣遺傳自天父上帝，並強調惹起他脾氣的後果是：「半點怠慢不容情，莫怪爾主性咁（這樣）烈」，「亮（太平天國譯天帝為耶火華，故避諱『火』而以『亮』代之）沖起來誰人受？亮不救開燒死該」，「沖我亮者有哭矣，救我亮者有福矣，逆我旨者有哭矣，遵我旨者有福矣。」[50]洪秀全還有一次在楊秀清假借天父下凡杖責洪秀全後，即以指桑罵槐方式向楊秀清道出其容忍的極限：「從前爾兄轉天之時，妖魔侵尚（上）天庭，天父還容得他過，命我暫且容他，他服便罷，何況今日女官有些小過，即令杖責，非量狹而何？」[51]而楊亦知洪秀全已漸容不下他的羞辱，故而警惕洪秀全：「自古以來，為君者常多恃其氣性，不納臣諫，往往以得力之忠臣，一旦怒而悞殺，致使國政多乖，悔之晚矣！」[52]楊秀清的一再冒犯、洪秀全的再三容忍，如此的互動結果，兩人已到水火不容地步。據李秀成說，其後東王更「權托太重過度，要逼天王，封其萬歲，那時權柄皆在東王一人手上，不得不封，逼天王親到東王府，封其萬歲」。[53]足

臺灣商務印書館，民國 90 年 10 月，初版 1 刷），頁 105-106。及李秀成，
〈李秀成自述〉，前文，頁 792。

[50] 《天父詩》，載楊家駱主編，《太平天國文獻彙編》，冊 2，前書，頁 494。

[51] 《天父下凡詔書》，載楊家駱主編，《太平天國文獻彙編》，冊 1，前書，頁 38。

[52] 同上，頁 54。

[53] 李秀成，〈李秀成自述〉，前文，頁 792。有人認為太平天國實行的是多萬歲制，楊秀清邀封萬歲構不成對洪秀全的威脅。確實，太平天國初期有 4 位萬歲，後期有 8 位萬歲之稱。但其中光、明二王實是永歲。真正活人稱萬歲的，只有兩人，即天王和幼天王，這是符合天國禮制的。如果因此認為太平天國的制度就是多萬歲制，楊邀封萬歲不構成對洪的威脅，未免

見楊秀清專擅自大，不給洪秀全留絲毫顏面和餘地，終使洪秀全基於保有最高統治的絕對權力考量採取「先下手為強」、「友我則用，敵我者殺」而召回舊部予以剷除的強硬方式，經北王韋昌輝設計誘殺「東統下親戚屬員文武大小男婦」，共兩萬餘人。[54]

貳、對於韋昌輝

韋昌輝，原名志正，廣西桂平金田村人。據〈盾鼻隨聞錄〉上記載他「家業富厚，賦性陰險，幼習拳棒，膂力絕人。」[55]及長，由於家業富厚的條件，使得韋昌輝在太平天國起義初期，慷慨捐獻，全力投入，對革命實力助益甚多。又奮勇作戰，為王朝不可多得之主將。

韋昌輝在咸豐六年（1856 年），獲洪秀全密詔回朝勤王時，利用機會報仇（他對楊秀清早已積怨仇深），除了殺掉楊秀清及其兄弟三人，並設計誘殺「東統下親戚屬員文武大小男婦」共二萬餘人。不僅違反與翼王石達開的密議：單殺東王及其兄弟三人，除此之外，俱不得多殺。[56]且在統治天京的兩個多月中，自視權力重心人物已

失之牽強。詳見：張研，〈誰之罪─天京事變〉，載范炯主編，《歷史的頓挫—古中國的悲劇‧事變卷》（台北：雲龍出版社，民國 85 年 5 月，1 版 6 刷），頁 321。
[54] 李秀成，〈李秀成自述〉，前文，頁 792-793。
[55] 本段話轉引：簡又文，《太平天國全史（上）》，唯遍查〈盾鼻隨聞錄〉一文，並無此段話，唯卷一內有「家財富厚，賦性兇橫」等字。簡氏或另有所本。
[56] 原議只殺秀清、元清、輔清兄弟三人，經簡又文考証〈忠王親筆供辭〉後，提出：曾國藩在真蹟原文上用硃筆刪去「原清輔清而已」六字，故以後各傳鈔本均無此。詳見：簡又文，〈忠王親筆供辭之初步研究〉，中華文化復興運動推行委員會主編，《太平天國》（台北：臺灣商務印書館，民國 74 年 8 月，初版），頁 415-416。

除，為了鞏固自己得來不易的權力，再以血腥手段清除異己（如韋昌輝對石達開起疑後索性將石達開全家殺害），其趕盡殺絕、專制跋扈的作風，使得天京上下人人自危。在獲得洪秀全允諾下，借重石達開的力量，展開另一次整肅，將韋昌輝及其黨羽兩百餘人消滅，此為太平天國的第二次內訌。李秀成對這段經過描述是：北王在朝，亂殺文武大小男女，勢逼太重，各眾內外，並合朝同心將北王殺之，人心乃定。後將北王首級解至寧國，翼王觀看果是不差，後翼王回京。[57]

這次內訌中，洪秀全在得知韋昌輝手段比楊秀清更為殘忍後，基於前車之鑑，加上韋昌輝不顧全大局的殘忍行為，完全出乎洪秀全意料之外，為平息公憤、鞏固權力，遂不得不斷然處置，採取「壯士斷腕，以除後患」的強硬手段。洪秀全為了保持自己最高統治的絕對權力，可以支持韋昌輝殺絕東王及東殿將吏的暴虐行為；韋昌輝為了建立自己的統治權力，可以任意屠殺天朝眾多的「兄弟」。太平天國在「可與共患難，不可與共安樂」、「爭權子弒父，奪利弟纂兄」的表現，尤為顯著。兩次的鬩牆之爭，相互凌奪爭殺的事件，讓洪秀全在心理上產生對異姓猜忌，自此不願輕易信任外臣，也使太平天國元氣大傷。

參、對於石達開

在太平天國諸領導人中，石達開是屬於浪漫型的人物，流傳在民間的傳奇附會故事也最多。石達開為廣西貴縣北山里奇石墟那幫村人。出身富有農家，據其自述：「自幼讀書未成，耕農為業」。[58]

---

[57] 李秀成，〈李秀成自述〉，前文，頁 792。
[58] 石達開，〈石達開自述〉，載楊家駱主編，《太平天國文獻彙編》，冊 2，前書，頁 780。

及長，據史家考證，當洪秀全與馮雲山在貴縣傳教時，二人慕石達開之名（石氏富甲一方，達開亦聲聞全邑）而親往拜訪，石達開受彼等誠意感動，遂傾其家產以助。[59]一般來說，對他的評價為：重原則，有所為而有所不為富理性的政治領導人。[60]在兩次內訌前，他居於輩份與職位關係，對洪秀全、楊秀清兩人都是忠心耿耿，當他獲洪秀全密詔班師回朝勤王時，他原本可只殺死東王及其少數親信而完成任務（這也是和韋昌輝密謀的協議）。但因韋昌輝搶先一步，為逞一已私慾而濫殺無辜，後來在洪氏的允諾下及眾人要求下剷除了韋昌輝與秦日綱兩人。這和楊秀清、韋昌輝的權力慾作祟、跋扈奸狡的作風截然不同，一切都是出於秉公原則，亦無公報私仇的成分，更談不上任何僭越之心。[61]正由於石達開在內訌的表現機智而勇敢，在朝中上下建立「義氣」的形象，在群眾中的聲望也日高。這些看在洪秀全的眼中，更是不安，因前兩次的內訌讓他懼怕石達開也會像楊、韋一般與他奪取最高領導權。

　　自此而後，他對異姓猜忌，也不願輕易信任外臣。在太平天國經歷戰役、內訌事件，當年共創大業的領導人物，就僅剩洪秀全與石達開的局面下，唯有團結圖強，才能有所發展。但洪秀全的考量反而是退而重用其近於文盲同胞兄長──長兄仁發、次兄仁達（上一節曾有論述），目的相當明顯，即是牽制石達開。石達開看出洪秀全對自己的疑忌，索性在太平天國丁巳七年四月底（咸豐七年五月中旬）逃出天京，此即「石達開出走」事件。李秀成對此事件的描述：「翼王回京，合朝同舉翼王提理政務，眾人歡悅。主有不樂之心，專用安福兩王，安王即是王長兄洪仁發，福王即次兄洪仁達，

59　太平天國史家簡又文、羅爾綱二人均採此說。
60　王榮川，前書，頁76。
61　同上。

主用二人，朝中人甚不歡悅。此人又無才情，又無算計，一味古執，認實天情，與我天王一般之意見不差，押制翼王，是以翼王與安、福二人結怨，被忌押制出京，而今遠征未肯回者，因此之由也。」[62]

石達開出走過程中，洪秀全表現出疑慮、非理性的領導作風（一味固執已意而不明現狀、不辨忠奸），對原本倚重、信賴的翼王石達開（在牽制、制衡楊秀洪計劃中，石達開即其刻意培養的另一股勢力，此外在第二次內訌中亦為剷除韋昌輝的主力）刻意抵制，愈加顯現得器量狹窄、目光短淺。洪秀全此時改採「惟親是用，不信異姓」的原則，讓當時全國上下寄予厚望的人才，因君臣疑忌，迫使石達開這位忠心耿耿的核心幹部，在不為疑心重重的洪秀全能瞭解其動機和行為後，索性採「合則留，不合則去」的方式，[63]毅然率兵逃離天京，前往另一方向。李秀成在供稿末尾檢討太平天國敗亡十一件大原因，對石達開的出走頗有微詞，再度強調：「惧翼王與主不和，君臣疑忌，翼起猜心，將合朝好文武將士帶去，此惧至大。」[64]而太平天國在經歷兩次內訌，元氣大傷情形下，再加上石達開的出走，造成整個領導階層的空虛，洪秀全在三度「手足相互殘殺、猜忌」痛苦的經驗中，面對革命尚未成功，天國還未建穩，而「革命元勳」已無一人的情境，更顯勢單力孤，乃愈退縮入其自構的宗教王國之中。[65]

---

[62] 李秀成，〈李秀成自述〉，前文，頁792。
[63] 楊碧玉，〈太平天國核心幹部政治人格之分析〉，載《復興崗學報》，期75（台北：政治作戰學校，民國91年9月），頁225。
[64] 李秀成，〈李秀成自述〉，前文，頁838。
[65] 權威人格者，在從人際關係中退化下來的時候，變得更加僵化，他們不接受新的訊息與社會變遷，傾向用簡化的方式去理解。詳見：石之瑜，《政治心理學》（台北：五南圖書出版公司，民國88年，初版），頁48。

第三節　與對手的關係

　　每一個人在其人際關係中，任何意願或行為的表達，必定會遭逢到反對意見，以及和自己看法不同的人物。洪秀全亦然。他是政治人，且投身宗教、革命的行列，為其理想、抱負的實現而對抗現實、傳統，對抗以他種方式而改變現狀的人。他所遭遇的反對，自然極多。從前一節中可以看出，即使在以相同政治目的為結合基礎的核心幹部，其間尚產生分歧與異議，而在不同政見的團體（或個人）之間的紛爭，其激烈的程度，可想而知了。

　　如何處理與調和此種反對意見以及站在反對立場的人，每個人所採取的手段都不一樣。本節的目的就在探討洪秀全如何處理、調和這些問題以便瞭解他的政治人格。但是由於洪秀全從事宗教、起義、建國之生涯長達十七年以上（從 1847 年傳道開始，直至 1864 年逝世為止），我們無法對每件細瑣之事予以分析探討，茲就此段時間內，他所面對的內外兩面的敵人，一面是國內的滿清異族統治者，一面是更兇惡、更狡黠、更頑強的外國帝國主義侵略者。再以兩者中足堪代表的人物、國別和事件，如在滿清方面，以平定太平天國的湘軍領導人曾國藩為主；在列強方面，以美、英、法三國為主，現分別說明如下：

壹、對於湘軍領導人曾國藩

　　洪秀全以其一知半解的基督教義，混合中國傳統通俗的儒、釋、道思想所編撰出來的革命理論與主義，以當時人之價值觀念看

來，確實幼稚可笑，但對初期的群眾卻有不可估計的貢獻。[66]太平軍之起，勢如破竹，清廷正規軍數目雖四倍於它，亦莫之能禦，最後被迫起用團練出身，由湖南人曾國藩招募編練的湘軍攻陷天京，平定太平軍。這支勁旅如何能打敗如日中天的太平天國？其領導人曾國藩又是如何針對洪秀全的弱點設計出一套對制的戰略？從這個角度觀察，可提供吾人了解洪秀全與曾國藩之間互動的關係。

曾國藩在〈致湖南各州縣公正紳耆書〉中說：

> 啟者，自逆匪擾竄湖南以來，我百姓既受粵寇殺戮之慘，又加以土匪之搶劫，潮勇之淫掠，丁壯死於鋒鏑，老弱轉於溝壑，種種痛苦，不堪言狀。……潮勇在楚奸淫搶掠，誠所不免，然現已退回廣東，其在湖南滋擾之時不甚久，經過之地不甚多，豈比粵匪之窮凶極惡。……近因惡潮勇之故，遂有一種莠言，稱誦粵寇，反謂其不燒掠，反謂其不屠殺，反謂其不奸淫，愚民無知，一唱百和，議論顛倒，黑白不分。

由此可見，當時實有大部分民眾，同情太平天軍，使反革命勢力，頗為憂惶。再看曾國藩給友人的信中稱：「粵匪入湘後，一般流氓盜匪，都趁機紛起搶掠」、「近年以來，因治盜者不力，以致會匪滿山谷，流氓遍城市，粵匪至時，皆騷然蠢動。今因粵匪去湘，大部份都隨之去，大患雖去，還有各地潛伏而思蠢動者不少。」[67]可知當時只要太平軍再趁勝深入，廣泛組織群眾，可迫使曾國藩無團可練，無餉可籌。[68]更為失策者，即放棄久攻未捷的長沙，而轉攻湖

---

[66] 王榮川，前書，頁 146。

[67] 李振宗，《太平天國的興亡》（台北：正中書局，民國 88 年 11 月，初版 2 印），頁 329-330。

[68] 湘軍是一支以「兵皆弁所招，弁皆將的親信」為原則而組成的軍隊，由私

北，並將參加革命的隊伍毫無保留的帶走，這就等於是替湖南待機而起的湘軍，替他們肅清「大患」（一般遍地蠢蠢欲動的貧苦農民，和他們所謂的流氓、會黨乘機而起），以後在湖北、安徽、江西各地也都犯「輕縱敵人」同樣的錯誤，使他們從容從事準備，而無後顧之憂，待力量成熟後，專心尾追太平軍，確達事半功倍之效。[69]由此可見，曾國藩的湘軍初期和太平軍作戰，雖屢屢失敗，但其善用時機，持續發展，而不求深入的太平軍，縱有兩湖三江之地，惟每一據點都無法固守，洪秀全屢得之卻不能守，加上在上者內訌，分崩離析；在下者離心，志怯氣沮，終至一敗塗地，而不可收拾。這是洪秀全主觀的判斷、決策錯誤，使得客觀的形勢改觀，而造成功敗垂成。

　　再者，洪秀全的神權說法，無法為當時知識份子所接受，反而激怒了他們，而落得「破壞名教」的罪名。反觀曾國藩自組湘軍，轉戰東西，並聲明係為保護中國的人倫，維持固有的名教而戰，成了衛道的一股中堅力量，他並大加駁斥洪秀全之「惟天可稱父，此外凡民之父皆兄弟也，凡民之母皆姊妹也」等言論，他於〈討粵匪檄文〉中稱：「士不能誦孔子之經，而別有耶穌之說、新約之書。舉中國數千年禮義人倫、詩書典則，一旦掃地蕩盡，此豈獨我大清之變？乃開闢以來，名教之奇變。我孔子、孟子之所痛哭於九泉，凡烏乎袖手安坐，不思一為之所也？……本部堂德薄能鮮，獨仗忠信二字為行軍之本，上有日月，下有鬼神，明有浩浩長江之水，幽有前此殉難各忠臣烈士之魂，實鑒吾心。」[70]對於傳統文化悠久的

人從屬關係而衍生強大的凝聚力，糧餉必須由湘軍將帥自行籌募，而豐厚的薪餉也使得湘人樂意從軍，提振士氣。詳見：薛化元，《中國現代史》（台北：三民書局，民國 84 年，初版），頁 15。
[69] 李振宗，前書，頁 329。
[70] 曾國藩，〈討粵匪檄文〉載《曾文正公全集》，冊 9（台北：世界書局，民

國人，確有鼓舞刺激之作用，對於太平天國軍士作戰士氣之打擊，更勝於百萬雄師。[71]曾國藩以維護名教作號召，可以說完全抓住了洪秀全的弱點，他在出師時所發表的討粵匪檄，成了對付太平軍的有力武器。[72]在這個大前提下，一般知識份子紛紛投效曾國藩，一消一長之間，致使洪秀全的神權說實無力與之抗衡。

曾國藩為人，除淵博的學識之外，加上寬容的胸襟，各方豪傑皆來相就，又明於用人，劉長佑[73]、左宗棠、胡林翼、李鴻章等，均屬平定太平軍的一時之選，故曾國藩頗曉知人善任、用人之道，他選拔大批文武人員，並將之安插在湘軍各個職位上，成為骨幹人員。[74]反觀洪秀全的才具、度量不足以服眾，簡又文評其為「學識淺陋，不諳治術者也」。[75]方有以致之。加上神權邪怪蠱惑人心，直至天國末期，仍自欺欺人，金陵被困，天王竟降詔：「合城俱食甘露，可以養生」[76]（前章第一節有論述），並下令：「取來做好，

國 65 年），頁 77。

[71] 知識份子或衛道人士等不敢加入太平天國，或幫助太平軍，最大原因即在此（因太平天國抨擊儒家思想、崇拜洋教、毀孔子廟堂神主等異端橫行），也因而無法號召人才。

[72] 李雲漢，《中國近代史》（台北：三民書局，民國 74 年 9 月），頁 70。

[73] 劉長佑（1818-1887），從儒生變成武將，為湘軍之中發跡最早，與太平軍接觸最早的楚勇的領導者；亦是負責摧搗翼王石達開、消滅大成王國與南興王國，成為同治中興時期廣西的重要人物。詳見：朱滾源，〈同治中興在廣西：劉長佑巡撫的治績〉，收錄於《清季自強運動研討會論文集》（台北：中研院近史所，民國 76 年 8 月），頁 38-39。

[74] 曾國藩重視「人才」，並有其獨到的用人之道，經過他多年的努力，文官武將人數頗為可觀（約為 257 人）。詳見：〈對曾國藩集團的考察〉，載賈熟村，《太平天國時期的地主階級》（南寧：廣西人民出版社，1991 年 1 月），頁 398-407。

[75] 如前述專用安、福兩王（均為其兄長），大加封王，連廣東跟出來的，捐錢糧的都封王，竟有 1700 多王等事，詳見：〈忠王供詞〉、〈昭王黃文英供詞〉，載楊家駱主編，《太平天國文獻彙編》，冊 2，頁 792、830、857。

[76] 李秀成，〈李秀成自述〉，前文，頁 826。

朕先食之」。革命領袖不能明辨事理，迷信至此，此種「非理性領導」作風所引發後果之嚴重性，不難逆睹。[77]綜合觀之，洪秀全與曾國藩兩人在學識、道德、人格和駕馭人才的方法上均有極大落差，近代史學家蕭一山云：「若拿曾國藩（出身翰林）與洪秀全（科舉制度中最低層級的秀才竟也多試而未中第）相比，猶如大學研究所的教授與小學生，其相去不啻千里！」[78]是將兩人在各項條件上相較後所做之結論。

貳、對於美、英、法列強

洪秀全所處時代的特點是中國在他之前尚屬閉關自守，在他之後方迫於帝國主義侵略而稍開啟，他處此一過渡時期，無法接觸西洋文化與知識，僅從《勸世良言》一書中得識外情，自然相當有限。洪秀全曾告訴洪仁玕曰：「上帝劃分世上各國，以洋海為界，猶如父親分家產於兒輩，各人當尊重父親的遺囑而自保管所得之產業。奈何滿洲人以暴力侵入中國而強奪其兄弟產耶？」[79]又曰：「如果上帝助吾恢復祖國，我當教各國自保管其自有之產業而不侵害別人所有，我們將要彼此有交誼，互通真理及知識，而各以禮相接，我們將共拜同一之天父，而共敬同一天兄世界救主之真道，這是自我的靈魂被接上天後之心中大願也。」[80]由此可知，洪秀全起初對外人基本上還是一種天朝思想，視外人為夷狄、藩屬，並無近代民族

---

[77] F. Michael, *The Taiping Rebellion: History and Documents* (Seattle: Univ. of Washington Press, 1960), p.170.

[78] 蕭一山，《清代通史》（台北：臺灣商務印書館，民 52 年 2 月），卷下，頁 305。

[79] 韓山文著，簡又文譯，《太平天國起義記》，前書，頁 853-854。

[80] 同上，頁 854。

意識、國家主權之觀念，故均以「洋兄弟」（上帝之子女）稱之，
尚無惡感，亦無排外心態。英國人吟唎針對「太平軍對待外國人的
態度以及他們的成功遠景」的說明是：

> 他們對待外國人的態度，顯然是非常友好的，總是稱呼外國
> 人為「我們的洋兄弟」。「我們崇拜同一天父，信仰同一天兄，
> 為什麼要不和睦呢？」他們似乎渴望跟外國人來往，並極願
> 鼓勵通商。他們說，他們很願意開放十八省，進行通商。有
> 人說，他們這樣聲稱，是他們的政策使然。就算是這麼一回
> 事，為什麼這種政策，或其他類似的花樣，沒有使滿清政府
> 作同樣的聲稱呢？他們說外國人不論什麼時候，走入他們的
> 境內，都會受到尊敬，他們對於那些訪問他們的外國人的尊
> 敬和關切，就是他們誠意的充份證明。[81]

　　咸豐三年二月，太平軍攻克南京，眾朝臣上奏，建請天京於金
陵，認為：金陵為五方都會之名區，即萬國來朝之地，萬邦無不來
王者也。[82]君臣們無不陶醉於大一尊，一人垂拱於上，萬民咸歸於
下，自西自東，自南自北，邇安遠來，來享來王，四海來歸的一統
世界。[83]充份顯露出天國君臣在世界知識、國際關係、外事外情方
面的欠缺。咸豐三年三月二十日（1853 年 4 月 27 日），英國專使
兼香港商務監督文翰（Sir George Bonham）乘艦由上海出發至天
京。旨在刺探天國政權對待外人之態度及虛實。幾經折衝，交談不

---

[81] 吟唎著，王維周、王元化譯，《太平天國革命親歷記》（上海：人民出版社，
1997），頁 229。

[82] 〈建天京於金陵論〉，載楊家駱主編，《太平天國文獻彙編》，冊 1，前書，
頁 252-261。

[83] 同上，頁 265-266。

得要領，文翰不滿東、西兩王之行文措詞（如天王特「降旨爾頭人及眾兄弟，可隨意來天京，或通商，或效力，出入城門，均不禁阻，以順天意」[84]），當即覆文，申明英國政府對中國內戰持「中立之態度」及在華之權利，並警告太平軍勿加侵害後，怏然而去，惟此時鑑於對太平軍之革命勢力所向無敵而有所顧忌，故而選擇中立，主張再多等一些時間觀望。[85]

在英國公使到天京後七個月，法國公使普布隆（A. de Bourboulon）乘加尼西號（Cassini）軍鑑從上海西上訪問天京，亦得秦日綱聲明：太平天國統治的地區內，天主教徒都得自由地信守教規而毫無騷擾。普氏首先申述法國與滿清政府簽有條約，得享有條約之權利，但秦日綱的答覆，曾表現出相當的漠然與冷漠。四天後，普氏回到上海，雖得知天國係信奉基督教，但對天主教徒並無迫害情事，唯對天國人物的對外態度感到不滿。[86]

咸豐四年四月十六日（1854 年 5 月 22 日），在普布隆到天京後五個月，美國公使麥蓮（Robert M. Malane）也乘色奎哈那號（Susquehanna）軍鑑訪問天京，二十五日船至鎮江，遭天國炮台開炮制止前進，幾經折衝後，要求與天國領袖會晤，孰知天國云：「天主為萬國真主，如真心敬重，可每年來貢。」[87]讓美國公使對天國狂妄自大的傲慢態度極感憤怒。隨後，美使一隨員曾在《華北先驅週報》（*North China Herald*，或譯《北華捷報》）發表一篇訪問天國後之觀感：「……這些統治天下者的自傲自大態度是跟想同外國通商的宗旨不相符，這是無知與驕傲的結果，其為訂立條約的

---

[84]　羅爾綱，《太平天國史稿》，前書，頁 162-163。
[85]　同上，頁 164-165。
[86]　同上，頁 165。
[87]　同上，頁 166。

障礙可以斷言,是故各條約國應速行糾正之。」[88]甚至提議聯合英、法兩國趁太平天國尚未統一中國前用兵,使其承認他們在華之既得權益繼續有效,但因當時太平天國方處興盛時期,故而作罷。由此可知,美、英、法列強中,以美使首先對天國政權產生惡感。

由上述情形看來,太平天國以傳統上的上國天朝自居,視英、美、法諸列強為藩屬,甚至要他們來降,如此態度自是不為列強所接受,不但不再有外交使節來京,從而引發列強不滿、仇視天國之態度。爾後列強基於船堅砲利之威勢和為維護本身的既得利益(天國對滿清與列強所簽訂之喪權辱國條約事實,一概不予承認,還反對英人販賣鴉片),加上太平天國並未如預期中之表現,紛紛表態不再「中立」,改採支持清廷(此時清廷業已逐漸熟諳外交知識,即使心中仍視外人為夷狄,惟在行文上已為和平交往奠定基石,比天國略勝一籌),進而助清攻打太平軍。由此觀之,洪秀全等以天朝上國君臨天下萬國之世界統治者自居,即抱持著:出於我族中心觀(ethnocentrism)的「天朝型模的世界觀」[89]此實為政治上的無知,最為外國人所怒恨,也成為與外國建立友好關係上的最大障礙。

---

[88] 同上,頁 167。

[89] 「天朝型模的世界觀」涵蘊的觀點主要有二:一為自我中心;二為不以平等看待外國。詳見:殷海光,《中國文化的展望(上)》(台北:桂冠圖書公司,民國 81 年 5 月,再版 2 刷),頁 4-8。

第六章　洪秀全自我防衛方式

「自衛機轉」一詞，最早為佛洛伊德所創用。亦即是個人在應付挫折時，為防止或減低焦慮所使用的一種習慣性的適應方式。格林斯坦說：自我防衛是「內部感情衝突的適應，包含創造性整合機轉以及由機轉引起的各種標準症狀。」[1]他認為自我防衛是人們為保護力量強大的「本我」而產生的行為，或甚至行為本身就是「本我」的直接外顯（externalization），[2]但格林斯坦所謂的「內部感情衝突的適應」並不能充分且明白地解釋自我防衛的意思。所以我們在此引用心理學者徐靜詳盡的描述，來加以了解：

> 從心理學的觀點來看，人們如果要生活的愉快，有一些基本的欲望必須要得到滿足。生理方面的，好像餓了要吃，渴了要喝，睏了要睡，累了要休息；心理方面的，如要愛和被愛，要受人尊敬和受自己尊敬，要有人可以依靠，要有成就等。如果這些基本欲望不能得到滿足，則身體精神方面都不得安寧，嚴重時甚至會生病。不過，人活在世上，或多或少都會遇到挫折，及心理的需要得不到滿足，而產生煩惱和不安。一般來說，遇到現實問題時，我們或是積極的針對問題，設法解決，或是採取消極的方法，去逃避問題。從心理學的觀點來說，我們的精神往往不知不覺中，用它自己的方式，把

---

[1] Fred. I. Greenstein, *Handbook of Political Science* (Mass : Addison Wesley, 1975), Vol. II, pp.9-10.

[2] *Ibid.*, p.10.

　　　　人與現實的關係稍微改變一下，使之較易為人所接受，不致
　　　　引起情緒上太大的痛苦和不安。精神所具備的這種解決煩
　　　　惱，減少內心爭執和不安，以保護心情安寧的方法稱為「心
　　　　理自衛機構」。[3]

簡言之，自衛機轉逐漸表示自我用以對待不受歡迎的本能傾向的一
種潛意識技術。亦即自我藉以對抗威脅其完整的任何本能的內驅
力、感情或觀念的自衛方式。所以，自衛機轉乃是一種解決阻礙或
衝突，或因阻礙、衝突所引起的情緒緊張之行為模式。[4]

　　事實上，深層分析的政治學者認為許多政治行為可能皆起源於
自我防衛。例如一個政治人物把他的私人動機隱藏起來，而化為公
眾目標，並以一套理由來支持此種目標，即是自我防衛的行為。[5]而
且自我防衛的歷程是個體調整內在衝突而改變外在行為的方法，這
種改變往往是在不自覺狀況下完成，所以研究政治人格，自然必須
研究自我防衛與內部衝突。

　　基於上述的解釋，再根據所能掌握的資料，因而對於洪秀全自
我防衛方式的探討，擬從下列兩方面研究：一、洪秀全基本的政治
慾望是什麼？二、洪秀全如何自我防衛？

　　根據格林斯坦的說法，基本政治心理慾望應相等於他所謂的預
存傾向（predisposition）。本論文擬在第一節，從他重要的政治行
為，歸納出其特徵，並由這些特徵抽出少數的基本預存傾向，再於
第二節，根據這些基本預存傾向推演出他在平日的自我防衛行為。

---

[3]　徐靜，《心理自衛機轉》（台北：水牛出版社，民國 69 年，再版），頁 29-30。

[4]　馬起華，《政治心理學》（台北：台灣商務印書館，民國 66 年 2 月，第 2
　　版），頁 87。

[5]　Harold D. Lasswell, *Psychopathology and Politics* (Chicago : University of
　　Chicago Press, 1930), pp.75-76.

換言之，本章擬以行為的現象，歸納出行為原則，並由原則抽出預存傾向，再根據傾向來解釋他的政治行為。

第一節　洪秀全的政治預存傾向

本節擬從洪秀全人格形成歷程中舉出其政治行為的特徵，再由其中整理、歸納出最基本的預存傾向，現分別說明如下：

壹、預存傾向的形成

洪秀全預存傾向的形成，其原因自屬萬千，我們無法全部掌握，本文僅就前面章節有關其政治人格形成因素及其基本人格特質等綜合資料，加以歸納整理，舉其犖犖大者，略加說明如下：

一、努力求取功名

洪秀全自幼家境清寒，然在老父鏡揚先生及家族期望甚高的情形下，「年方弱冠，約在十五歲，即赴廣州應試，所以滿足其家族，對於彼之文才之期望也。」[6]可見洪秀全奮發向上，努力科考之決心和期以可實現「揚名聲、顯父母、光於前、垂於後」的科舉時代讀書人的典型志願和價值取向。不僅顯示洪秀全有著高度的抱負水準與進取心，亦可見其內心對名望、權力追求動機之強烈。日後在他攻下南京城後，即大舉開科取士的行為實源於此年少時期「志在功名」的理想。此外若由其不憚煩勞，多次參加科考，甚至罹患重

---

[6] 韓山文著，簡又文譯，《太平天國起義記》，載楊家駱主編，《太平天國文獻彙編》，冊6（台北：鼎文書局，民國62年12月），頁839-840。

病後，「仍再赴廣州應試」[7]，前後共計赴考四次，在時間上更是長達十五年（十五歲至三十歲，即 1828 年至 1843 年）的具體行動表現看來，足見洪秀全是自負才學、全心投入科舉考試，為求取功名的付出和努力是不遺餘力。此種表現於外的「力求實現」原則，亦為其追求目標時的一種積極態度，而其日後不論傳教、起義、建天國、大開科舉（洪秀全第四次落榜後，曾言：「等我自己來開科取天下士罷！」[8]）等政治行為，正是透過此種鍥而不捨的追尋方式去一一實現、落實其理想。

二、領袖特質傾向

在第四章第一節中，對洪秀全領袖特質的形成及發展有詳盡探討。據其姪媳的回憶述及：洪秀全幼時品性暴躁易怒，且好自尊自大，每與群兒嬉戲，必以領袖自居。[9]可見其幼時即具領袖特質傾向。日後與馮雲山深入紫荊山傳教，並得其輔佐，加上各項神蹟神話的流傳，使他超凡魅力大增，信徒快速增加，使得其領袖形象、教主身份更加確認。由於他深信自己是上帝之次子，耶穌之弟，且能了解、把握群眾期望領袖是令人崇拜的英雄心態，讓群眾相信且敬畏「天之子」（或救世主）特有的超凡魅力，並覺得自己是在「替天行道」。他往往採取「宗教狂熱」的態度和秉持「宗教至上」的原則去領導群眾，在其日後從事的革命起義、破壞偶像、建太平天國（充滿理想主義色彩）等政治領導行為中充分顯露其「宗教狂熱」的特色。

---

[7] 同上，頁 844。

[8] 簡又文，《太平天國廣西首義史》（上海：台灣商務印書館，民國 35 年 6 月，初版），頁 86。

[9] 據洪秀全姪洪紹元之妻口述，詳見：簡又文，《太平天國全史》（香港：簡氏猛進書屋，民國 49 年），頁 16。

三、權威人格傾向

　　在第四章第一節中，對洪秀全權威人格特質的形成及發展有詳細探討。據其姪媳的回憶述及：洪秀全自幼與群兒嬉戲，必以領袖自居，發號施令，莫敢不遵，稍有拂逆其意者，輒揮拳擊之。以故全村兒童均甚畏其嚴厲之性。[10]可見其幼時即具權威人格傾向，加上中國傳統農村社會的政治化過程價值觀的傳遞和無反對觀點(如民主、平等、自由等觀點)，更強化其權威人格的傾向。如其日後作品《百正歌》中嚴分正邪善惡的二分法標準，充分顯示其內心追求「正直」的根本動機和不容妥協、曖昧、不耐含混的權威人格特徵，又如《原道救世歌》、《幼學詩》等作品亦充分顯示其創設有秩序體制並進而駁斥「不正」言行及行為，配合其日後破壞偶像、消滅異教運動的種種「不妥協」、「不容忍」的態度和行為，正為其權威人格傾向的實際表現。待他成為太平軍的領導者後，集軍、政、教大權於一身，鑑於領導階層權力變化，關係著天國興衰，益加體會出權力的必要性和重要性，故日後在職位安排設計上，均以權力消長和得失為主要指標，其後太平天國內三次內訌事件，洪秀全在彼此權力關係緊張和危險關頭即針對「鞏固權力」為考量，採取種種奪權鬥爭與任用親人的行為。此一現象，頗符合拉斯威爾所提之「挫折—攻擊」理論，其公式為：p｜d｜r=P　p=私人動機 d=移置於公共目標；r=合理化作用；P=政治人；＝為「轉化為」[11]

---

[10] 同上。

[11] 楊日旭、盧瑞鐘編著，《政治學（上）》（台北：敦繹文化事業公司，民國77年9月，初版），頁63-64。

四、皈依宗教

第三章第三節中，吾人曾就洪秀全皈依宗教之原因、經過作過詳細的探討。洪秀全本人亦對《勸世良言》一書帶來的震撼，提出說明：這幾本書，實為上天特賜與我，以證實我往時的經驗之真確者。[12]這「往時的經驗」，即指道光十七年（1837年）的罹患重病四十餘日所發生的「昇天異夢」，此一特殊私人經歷不僅扭轉洪秀全的一生，導引他投身宗教理念的追尋，對其創教、革命、建國等政治行為（有關其過程、內容和關連性在第三章第三節中均有論述）同時亦是其基本人格特質和發展中的關鍵因素（第四章第一節中有論述）直至細讀《勸世良言》一書後，洪秀全個人將「昇天異夢」與《勸世良言》兩者相互印證，不僅深信此夢為真，尚運用《勸世良言》解釋其中許多徵兆，並「大澈大悟」，深信自己是耶穌的幼弟，上帝之次子，身心完全皈依於自己所想像、所認知的基督教。香港精神病院院長葉寶明指出：在接受或皈依一種新宗教之前，必有一醞釀（或卵育）時期。……洪氏皈依基督教，開始即經歷最尖銳的一面，而其程序則直延至六年後始行完成。[13]這點亦符合宗教心理學上皈依經驗之種種特點（第三章第三節中有論述）。此項過程可能與洪秀全對宗教方面的「認知」有關（第二章第四節宗教環境有論述），但他將《勸世良言》視為上帝給他的「天書」，並據以為日後創教、傳教之思想依據（並非基督教之原典－《聖經》），也成為洪秀全所倡導的宗教（拜上帝教）上的一大特色。而日後致力建立天國、破壞偶像、革命起義等政治行為皆源於此宗教理想之推展，透過宗教狂熱的對外表達方式，期以達成目標。

---

[12] 韓山文著，簡又文譯，《太平天國起義記》，前書，頁846。

[13] 簡又文，《太平天國典制通考（下）》（香港：簡氏猛進書屋，民國47年7月，初版），頁1655。

五、堅信受命

前已述及，洪秀全在經歷 1837 年的那場異夢過程中是時而清醒、時而在夢中，並有走動跳躍及叫嚷的行為（第三章第二節中有論述）。根據記載，他向其父兄表示他已被上帝命定為「真命天子」之後，又回到天堂，向天父上主皇上帝請命，自願擔任斬除妖魔使命。並蒙天父賜他兩件寶物（寶劍和印璽，均為權威的象徵）和賜他「太平天王大道君王全」的封號，並命他改名為「全」（小名洪火秀的洪仁坤，從此更名為洪秀全）。如此反覆天堂人間往返四十餘日（這在不語怪力亂神的傳統士大夫筆下，被視為荒謬）。這一過程，對洪秀全本人及其追隨者，卻產生極為深遠的影響，因在洪秀全本人及其追隨者的認知中，「天啟」來自上天，是上天的神諭，天命的象徵（第二章第四節宗教環境中已陳述傳統天命思想和民間的真命天子信仰，對政治情勢或宗教團體均具有非凡的意義），因此洪秀全能擔負凡間斬邪留正、勸醒、點化世人的重責大任。再經《勸世良言》一書印證天啟，使半個秀才之儒生易有盡信書之毛病—盡信《勸世良言》、《新約》、《舊約》均屬之。自然容易相信經書中「修德受命」之說，加上洪秀全本人因患病和有著天啟異夢之特殊經驗，遂使其受命之信念格外堅定。在傳教時期，各項神蹟神話的流傳，除增添他超凡的魅力，亦讓追隨者對他更加敬畏有加，並進而贏得其核心幹部的擁護和太平軍全軍上下的效忠。他則以「上帝之次子」自居，堅信受命並以其意志、形象吸引及鼓舞群眾，看來「受命」之說不僅建構洪秀全的宗教理念，也提供其創教、傳教、革命建國（太平天國）等政治行為的合法性來源。

六、認同上帝

洪秀全將《勸世良言》屢用之神天上帝，簡稱為上帝，並廣引經書中之「上帝」與「帝」以證古代之時，中國與世界各國，偕同拜上帝。至於日後成立拜上帝會的起源，是來自《勸世良言》書中，「聚集拜神天上帝之公會也」。[14]稍加縮減即為「拜上帝會」。而洪秀全所創立之拜上帝教更以崇拜上帝為唯一真神，要求一切思想力求與拜上帝教教義相符。上帝既是唯一的真神，因此除了上帝以外，其他一切為人所崇拜的偶像即為妖魔，皆成為洪秀全破壞、摧毀的對象，此一獨尊上帝而排他的傾向，使他一生成為一位決不妥協的破壞偶像者和掃除迷信者（如排斥釋、道及邪教，同時也對付佛教）。不僅如此，洪秀全在敬拜上帝的同時，易產生心理學上「發展的認同」效應而學習之。[15]從學習上帝之「義怒」、「大怒」到模仿其神態、揣摩各項信仰禱告之儀式等，皆為其日後在傳教過程中或配合政治需求、掌握權勢在殺滅異己、誅鋤仇敵時所採之方式，他力求和其信仰中「義怒」的上帝一樣的作風，充分顯示其對上帝的認同和尊敬。此一傾向，依宗教心理學的觀點而言，當「宗教人」的智力還停留在滿足一個專制神的階段，隨之將易產生狂熱的現象和缺點。而洪秀全正是採取透過宗教狂熱的方式去從事日後破壞偶像、革命起義、建立天國等政治行為。

貳、洪秀全的政治預存傾向

從上面六大類行為的特徵裡，發現洪秀全早年的行為可歸納出最基本的驅策力（drive），這些力量驅動著他而有各種的行為

---

[14] 梁發，《勸世良言》（台北：學生書局，民國74年，再版），頁298-299。

[15] 馬起華，《政治人》（台北：台灣商務印書館，民國56年2月），頁155。

表現。[16]在人格的最深處－本我－之中，我們仍然贊同佛洛伊德的
「性」與「攻擊」衝動說，這兩種力量實際上發揮了無形的影響作
用，我們亦了解潛意識是支配行為的內在因素。但更贊同榮格（G.
G. Jung）的說法，認為「自我」才是人格結構的核心。[17]自我也大
部份為潛意識所控制，這一部份對一個行為者來說，應為權力
（power）、名望（respect）、感情（affection）、正直（rectitude）、
福利（well-being）、財富（wealth）、智慧（enlightenment）、才能
（skill）等項。[18]洪秀全由於受到家庭生活、教育環境、病中「昇
天異夢」及傳教經驗等的影響，認為權力、名望、正直、才能乃是
其所追求的。

　　為了實現對權力、名望、正直、才能的四大需求，配合上述的
討論，可看出洪秀全所追求的方式則為：

　　一、理想主義。

　　二、英雄主義。

　　三、自我實現。

　　四、宗教狂熱。

　　洪秀全在追尋四大驅力之滿足，而運用理想主義、英雄主義、
自我實現、宗教狂熱的時候，亦同時配合以文字（作品）和語言為
工具，期以達到預定的目的。

　　由以上的討論歸納洪秀全的政治人格特色，以圖6-1表示：

---

[16] 在所有的心智處理中，目標形成（goal formation）可說是最行動者中心
（actor-centered）的活動，目標形成是「我要」（I need），而不是「它是」
（it is）。詳見：高德伯（Elkhonon Goldberg）著，洪蘭譯，《大腦總指揮》
（*The Executive Brain Frontal Lobes and the Civilized Mind*）（台北：遠流出
版社，民國93年，初版），頁57。

[17] 張春興，《心理學》（台北：東華書局，民國66年，修正2版），頁374。

[18] Harold D. Lasswell, *Power and Personality,* 3rd printing (New York: Murrary,
1966), p.17.

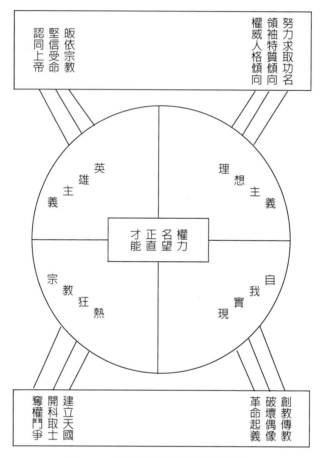

圖 6-1　洪秀全政治人格特色圖

　　圖 6-1 係綜合洪秀全一生的行為表現，舉其表現較為明確的部份來說明。上面部份以洪秀全早年的行為為主。中間分為兩個層次：裡層為洪秀全在政治方面的人格特色－權力、名望、正直、才能四大需慾是驅動行為的潛在動機。表層則屬洪秀全根據裡層而採用的理想主義、英雄主義、自我實現與宗教狂熱的向外表現方式。

底下部份則為洪秀全將裡外兩層人格特質向外表現時，在行為上的重要特徵。

洪秀全早年行為的特色是「努力求取功名」、「領袖特質傾向」、「權威人格傾向」、「皈依宗教」、「堅信受命」、「認同上帝」，從這些特徵可以歸納出洪秀全的潛在政治動機是圖 6-1 中央的四大慾求。這些慾求形成於社會化的過程中，並且潛伏心底，不時地透過向外的某種固定方式而表現。進一步說，假借上面部分的六項，歸納出中央圖形（潛在動機），再根據這些潛在動機（慾求）進一步來看洪秀全的六大類重要的政治行為，並查看其間的關係，以及自我防衛的情形。簡言之，圖 6-1 上部六大行為，有助於歸納出洪秀全潛在人格慾求。本文並應用此一歸納結果，證之洪秀全其後的政治行為。結果發現彼此間有著高度的相關性。根據權力、名望、正直、才能等慾求的觀點，來看「創教傳教」、「破壞群眾」、「革命起義」、「建立天國」、「大開科舉」、「奪權鬥爭」等六大行為，將可明瞭洪秀全的自我防衛的運作方式。

第二節　洪秀全的自我防衛行為

從上一節我們知道潛藏在洪秀全心中的政治預存傾向，最基本的就是權力、名望的追求、正直的擁有、才能的具備。除此外外，洪秀全特別具有理想主義和英雄主義，並配合運用宗教狂熱和自我實現的方式去追求。加上他具權威人格的傾向，往往用文字和語言作為介入宗教及政治的重要工具。

由於權力、名望、正直、才能慾求向外表露之時，每每會遭遇挫折與衝突。然而由於個人挫折的情境不同、挫折的容忍力不同以

及衝突的形式有所不同。[19]因而造成挫折的反應有所不同。一般而言，個人遇到衝突或是受到挫折之後，其反應方式有下列幾種：一、攻擊（aggression）；二、冷漠（apathy）；三、幻想（fantasy）；四、退化（regression）；五、刻板化（stereotypy）；六、緊張。[20]如圖 6-2：

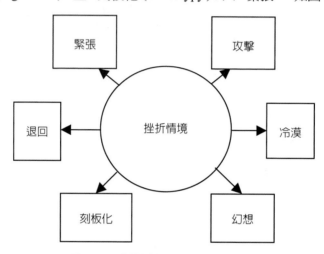

圖 6-2　對挫折的一些反應圖

資料來源：西爾格德等著，鄭伯壎、張東峰編譯，《心理學》（台北：桂冠圖書公司，民國 70 年 9 月），頁 621。

　　然而，無論是外在或內在因素所構成的挫折或衝突，都會對個人構成一種情緒上的打擊與威脅，因此使人在情緒上形成不愉快甚至痛苦的感受，於是產生焦慮（anxiety）。但是個人為求避免或減低因挫折而產生焦慮的痛苦，常常會用各種自衛的方式去應付挫折

---

[19]　張春興，前書，頁 501-511。
[20]　西爾格德（Ernest R. Hilgard）等著，鄭伯壎、張東峰編譯，《心理學》（台北：桂冠圖書公司，民國 70 年 9 月），頁 621-629。

情境，久而久之，這種防衛方式就變成了個人應付挫折，解決問題
的習慣。[21]

　　一般而言，心理的自我防衛方式，大部份在潛意識中進行。依
據恩格樂在《人格理論》一書中將自我防衛方式分為下列九種，依
序為：一、壓抑作用（repression）；二、投射作用（projection）；
三、反向作用（reaction formation）；四、固執作用（fixation）；五、
退化作用（regression）；六、文飾作用（rationalization）；七、認同
作用（identification）；八、替代作用（displacement）；九、昇華作
用（sublimation）。[22]徐靜在《心理自衛機轉》一書中則將自我防衛
方式分為十三種，依序為：一、壓抑作用（repression）；二、否定
作用（denial）；三、隔離作用（isolation）；四、轉移作用
（displacement）；五、投射作用（projection）；六、合理化作用即
文飾作用（rationalization）；七、抵消作用（undoing）；八、反向作
用（reaction formation）；九、認同作用（identification）；十、退化
作用（regression）；十一、幻想作用（fantasy）；十二、補償作用
（compensation）；十三、昇華作用（sublimation）。[23]以上兩書所述

---

[21]　張春興，前書，頁 527。
[22]　Barbara Engler , *Personality Theories : An Introduction* (Boston : Houghton
　　Mifflim Co., 1979) , pp.67-71.
[23]　此十三項自我防衛方式之意義為：
　　1、壓抑作用：指的是潛意識地否認引起焦慮的事物是存在的。
　　2、否定作用：意指否認一個外在威脅或創傷事件的存在。
　　3、隔離作用：即脫離引起焦慮或挫折的情境或對象。
　　4、轉移作用：本我衝動由一個具威脅性的對象或不可獲得的對象身上，轉
　　　移到一個可獲得的對象上。
　　5、投射作用：將困擾的衝動歸究到他人身上。
　　6、合理化作用即文飾作用：即重新解釋我們的行為以使得它比較容易接
　　　受，對我們的威脅可以減少。
　　7、抵消作用：為求彌補由某些不道德願望或行為所引起的歉咎之心，表現

的自我防衛方式的種類，大抵相同。在這幾種自我防衛方式當中，洪秀全較常運用的為：補償作用（如大開科舉）、認同作用（學習上帝之大怒）、退化作用（落榜生病、一味靠天）等等。當然，在自我防衛時並不必然應用所有的方式，行為者往往只採用某些方式，洪秀全也是如此。又行為者在採取行動或行為時，本身或有或無的意識，驅使其採取某些反應。因此對行為者的行為反應，極難以絕對的說是採取那一種自我防衛方式。儘管如此，但是為了瞭解洪秀全政治人格，因此分析說明時，有必要做較明確的劃分。

洪秀全所表現的六大行為（即一、創教傳教；二、破壞偶像；三、革命起義；四、建立天國；五、開科取士；六、奪權鬥爭）可明白看出，全是源於權力、名望、正直、能力四大慾求的自我防衛表現。當然，籠罩在四大慾求之外的理想主義、英雄主義兩大特質，及宗教狂熱、自我實現兩大動力，更是瞭解、解釋洪秀全自我防衛行為上所應予兼顧的。現在分別說明如下：

含有贖罪補過意義的行為。

8、反向作用：意指表現出與真正控制這個人的本我衝動相反的衝動。

9、認同作用：使自己在某一方面與某一特殊人物或團體相似，藉以提高本身的地位與信心。

10、退化作用：即退回到一個早期的、較少挫折的生命階段，並且表現出那個比較安全時期所具有的行為或特徵，通常是孩子氣的行為。

11、幻想作用：利用想像以博取滿足，由於幻想內容不受現實情況限制，取得時又無須任何努力，故一般常用之替代在現實中所不能取得之滿足。

12、補償作用：強調或誇張某一種品質或能力，藉以減除由於遭受挫折或心理衝突所引起的緊張。

13、昇華作用：經由改變本能能量的方向到社會可接受的行為，轉變或移置本我衝動。

詳見：徐靜，前書，頁 31-66。及 Duane Schultz & Sydney Ellen Schultz 著，陳正文等譯，《人格理論》（*Theories of Personality*）（台北：揚智出版社，民國 86 年，初版），頁 57-60。

壹、創教傳教

四大慾求的滿足非一蹴可幾，必也歷經長期的奮鬥，才有所成。而在未達目的之前，任何人都沒有絕對的把握，因此他們每每將慾望「轉移」或「昇華」，並進而透過文飾作用的處理而向外顯露。

在第三章第三節中曾論及洪秀全細繹《勸世良言》一書後證實天啟、皈依宗教的經過，此一轉變，使得科舉考試失敗的洪秀全將原本努力求取功名的作為，透過「轉移作用」的方式轉換到對宗教信仰的全心投入。道光二十三年（1843 年）他與馮雲山創「拜上帝教」，翌年（1844 年）入廣西傳教，並陸續完成傳教的論文、詩歌、對聯（如《原道救世歌》、《原道醒世訓》及《原道覺世訓》等宗教作品）為太平天國思想理論建立根基。拜上帝教雖根源於基督教，但其內容並非與基教完全相同，實是雜揉基督教與中國本土宗教與民間信仰的新宗教信仰。由於在教義上因洪秀全的誤解，或有意曲解，實與基督教有顯著差異，而且在儀式上的懸殊，連當時外國傳教士都覺得不能忍受，因此外國學者稱呼其宗教為「太平基督教」，表示其大大不同於尋常基督教的流派。[24]

拜上帝教被視為太平天國群眾運動的思想中心，不僅因拜上帝教為其國教，而是因其革命運動的原始意義與組織完全是源於拜上帝教；其運動的推動力與支配力，亦完全由拜上帝教而來；其全部理想、行動、生活、制度、目的……在政治上、經濟上、法律上，各方面均受拜上帝教的總原則所支配。[25]歷來中國無數群眾運動，

---

[24] 簡文又，《太平天國典制通考（下）》（香港：簡氏猛進書屋，民國 47 年 10 月，初版），頁 1735。
[25] 韓山文著，簡又文譯，《太平天國起義記》，前書，頁 868。

雖多有藉宗教信煽惑的，但能自始至終抱定宗教思想不變原則，從起事至建國，大概只有太平天國了。[26]而考諸世界歷史，凡有宗教感情激勵之一神教武力最為兇猛，比比可見。由這一特色可知洪秀全創教的另一目的，企圖以宗教的理論與儀式，把所有信徒的思想武裝起來。因此他透過許多宗教行為、條規、迷信觀念（如神靈附體），把革命性的宗教思想灌輸於其所掌握的群眾，這亦是運用「合理化作用」即「文飾作用」的自我防衛方式行為爭群眾之向心，藉以獲致權力和名望，終成為拜上帝教的教主和太平天國的天王。

在傳教過程中，洪秀全自命是上帝之次子，耶穌之弟，儼然是神靈家族的成員，從學習上帝之「義怒」、「大怒」到模仿其神態、揣摩各項信仰、禱告之儀式等皆為運用「認同作用」的自我防衛方式，目的是取得全軍上下的效忠和擁護。而從群眾運動的角度看，一項群眾運動的興起發展與否，並不決定於所提出的理論是否合乎邏輯，而決定於附從者的信仰，固然在開始時，一種宗教的革命，很受到理性因素的支持，但其發展則僅受「神秘的感情的因素」所幫助。[27]誠如賀佛爾所說：「群眾並不關心那項主義的內涵，而只求絕對的奉獻並與一個集體發生聯繫。」[28]洪秀全在這一點上的掌握十分恰當，所產生的效果是：在革命初期有口皆碑的優良軍紀，以及鬥志高昂的士氣。

[26] 張德堅，〈賊情彙編〉，載楊家駱主編，《太平天國文獻彙編》，冊3，前書，頁86。

[27] 黎明（Le Bon）著，李由農譯，《革命心理》（台北：中央文物供應社，民國47年5月），頁5。

[28] 賀佛爾（Eric Hoffer）著，旦文譯，《群眾運動》（香港：今日世界出版社，1972年9月，再版），頁189。

貳、破壞偶像

太平天國在運動過程中，最激烈且始終貫徹的破壞行動，即是對偶像的破壞、摧毀，仔細分析其原始的動機，應與洪秀全早期個人在科舉考試屢次落榜的連續挫折相關，例如彼於第四次落第返家，將士人求名不得之淒境書於其《天情道理書》一文中，不僅說明其屢試不第中身心疲憊、挫折和壓力甚大，也有著氣憤填膺、有志未伸的怨恨。在臥病四十餘日期間，自稱升天見上帝，對對斬妖除魔、抨擊孔子等行為，若依現代心理學觀點言，此應為其成就動機遭遇挫折後的一種自然反應，亦即他採「挫折—攻擊」型的反應，作為其自我防衛的行為。攻擊行為的產生也有許多的理論，主要有「本能說」、「生理遺傳說」、「挫折—攻擊說」、「社會學習說」等。[29]其中「挫折—攻擊說」最常為政治學者所討論（本文擬與「革命起義」合併討論之）。

洪秀全在《勸世良言》中，找到了破壞搗毀偶像的理由：

> （儒教）所以把文昌魁星二像，立之為神而敬之，欲求其保庇睿智廣開，快進才能，考試聯捷高中之意，然中國之人，大率為儒教讀書者，亦必立此二像奉拜之，各人亦都求其保佑中舉、中進士、點翰林出身做官治民矣。何故各人都係同拜此兩像，而有些自少年讀書考試，乃至七十八十歲，尚不能進黌門為秀才呢？還講什麼高中乎？難道他不是年年亦拜這兩個神像麼？何故不保祐他高中呵？[30]

29 李美枝，《社會心理學》（台北：大洋出版社，民國74年1月，第9版），頁175-186。
30 梁發，《勸世良言》，前書，頁25-26。

這也正說中洪秀全心中的「痛」和「疑」，基於「堅信受命」的責任心和使命感，並附會基督新教不拜偶像的教義，洪秀全遂開始貫徹此一「搗毀天下偶像」的決心。首先是除去家中所供奉的神位，同時把私塾中的孔子牌位也除去，（更於建都天京後，展開消滅儒家學說行動，如禁讀儒家書籍政策，後又修正為刪改儒家書籍）；再與馮雲山、洪仁玕等人，從本村出發，展開一連串破壞偶像的大規模行動。這種明知必遭社會的排斥與譴責，確仍毫不退縮執行到底的行為，實肇因於早期求取功名不成的挫折，加上權威人格傾向、皈依宗教、堅信受命、認同上帝等影響，透過英雄主義與宗教狂熱兩大動力，使破壞偶像運動，幾乎與太平天國歷史共始終，亦為洪秀全及其信徒、群眾所信守不渝的一貫政策。最著名的一次是道光二十七年（1847年），破壞象州極著名的甘王爺廟，洪秀全不僅持棍痛毆偶像，同時力數其十大罪狀。[31]使得原本不敢冒犯甘王爺的村民們對洪秀全更加敬畏，紛紛皈依，洪秀全等人鑑於群眾人數的急驟增多，將原本單純的宗教目的提升至政治層級，遂開始籌劃展開另一項更高層次—向一切權威挑戰的具體行動，即透過「昇華作用」的方式，將其原本鬱結已久的怨氣，借從除去孔子牌位到一切偶像的破壞搗毀，得以宣洩，最終昇華成對政治權威—滿清政府的實際挑戰行動。連當時的外國傳教士也看出太平天國破壞偶像的政治目的，「無異對於滿人之驅逐與帝國之征服」。[32]

　　這種為統一信仰，使全民均知棄邪神，而獨尊上帝的破壞偶像暴行，雖然只加諸於無生命的偶像身上，但其對群眾所產生的效果卻是相同的，因清軍所奉為至神至聖，無人敢冒犯褻瀆者，太平軍

---

[31] 韓山文著，簡天文譯，《太平天國起義記》，前書，頁 859-860。
[32] 簡又文，《太平天國典制通考（下）》，前書，頁 18-19。

竟能輕易摧毀破壞而行若無事，不僅可強化太平軍的信念，亦可動搖敵方的鬥志，對其革命事業是正面且具震撼性的。[33]就群眾心理言：暴行可以引起狂熱，恐怖行為不僅可使虔信者藉以恐嚇並擊潰他的敵人，並且可使他自己的信念受到激勵和強化。[34]洪氏此舉對當時群眾（信徒）而言，確實收到預期的效果。

參、革命起義

　　前已述及拜上帝會由宗教團體蛻變成為太平天國的武裝革命團體後，破壞偶像成了有計畫的革命行動，洪秀全等人（尤其是輔佐洪秀全的馮雲山等核心幹部，已將革命起事相關一切佈置妥當，在第三章第四節有論述），待時機成熟時，透過一場極富戲劇性的精心設計與安排下，選定洪秀全的三十八歲生日那天，即 1851 年1 月 11 日（清道光三十年十二月初十），全體教徒在慶祝洪秀全三十八歲生日，高舉「合力扶真主打江山」的旗幟於桂平縣金田村韋氏宗祠，天朝創立，即宣告成立「太平天國」。[35]雖然外觀形式仍屬草創，但一個宣稱能統治全國的政權，終於從洪秀全「救世主」的夢象中誕生了。若吾人追溯洪秀全早期的家庭、教育、宗教等諸項背景因素，不難發現其關鍵因素仍在數度科場上的挫折，造成他強烈的不滿和怨恨，是以本論文自「挫折—攻擊說」的觀點，來分析說明其內心動機和行為模式。

33　王榮川，《太平天國初期的政治活動（一八四三～一八五三）》（台北：阿爾泰出版社，民國 71 年 5 月，初版），頁 121-122。

34　賀佛爾著，旦文譯，前書，頁 206-207。

35　費正清(John K. Fairbank)編，張玉法主譯，《劍橋中國史－晚清篇 1800-1911（上）》（台北：南天書局，民國 76 年 9 月，初版），頁 329。

政治學者伯克維茲等人陸續對「挫折—攻擊說」提出修正意見後，認為「挫折—攻擊」是由於個人內在的嫌惡程度與外在情境累積的情緒狀態與環境誘因的交互作用。並且挫折可產生一種攻擊的預備反應（個人潛在傾向或過去經驗），此預備反應是否轉換為外顯的攻擊行為，則決定於是否又遇到外在的誘因再度刺激而發。[36] 洪秀全個人以一介書生，自幼熟誦四書、五經、孝經、詩詞、古文及史書等典籍。[37] 在全力投入科考、努力求取功名長達十五年之久，卻屢遭挫折，罹患精神疾病，其內心累積的不滿、怨恨和壓力可想而知，加之周遭環境處處呈現不安、貧困、混亂和衝突，因而提供了他發展革命運動的客觀環境。

參加革命者，特別是領袖人物，其動機雖各自不同，但有一點共同的是對現實的心懷怨恨與不滿。[38] 是以洪秀全無論是採取破壞偶像或是打倒滿清政府的「攻擊」行為，實是藉以排除、發洩其內心深處科舉落榜的挫折感及民族仇恨，加上原本即具領袖特質、權威人格傾向，在轉向皈依宗教後，雖帶著創教後的偏執，但亦暗合其革命目的，透過宗教狂熱和自我實現兩大動力，終成以驅逐胡虜、毀滅偶像、拜真上帝為號召的革命起義運動。

肆、建立天國

太平天國在咸豐三年（1853 年）正式定都天京（南京），方成為一個固定的實質政權，擁有政治上的中心，也是軍事的指揮中

---

[36] L. Berkowitz, "Aversively Stimulated Aggression : Some Parallels and Differences in Research with Animals and Humans," *American Psychologist,* No.38, 1983, pp.1135-1144.

[37] 韓山文著，簡又文譯，《太平天國起義記》，前書，頁 838。

[38] Crane Brinton , *The Anatomy of Revolution* (New York : Alfred A. Knopf , Inc., and Random House, Inc., 1965), p.106.

心，並且進行各方面新措施的推動，方為一個真正的「天國」。[39]洪秀全並發表一系列的文章，論述立「天京」為國都之意義，後編輯名為《建天京於金陵論》的論文集。其中有文：

> 伏惟我天王降生中國，恭膺天命，掃蕩妖魔，更新世界，重立乾坤。於是建天京於金陵，以承上帝之命，以受萬國之朝。自東自西，自南自北，無思不服，有德有人，有土有財，無遠無屆，億萬年之丕基，實肇於此矣。[40]

由此可知，建都天京後，太平天國的根基方告穩固，在有充裕的人力和物資的調度運用下，「上帝小天堂」方得以在凡間實踐。洪秀全在革命之初，曾向其追隨群眾表示：

> 上到小天堂，凡一概同打江山功勳等臣，大則封丞相、檢點、指揮、將軍、侍衛、至小亦軍師職，累代世襲，龍袍角帶在天朝。朕實情諭爾，我等既幸得為天父子女，又幸得為天兄弟妹，在世則威風無比，在天則享福無疆。[41]

由上可知洪秀全的宗教理念，相當具有「實踐性」，凡相信者不需等到來世，在現世中即可享受到「真福」，得到救贖的保證。事實上，這些「承諾」，無異於歷史上過去改朝換代時，領導人對於部屬「封侯拜相」的獎勵，而天京小天堂的建立，代表洪秀全的教義已兌現。至於對平民百姓，他則表示，天京的建立，代表百姓由「妖

---

[39] 華強，《太平天國地理志》（南寧：廣西人民出版社，1991），頁 7-8。
[40] 胡仁魁，《建天京於金陵論》，載楊家駱主編，《太平天國文獻彙編》，冊 1，前書，頁 265-266。
[41] 洪秀全，《天命詔旨書》，載楊家駱主編，《太平天國文獻彙編》，冊 1，前書，頁 66。

類」回歸「人類」的大路開啟，既然「上帝小天堂」都已在人間實踐，則「上帝大天堂」亦非空想，而在太平天國統治的地方，都可以親身體驗太平天日的到來，在天父的榮光之下，在光明聖潔之地永享天國「鴻恩」。[42]再者，由於太平天國是以宗教為根本，因此在曆書中規定每七日要進行「禮拜」儀式，而他們亦將「禮拜」衍生為計算時間的單位。[43]並頒佈新的曆書，顯示「新天新地新人新世界」的意義，配合而改變的制度或事務亦均以宗教信仰為原則，如「聖庫」制度的建立「太平禮制」、「天朝田畝制度」（後中止）的推行等，最後則強調主張各國自保天父上帝所給之產業而不侵略他國；如是，世界和平可期而國際關係當有平等、互惠的友誼，互通真理與知識，即是文化交流與溝通，將見舉世同拜一天父，共崇基督真道，則世界大同可致也。此亦為洪秀全「世界大同」的理想，實則即是將基督教的世界觀與儒家的大同思想拓展成為其「不分此疆彼界」的天國理想。[44]

綜觀太平天國此一以神權為主導的思想、制度及其內容，再與洪秀全個人的經歷，尤其是罹患精神疾病後皈依宗教、堅信受命及認同上帝等特點相互印證，發現實有密切關聯和延續性，透過其理想主義、宗教狂熱、自我實現三大動力，遂使其為建立「天國」而積極推動各項措施。

---

[42] 黃恩彤，《建天京於金陵論》，載楊家駱主編，《太平天國文獻彙編》，冊1，前書，頁280。

[43] 張德堅，〈賊情彙編〉，載楊家駱主編，《太平天國文獻彙編》，冊3，前書，頁166-168。

[44] 洪秀全，《原道醒世訓》，載楊家駱主編，《太平天國文獻彙編》，冊1，前書，頁91-92。

伍、開科取士

在第四章第一節中曾論及洪秀全展開革命運動是藉以紓解其自卑（科舉落第）與怨恨（考試不公）的情緒。至於攻下南京後即大舉開科取士的行為，是平衡、補償自己當年求取功名的夢想。因洪秀全在道光二十三年，第四次應試落第時，曾氣憤表示：「等我自己來開科取士罷！」[45]自建金陵，洪秀全立即大開科舉，每年無不舉行會試，各省分行鄉試，大凡太平軍所統治的地區，均舉行過考試。太平天國第一次「天試」[46]在癸好（改丑為好）三年舉行，試題為「建天京於金陵論」及「貶妖穴為罪隸（直隸）論」，東王試題是「真道豈與世道相同」及「皇上帝是萬郭（國）大父母，人人是其所生，人人是其所養」。詩題乃是「四海之內有東王」[47]，卷紙每行三十六格，四周描有金色龍鳳紋，共十葉，不用彌封。[48]洪秀全尚針對考試科目、內容、任用等擬妥具體計畫為：考試的教科書，以《聖經》為主，而應試者對於《聖經》知識的多寡，將作為確定其官職高下的權衡。中式者將被任為多種官職，而無論官職大小，總要傳播真理。[49]由此觀之，洪秀全堅定相信自己所創立的革命宗教，是唯一的真理，並以此凌駕一切，奉為其治國理念價值體系的核心所在，是以洪秀全大開科舉的行為，雖起源於個人求取

---

[45] 簡又文，《太平天國廣西首義史》，前書，頁 86。
[46] 「天試」是太平天國最高的考試，又稱京試，考期訂於天曆十二月初九日（天王生日），旋改為每年天曆十月初一日開天試。
[47] 毛應章，《太平天國始末記》（台北：臺灣商務印書館，民國 90 年 2 月，2 版 2 刷），頁 128。
[48] 黃顯宗，〈太平天國的政教理論與設施〉，中華文化復興運動推行委員會主編，《太平天國》（台北：臺灣商務印書館，民國 74 年 8 月，初版），頁 150。
[49] 李振宗，《太平天國的興亡》（台北：正中書局，民國 88 年 11 月，初版 2 次印行），頁 358。

功名（即對「名望」的慾求）不成後的「補償作用」，但因皈依宗
教、認同上帝等因素，透過宗教狂熱、自我實現兩大動力，遂使洪
秀全以自己的認知和方法將原本清制的科舉制度完全更改。

陸、奪權鬥爭

　　洪秀全在建立政教合一的政權後，由於自身偏狹心態與迷信心
理，使得太平政權內部發生權力鬥爭事件與宗教信仰密不可分，實
屬特殊。此一領導階層的權力變化，不僅關係著天國的興衰，且造
成彼此關係的緊張和危險，其中尤以三次內訌最為激烈。由於在第
五章第一節中，曾分別就洪秀全對楊秀清、韋昌輝、石達開三人之
人際關係處理的論述中對三次內訌之原因、過程均有論述，故在此
僅就洪秀全個人在三次內訌中的自我防衛行為作一綜合性之分析：

　　一、第一次內訌：楊秀清在太平天國甲寅四年（1854 年）九
　　　　月八日以天父之名義宣布「恩命四殿下（即楊秀清本人）
　　　　下凡，繼治天下，佐理萬國之事」[50]奪取最高領導權。洪
　　　　秀全初則容忍，但無法遏止楊秀清的一再冒犯，為了保障
　　　　自己最高統治的絕對權力，遂採攻擊行為，因攻擊是內在
　　　　驅力為求安全或權力的需要所引發的行為。[51]歷史上開國
　　　　者大都心狠手辣，毫不留情，為爭奪權位，骨肉相殘者有
　　　　（玄武門之變），得國於婦人孺子之手者有（司馬父子），
　　　　為穩固政權，不惜誅殺功臣，還有的為自保和生存，便須

---

[50] 謝介鶴，〈金陵癸甲經事略〉，載楊家駱主編，《太平天國文獻彙編》，冊 4，
　　前書，頁 675。
[51] 李美枝，前書，頁 192-193。

篡取帝位，或先下毒手。[52]第一次內訌中，洪秀全即採取
「先下手為強」、「逆我者亡」的手段召回舊部，剷除楊秀
清，此亦為其重視內在「權力」、「名望」慾求的強硬表現
方式。

二、第二次內訌：肇因於韋昌輝與石達開的衝突，洪秀全在得
　　知韋昌輝的手段比楊秀清更為殘忍，完全出乎意料，基於
　　前車之鑑，亦採「先下手為強」的強硬手段，借重石達開
　　的力量，展開另一次整肅，以保障其最高統治的絕對權
　　力，是為太平天國第二次內訌。吾人觀察這兩次事年當事
　　人出身，如楊秀清是燒炭工人，韋昌輝是地主而兼富商，
　　楊秀清較急進，韋昌輝則結黨營私，自謀利益。洪秀全則
　　在失意與得意後，儼然有著不同心態。尤其他們皆缺乏明
　　確的革命思想，一旦當權得勢，便驕奢淫逸，生活靡爛，
　　身心腐化，專重私益，自易演出「秉性使然、在所難免」
　　的悲劇。洪秀全在兩次內訌中，表面上皆以「勤王」名義
　　號召舊部回朝剷除楊秀清、韋昌輝二人，此種行為在自我
　　防衛方式中乃屬「合理化作用亦即文飾作用」，實則是在
　　動盪、複雜的革命運動過程中，皆以保全性命、鞏固權位
　　為主要考量的結果。

三、第三次內訌（石達開出走）：此次不同於前兩次（由於楊
　　秀清的僭越、韋昌輝的兇殘），而是種因於洪秀全對石達
　　開的猜忌，使得石達開心灰意冷之餘，遂於太平天國丁巳
　　七年四月底，帶領部眾，遠離天京。此舉使得太平天國整

---

[52] 馬起華，《政治心理分析》（台北：正中書局，民國73年3月，2版2刷），
　　頁39。

個領導階層空虛，造成「政渙人散，外合內離」[53]的局面，洪秀全雖亦曾提拔陳玉成、李秀成為主將，但仍濫封諸王，目的乃企圖透過彼此牽掣，以保持平衡，並對異姓極度不信任，不圖採取積極有效的面對和解決問題，反而不斷強化宗教活動和遇事則仰賴宗教信仰，逐漸表現出退縮入其自構的宗教王國裡，以迷離的神天幻境作自我陶醉，來應付兄弟鬩牆、劇烈內訌的支離破碎局面。即使在天京被圍的危殆局面，仍迷信上帝權能，強調：食甜露可以養生（解決缺糧問題）、諸事皆有天父和天兄擔當、天兵天將多過於水等。他一心仰賴神力、信靠天父、天兄，致使自己和其領導幹部無法發揮理性、正確有效的領導，而使天國「日趨腐化、惡化」。[54]上述行為在自我防衛方式中乃屬「退化作用」，充分表現出其一味靠天、不信任部屬且固執己見的態度，但對宗教的狂熱和依賴則更為執著。

---

[53] 趙烈文對太平天國後期的評論，詳見：趙烈文，〈上曾滌生大帥書〉，載蕭一山編，《太平天國叢書》，冊1（台北：中華書局，民國45年12月），頁191。

[54] 郭廷以，《近代中國史綱》（台北：弘文出版社，民國67年），頁165。

第七章　結論

　　本論文的目的在於探討洪秀全的政治人格，進而解釋其政治行為。在緒論中研究目的部份曾提及，本論文欲研究的問題有三：一、洪秀全何以成為清末太平天國革命運動的倡導者及拜上帝教的教主？他具有那些人格特質及心理動力？二、洪秀全採用什麼方法與態度以達到其目標及理想？後來又何以會失敗？三、洪秀全一生遇到許多挫折，其中包括周遭的親人、友伴、同志甚至對手，他是如何去面對、處理？為了達到研究目的，本論文採用史密斯的「人格與政治分析圖」與格林斯坦的「政治與人格的擴大分析圖」，產生「本文分析架構圖」作為本論文的分析架構，從現象的描述、動態的解釋及根源的研究，來探討洪秀全的政治人格。在方法上則採用政治人格研究法，輔以社會學研究法及情勢研究法，並從政治心理學、人格心理學、發展心理學、宗教心理學、精神醫學及社會心理學等觀點，將蒐整之資料作一研析，賦予解釋，由前面六章的分析討論及寫作過程中，筆者得到的結論，可分為研究發現及研究檢討兩方面予以說明：

第一節　研究發現

壹、洪秀全反滿清建天國之因

一、洪秀全日後之所以成為拜上帝教的教主，係受到：

(一) 「社會遠因」中宗教環境的影響：中國人在思想層面上，早具「帝制的神權思想—天命論」觀念。而民間社會則有迷信真命天子的現象，這種思想原有利於君王威望的鞏固及確立既有政權的合法性。然而一旦政局不穩或衰敗，則不似日本「萬世一系」觀念，中國傳統「天命無常」信仰，反而有助於以新真命天子自居的反叛領袖，以迎合民間「國不可一日無君」的期盼心理。另在民間宗教教派盛行及兩廣風俗好鬼神及巫術占卜流行的情況下，容易孳長迷信，且層面廣及社會中、下層大眾。在這種趨勢上不僅影響洪秀全人格的發展，並給予洪秀全一個運用宗教力量來號召群眾的有利先在條件。

(二) 「社會近因」中的：1、家庭環境給予洪秀全的呵護驕寵，尤其其父採寬容型的管教方式（甚至縱容），均影響其日後的人格發展，如易養成依賴習性，挫折容忍度低，此與成長後信仰宗教、依賴上帝不無關連。2、落榜生病的打擊創鉅痛深，一場特殊又富神秘色彩的「昇天異夢」開啟了他特殊的宗教經驗。3、梁發《勸世良言》一書，不僅是洪秀全宗教知識的源頭，也使他自認解開「昇天異夢」之謎，因而證實天啟、皈依宗教（上帝），並深信：自己即是上帝之次子、耶穌之弟，被賦予特殊使命，要完成天啟的目標—建立太平天國。4、傳教士羅孝全是洪秀全的外籍宗教老師，使他在短短兩、三個月間對基督教有進一步較深刻的體驗。5、傳教經驗中，得馮雲山的輔佐及核心幹部的支持，而信徒在天啟經驗及神蹟神話的流佈中紛紛投效，更強化了洪秀全成為「救世主」的神秘色彩，配合混亂、動盪的時局，引發群眾的歸屬和認同。

二、洪秀全日後之所以成為清末太平天國運動的倡導者，係受到：

(一)「社會遠因」中的：1、在地理環境方面，出生於廣東花縣
的洪秀全，由於祖先一脈相傳的奮鬥精神和特有剛毅的性
格，加上花縣一帶流傳的抗清事蹟，對他的民族意識與革命
觀點具有啟發和影響作用。而廣西的地理形勢和相關條件，
更適合密謀革命；太平天國的核心幹部及基本群眾，亦多為
兩廣一帶的客家人，這又與其特有的民性和歷史淵源有著密
切的關係。2、在經濟環境方面的特色是：嘉慶、道光年間
由於人口激增、土地分配不均，加上天災連年、民不聊生、
經濟環境破敗。3、在社會環境方面的特色是：廣東三元里
事件，充分暴露滿清政府的懦弱無能，引起廣東人民不滿與
輕視朝廷情緒；盜匪、會黨風起雲湧，造成治安上的威脅；
而教派衝突、糾紛不斷，局勢甚為動亂不安。4、在政治環
境方面，由於官吏貪污腐化、政治敗壞；科舉弊端叢生、官
箴蕩然，菁英流通（elite circulation）管道受阻；內憂外患
交加、排滿意識日盛。上述因素固然影響了洪秀全人格的發
展，同時也成為不滿清廷、發展革命的有利先決條件。

(二)「社會近因」中的：1、家庭環境方面，由於洪秀全來自大
家庭，在家排行老四，使其在教育及領導行為上有一較好的
發展基礎。生活清苦的背景，使他更易體會群眾的痛苦和需
要。由於其父對他的教養態度（疼愛和縱容），易形成望人
讚許、予取予求的性格，故傾向反抗不合理的現象，敢於從
事革命冒險工作。2、教育環境方面，以中國經史書籍為受
業內容，以科舉功名為核心價值的導向，使洪秀全自十五歲
始即投入科舉考試和傳統讀書人並無差別。3、經歷四次赴
考的結果，均告挫敗，且罹患重病（第三次落榜），使洪秀

全決心擺脫科舉，重尋新的人生出路。由上述歷程觀之：洪
秀全並非天生的革命家，而是經受科舉失意痛苦，才與科舉
制度徹底決裂的知識份子。4、傳教活動中，得力於馮雲山
的輔佐，為其佈置起事與建國等事宜，使得洪秀全能掌握在
混亂、動盪的時局中信徒及群眾的需要，遂將宗教理想與反
清革命兩者合而為一。

由於上述因素及洪秀全個人在上述環境下而產生特有的「人格
特質」、「心理動力」，終使他成為清末太平天國運動的倡導者及拜
上帝教的教主。

貳、洪秀全人格特質及心理動力

一、在洪秀全基本人格特質方面，其內容包括領袖特質、權威人格
　　特質及宗教陷溺三項。經分別探討其形成及發展過程，發現其
　　落榜生病罹患疑似躁鬱症，是其人生重要轉變的關鍵，因而對
　　其日後行為的影響至深且鉅。再近一步分析其影響則有：
　　(一) 洪秀全狂妄自大、期待他人奉承、神化自己、性多猜忌又乏
　　　　容人之量的領袖特質之影響有四：一為藉革命運動紓解其自
　　　　身怨恨；二為大行開科舉取士以平衡、補償自己；三為塑造
　　　　「真命天子」之形象，以贏得部屬、群眾的擁護；四為造成
　　　　太平天國革命運動的功敗垂成。
　　(二) 洪秀全具攻擊傾向、不容忍曖昧、不妥協、注重權威和服從
　　　　的權威人格特質之影響有三：一為講求「正」與「邪」的二
　　　　分法標準；二為獨特的治軍思想、法治思想及集權統治思
　　　　想；三為宮廷私生活的行徑，表現出性情剛烈、脾氣暴躁，
　　　　採行家長制的嚴厲統治。

(三) 洪秀全皈依宗教、信仰上帝、對宗教的投入和狂熱的宗教陷溺特質之影響有三：一為深信神靈附體與救世主現世；二為用神話迷信醜化滿清；三為將政權的維繫訴諸於上帝的權能，實凸顯其宗教陷溺至深，直至太平天國覆亡為止。

二、洪秀全的心理動力

　　洪秀全由於受到家庭生活、教育環境、病中「昇天異夢」及傳教經驗等的影響，認為權力、名望、正直、才能乃是其所追求的人生目標。為了實現此四大慾求，完成其「理想自我」（ideal ego）。[1]所表現的「心理動力」是理想主義、英雄主義、自我實現、宗教狂熱等四大動力。

　　本論文曾就洪秀全臥病時之「昇天異夢」分別從人格心理學、精神醫學、宗教心理學等觀點，結合相關文獻、史料，予以分析、解釋，不囿一家之說，俾助吾人對洪氏政治人格之形成、發展、更能有「接近真相」的了解。就醫學觀點言，將過去醫界、學界對此相關研究，作一整理、簡介和討論後，筆者認同盧瑞鍾的觀點，認為洪氏的病症疑似「狂躁型的躁鬱症」，唯因其當年採用之 DSM-Ⅲ工具書（含手冊），於今已出版至第四冊較新版本，經筆者向相關醫師、老師請教，並查閱、對照 DSM-IV 後，而以躁鬱症第一型（Bipolar Ⅰ）—躁狂和重度憂鬱（mania＋major depression）稱之（兩者俗稱均為躁鬱症）。故嚴格來說，乃屬「沿用」，僅是「更名」，配合新手冊問世及醫學發展上之命名。

---

[1]　某些論者區別於自我理想的一種精神內部形成物，並將其定義為：依照兒童期自戀模型所塑造出之自戀性全能理想。詳見：尚・拉普朗盧（Jean Laplanche）、尚-柏騰・彭大歷斯（J.-B. Pontalis）著，沈志中、王文基譯，陳傳興監譯，《精神分析辭彙》（Vocabulaire de la Psychanalyse）（台北：行人出版社，民國 89 年），頁 274。

洪秀全個人因科舉落第挫折而發病，而作夢，而皈依宗教，這期間實有因果、脈絡可尋。經吾人追繹，已有充分證據顯示：洪氏曾患疑似躁鬱症的疾病，其後在精神上常存有多種病態的現象，以致日後在政治思想或意識型態上非理性的成分十分嚴重（如迷信神蹟、創立具有極權性質的神權主義意識型態、模仿上帝爺火華之性格與作風、合城俱食甜露的決策等）。他個人之使命感也因夢中受命於「上帝」而益形強化和堅信，日後的創教、傳教即以此為依據和主張，金田起義、登基立國亦以此為基礎和藍圖。足見此夢對其一生產生了決定性的影響，也成為其心理動力的主要源頭。

參、洪秀全的政治態度與作為

一、對政治體制的態度是：以天啟神權政體觀點為依據，並積極實踐神權治國原則，去徹底施行神權統治的國家。其具體作法如採「聖庫制度」與「天朝田畝制度」、「科舉制度」等以達成其政治、軍事控制的目的。

二、對政治社群的態度是：

(一) 對民族的政治態度：在傳教活動、號召群眾來歸、對敵作戰期間，洪秀全採取站在民族立場聲討滿清，惟因他對宗教信仰的狂熱和偏執，堅持摻入大量傳教觀點和字句，顯見其宗教意識高於民族意識。

(二) 對會黨的政治態度：在革命起義期間，曾一度與天地會聯合，收納其會員並得其襄助。但基於宗教考量，亦要求投效者改變舊習、遵從真道（拜上帝）、遵守會規。

(三) 對團練的政治態度：排除以往（金田起義前）的對立、鬥爭態度，以「拉攏」、展開「爭取」的方式，以本土水源的同

　　根情感和激發同仇敵愾之意識為訴求重點，展開勸諭，以利
　　太平軍的軍事進展。
三、對政治權威的態度是：採取最激烈的反抗態度，配合其一神教
　　不容忍的破壞行動，毫不妥協。具體的行動為展開對偶像的摧
　　毀和配合運用宗教神話醜化滿清，並率領信徒、群眾組成太平
　　軍，對滿清權威當局展開實際軍事作戰。

肆、洪秀全調和人我關係的方式

一、與家庭的關係：
　(一) 對於父兄：對父親的心願（科舉功名、光宗耀祖）努力以赴，
　　　故對四度落榜，深感慚愧和遺憾。在皈依宗教後，以自身影
　　　響力使其父母兄嫂及侄輩悉數入教。對於兩位兄長──仁發、
　　　仁達，在天國後期只信骨肉、猜忌異姓的考量下，予以封王
　　　重用，並參與政事，全然不顧其才能（近乎文盲）與操守（貪
　　　劣至極）。
　(二) 對於妻兒：雖有其關心，但由於觀念腐化和對宗教的偏執，
　　　對於妻兒、后妃均採父權統治，要求嚴苛，不近情理。
　(三) 對於神靈家族：鮮少論及家庭親友私事的洪秀全反倒是常自
　　　稱是「上帝之次子、耶穌之弟」，令人側目（此乃因一場「昇
　　　天異夢」衍生出一個虛偽的家族）。他自認為神靈家族的成
　　　員，且自稱可「上天下凡」的與天父、天母（媽）、天妻、
　　　天兄、天嫂等互動，相當特殊。除真實性可疑外，亦顯現其
　　　病態的一面。
二、與同志的關係：

(一) 對於楊秀清：起初迫於情勢，極力容忍楊秀清的羞辱，因楊秀清奪取最高領導權後，氣焰日盛，在一山難容二虎、兩人水火不容的情形下，洪秀全基於保有最高統治的絕對權力考量，採取「先下手為強」、「友我則用，敵我者殺」而召回舊部，予以剷除的強硬方式。

(二) 對於韋昌輝：由於韋昌輝趕盡殺絕、專制跋扈的作風，完全出乎洪秀全意料之外。為平息公憤、鞏固權力，遂不得不斷然處置而採取「壯士斷腕，以除後患」的強硬手段，借重石達開的力量，對之展開整肅行動，消滅韋昌輝及其黨羽兩百餘人。

(三) 對於石達開：由於洪秀全對石達開的疑慮和一味固執己意而不明現狀、不辨忠奸的非理性領導作風，採「惟親是用，不信異姓」的原則，對石達開刻意抵制，迫使石達開這位忠心耿耿的核心幹部，在君臣疑忌的情形下，索性率兵逃離天京，造成領導階層的空虛與天國實力的弱化。

三、與對手的關係：

(一) 對於湘軍領導人曾國藩：由於洪秀全對湘軍領導人曾國藩犯了主觀上的判斷（輕縱敵人）及決策方面的錯誤（信奉基督教、排斥孔孟學說），使得客觀形勢因而改觀，造成太平天國的功敗垂成。

(二) 對於美、英、法列強：初期對外均以「洋兄弟」稱之，尚無惡感。建都金陵後，洪秀全等則以傳統上的天朝上國君臨天下萬國之世界統治者自居，即抱持著「天朝型模的世界觀」，視英、美、法諸列強為藩屬，甚至要他們來降，加上太平基督教教義荒唐之處漸為西人洞悉，遂引發列強不滿和忿恨而紛紛表態不再「中立」，並各自為其母國利益，改採支持清

廷。此心態、作風除了顯露洪秀全在世界知識、國際關係、外事外情方面的欠缺，也成為與外國建立友好關係上的最大障礙。

伍、洪秀全自我防衛方式

一、洪秀全自我防衛的行為有：
(一) 創教傳教。
(二) 破壞偶像。
(三) 革命起義。
(四) 建立天國。
(五) 大開科舉。
(六) 奪權鬥爭。

二、洪秀全自我防衛的方式為：

(一) 否定作用：宗教文化政策中，對儒家思想（孔子）的批判、禁讀等，以及以神話迷信醜化滿清（用滿妖、妖敵、妖孽等稱謂）。

(二) 轉移作用：將原本努力求取功名的作為，透過轉移作用的方式轉換到從事革命運動和對宗教信仰的全力投入（創教傳教、神權治國）。

(三) 投射作用：將自己性格投射在他所信仰的「上帝」之中。

(四) 合理化作用即文飾作用：1、將自己暴怒個性歸之承襲天父，為其行為作合理化之解釋。2、以上帝之次子、耶穌之弟、救世主自居，率領信眾從事打江山、建天國大業。3、透過許多宗教行為、條規、迷信觀念（如神靈附體），把革命性的宗教思想灌輸於其所掌握的群眾，以爭取群眾向心。4、

兩次內訌中，洪秀全基於鞏固權力的考量，表面上皆以「勤
王」名義號召舊部回朝剷除楊秀清、韋昌輝兩人。

(五) 認同作用：1、認同舊約《聖經》中上帝的公義、威怒、戰
鬥的形象，不僅引以為師，且自視為上帝之次子、耶穌之弟，
是神靈家族的成員。2、學習羅孝全牧師的行事作風及激烈
的宣教態度。

(六) 退化作用：1、三度落榜後罹患重病，不僅身心患病、出現
精神障礙，且在思想、人格上亦有退化傾向。2、天京被圍
時，全城絕糧，乃令人吃野草「甜露」、迷信上帝權能，表
現一味靠天、諸事仰賴神力的退化行為。

(七) 幻想作用：1、天京被圍時，期盼依靠神蹟、上天堂求天兵
天將等求得解脫的不切實際行為。2、太平天國晚期，以迷
離的神天幻境作自我陶醉、逃避現實。

(八) 補償作用：大開科舉取士的行為，即是平衡、補償自己當年
求取功名的夢想。

(九) 昇華作用：將原本鬱結已久的怒氣（一再落第），透過昇華
作用，號召群眾從事革命運動並達成其建立太平天國的理想
目標。

(十) 「挫折─攻擊」說：驅逐胡虜、破壞偶像、禁讀經書、摧毀
廟宇、斬妖救世行動、倡導革命起義運動等皆屬之。

第二節 研究檢討

壹、就分析架構言

　　本論文的分析架構內容為：政治行為本身、行為的即刻情境、意識定向（包括基本人格特質與政治態度）、社會近因、社會遠因等五項。配合相關理論的認定與洪秀全一生的史料，而對此五項內容及其相互間的關係的解說，逐一分析討論（如以第三章為因，去說明第五章第一節的果）。將重點置於洪秀全與他人互動行為，並透過當時的各種環境來描述、解釋其行為，以做好襯托洪秀全的個性及人格特質的工作。換言之，運用此分析架構的優點，乃在從事洪秀全的政治人格分析時，可面面兼顧。然而畢竟此種圖案公式只是一種啟發性的（heuristic）—特別設計出來幫助思考或研究的—而非涉及真假的。[2]加上資料的分佈不均（於資料的運用項討論），故疏漏之處在所難免。

貳、就資料運用言

　　研究分析人物，最重要之參考資料，應是與研究對象直接有關之所謂「第一手資料」。因能充分而有效利用此類資料，不僅能增加研究過程之假設及推論之可信度，亦有助於建立研究方法之效度。但真確可信之第一手資料得之不易，且其中可能發生的現象，如同羅家倫所言：

---

[2]　Fred I. Greenstein & Nelson W. Polsby, eds, *Handbook of Political Science,* Vol.2 (Mass: Addison-Wesley, 1975) , p.16.

我們所對於所謂第一手資料的處理和認定，還得經過許多手
續。不但奸雄會欺人，就是英雄也會欺人；不但壞人會欺人，
就是好人有時也會欺人；有人是蓄意的欺人，有人是無意的
欺人。所以無論是手寫的或是口說的史料，必須加以辨別：
他當時所處的環境，他願意記錄或發表的用意，他本人的人
格、性格，乃他心裡的疙瘩（complex），都要考慮和計算進
去。再用同時有關人物的記錄，加以旁徵博引，直剖橫通，
庶幾可明真相。[3]

筆者基於上述觀點，故在研究洪秀全政治人格之過程中及徵引資
料，面臨這類問題時，首先利用晚近公佈之原始資料對照比較各種
不同之說法，而採取較可信之資料。對已有考證之資料，則謹慎引
用，並註明出處。至於無法考證亦無法旁證之待證說法，則採保留
態度。但對事件的態度，大致是抱持明其演化脈絡，而非必察其「秋
毫之末」。而本論文的撰寫，只能以目前所能搜集、閱讀到的資料
來作素材（配合分析架構所需），進行分析研究。根據此相對有限
的資料和筆者不能親赴大陸地區（服務單位的因素）從事體驗、查
證有關洪秀全與太平天國相關之資料，自是本論文研究寫作上的限
制因素。加上研究過程中引用相關理論，涉及宗教心理學、精神醫
學、人格心理學、社會心理學、政治心理學及發展心理學等眾多學
科，因而延伸、豐富了學習領域，也把古籍古書的記載，導向以心
理學研究方法為主，來詮釋洪秀全這位歷史人物。此為筆者最大的
收穫，但同時亦得承認，筆者在深層的心理分析和精神醫學分析方
面所學有限，進一步的學習研究、深入探討則為日後持續努力的方

---

[3] 羅家倫，〈一個幾乎被失落的歷史證件－關於世凱『戊戌日記』考訂〉，《中
國現代史叢刊》，冊2（台北：文星書局，民國47年），頁7。

向。此外，在寫作過程中，應儘可能投入洪秀全所處之時空環境，設身處地揣摩其行為之根源，此即如喬治夫婦所言：一個心理傳記作者必須同時具備「融入」（involvement with）及「跳出」（detachment from）其研究對象之能耐。[4]為了瞭解其研究對象之反應，他必須要能夠適時地「融入」；但也唯有其能夠順利「超脫」，他才可以進一步去客觀的評估分析出這些反應。此一進出個案歷史情境的境界之研究，筆者深知學能有限，必然無法確實達成，但「雖不能至，心嚮往之」，唯有抱持此一敬謹之態度，期儘量排除主觀臆測，以作為日後繼續研究之目標。

參、就心得體認言

　　十九世紀中期中國大動亂的主角人物洪秀全，是一位歷經四次，連士大夫最低層的「秀才」都沒考上的知識份子，卻掀起一場巨大的革命運動，以反滿清、反專制、反外國侵略為號召，懷抱著革命理想─從天啟經驗中，受天父指示：前來將中國解救出滿清異族征服者的統治，並帶領他特選的子民前往他們自己的人間天堂─建立太平天國。此一烏托邦式的訴求，使他和其追隨者，從創教、建軍、起義、建國，歷經十四年（1851-1864），轉戰禍延十八省，沉重地打擊腐朽的滿清政局，並曾一度為外國人重視的革命勁旅，卻也造成二千萬人左右傷亡，[5]誠屬壯烈的歷史悲劇。

---

[4]　Alexander L. George & Jiliette L. George, *Woodrow Wilson and Colonel Horse: A Personality Study* (New York: John Day, 1956), p.x.

[5]　卜大中，〈權力瘟疫，殺人機器─二十世紀各國政府屠民錄〉，《中國時報》，民國83年12月15日，第46版。

　　像太平天國這般掀天揭地的大革命，必然社會存有極大的張力
（tension），有族群或階級等的重大矛盾，才會積蓄如此巨大的能
量，像火藥庫一般，星星之火，即足以引爆。洪秀全革命前夕以及
往後孫中山先生的共和國革命、毛澤東的共產革命，似乎都有類似
情況。有偏差（deviant）的社會，才會產生變異（variant）的人格，
甚至爆發激進的社會運動（如圖 7），赤燄千里，血流漂杵。準此
而論，為政者實應致力於政府功能的實踐，滿足安全（security）、
秩序（order）、正義（justice）、自由（liberty）與福利（welfare）
等五大目的，[6]則偏差的社會不致形成，自然不會產生變異人格的
政治人物，甚至爆發像近代中國多次發生的大型激進社會運動，而
內亂外患、骨嶽血淵、鬼神哭傷，遂有所謂「中國的流血世紀」之
說。[7]其次，「菁英的流通」，從洪秀全與孫中山先生之經歷觀之，
實至為重要。社會菁英，懷才不遇，無通暢之適當管道如考試、選
舉，使成為政治菁英，遂使此等人物，可以利用現存之社會張力，
援為己用，掀起驚天動地的大變動，於此，為政者實當引以為鑑戒。

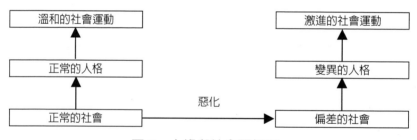

圖 7　人格與社會關係圖

---

[6]　Charles E. Merriam, *Systematic Politics* (Chicago: University of Chicago Press, 1945), pp.31-64.

[7]　美國夏威夷大學羅慕爾（R. J. Rummel）教授曾撰《中國的流血世紀》（*The Bloody Century of China*）一書，記載有關中國近百年間老百姓直接或間接（如餓死）死於戰亂的情形和人數。詳見：卜大中，〈權力瘟疫，殺人機器——二十世紀各國政府屠民錄〉，前文。

　　最後，就涵化而言，洪秀全的宗教信仰，在自創性的部份極重，與原本基督教教義不盡相同，除表面上信仰同樣的神，使用同一本《聖經》（《聖經》為基督教唯一經典，但卻是太平天國「詔書」之一）外，可說是另成一體系。其間轉換過程、內容相當牽強附會、荒唐無稽。此關鍵處實和洪秀全自身的人格特質息息相關，加上曾患病和本身條件的侷限和弱點，在動盪混亂的時代中，雖然以宗教迷信作為初期領導工具，迎合了廣大心理挫折的信眾，有諸多效能。但就長遠目標言，洪秀全始終以「救世主」身分自居，一味堅持自己的夢想（吾人不能全然否認其宗教狂熱的激情是真誠的）且相信自身不受任何力量的束縛和約制，一再作出錯誤的決策。換言之，洪秀全在領導上的失敗，即是不能從宗教中自我覺醒，反而陷溺更深，以神權治國的種種作為，即造成人心的疑懼、背離；權力的腐化、惡鬥，使得太平天國功敗垂成，也提供吾人一個教訓：在宗教上僅強調孤立或單一面向、貶抑傳統，加上狂熱的宗教態度，將帶給人們征戰的痛苦和衝突。中國近代史上洪秀全和其領導的太平軍抨擊儒家思想、背離傳統價值觀念等作法和當今國際上的奧薩瑪賓‧拉登（Osama bin Laden）及其信徒們所進行的「聖戰」（jihad），強調對敵人發動全面戰爭的瘋狂行為均屬之。

參考書目

壹、中文部份

一、太平文獻

《天父上帝言題皇詔（又名十全大吉詩）》，鄧之誠、謝興堯等編，
　　《太平天國資料》，沈雲龍主編，近代中國史料叢刊，輯 36，
　　台北：文海出版社，民國 65 年，頁 1-2。

《天父下凡詔書一》，楊家駱主編，《太平天國文獻彙編》，冊 1，
　　中國近代史文獻彙編之一，台北：鼎文書局，民國 62 年 12
　　月，初版，頁 5-20。本套書共計九大冊，分三大部分：（一）
　　太平天國史料；（二）清方記載；（三）外人記載。和前部書《太
　　平天國資料》大致相同。

《天父下凡詔書二》，《太平天國文獻彙編》，冊 1，頁 21-56。

《天命詔旨書》，《太平天國文獻彙編》，冊 1，頁 57-70。

《天條書》，《太平天國文獻彙編》，冊 1，頁 71-83。

洪秀全，《太平詔書》，《太平天國文獻彙編》，冊 1，頁 85-99。內
　　容計：

《原道救世歌》，頁 87-90。

《百正歌》，頁 90-91。

《原道醒世訓》，頁 91-92。

《原道覺世訓》，頁 93-98。

《太平條規》，《太平天國文獻彙編》，冊 1，頁 153-156。

《頒行詔書》，《太平天國文獻彙編》，冊 1，頁 157-167。

《三字經》,《太平天國文獻彙編》,冊 1,頁 223-228。

《幼學詩》,《太平天國文獻彙編》,冊 1,頁 229-235。

楊秀清,《太平救世歌》,《太平天國文獻彙編》,冊 1,頁 237-247。

《建天京於金陵論》,《太平天國文獻彙編》,冊 1,頁 249-280。

《貶妖穴為罪隸論》,《太平天國文獻彙編》,冊 1,頁 281-299。

《天朝田畝制度》,《太平天國文獻彙編》,冊 1,頁 319-326。

《天理要論》,《太平天國文獻彙編》,冊 1,頁 327-352。

《天情道理書》,《太平天國文獻彙編》,冊 1,頁 353-406。

《天父詩》,《太平天國文獻彙編》,冊 2,頁 431-499。

《醒世文》,《太平天國文獻彙編》,冊 2,頁 501-506。

洪仁發、洪仁達合撰,《王長次兄親目親耳共証福音書》,《太平天國文獻彙編》,冊 2,頁 507-516。

洪仁玕,《資政新篇》,《太平天國文獻彙編》,冊 2,頁 521-541。

洪仁玕,《欽定英傑歸真》,《太平天國文獻彙編》,冊 2,頁 567-594。

《太平天日》,《太平天國文獻彙編》,冊 2,頁 629。

洪仁玕,《千王洪寶製》,《太平天國文獻彙編》,冊 2,頁 655。

《欽定前遺詔聖書》(太平天國癸好三年新刻本),大英博物館藏本微膠捲攝影本。

《欽定前舊遺詔聖書》(太平天國癸好三年新刻本),大英博物館藏本微膠捲攝影本。

羅邕、沈祖基編,《太平天國詩文鈔》,臺聯國風社,太平軍史料,台北:臺聯國風社,民國 62 年,冊 9,頁 1-389。

李秀成,《李秀成親供手跡》:湘鄉曾八本堂藏本,台北:世界書局,民國 51 年 7 月。

(以上為書籍形式之太平文獻,以下則為文件形式)

金毓黻、田餘慶，〈欽定前遺詔聖書批解〉，《太平天國史料（上）》，
　　沈雲龍主編，近代中國史料叢刊，輯36，台北：文海出版社，
　　民國65年，頁73-88。
楊秀清等，〈奉天誅妖救世安民論〉，《太平天國文獻彙編》，冊1，
　　頁159-161。
楊秀清等，〈奉天討胡檄布四方諭〉，《太平天國文獻彙編》，冊1，
　　頁161-164。
楊秀清、蕭朝貴，〈奉天討胡檄〉，《太平天國文獻彙編》，冊1，頁
　　6（北平圖書館藏當時鈔本太平天國史料影印圖片）。
洪仁玕，〈誅妖檄文〉，《太平天國文獻彙編》，冊2，頁621-622。
〈洪秀全來歷〉，《太平天國文獻彙編》，冊2，頁689-691。
洪大全，〈洪大全自述〉，《太平天國文獻彙編》，冊2，頁777-779。
李秀成，〈李秀成自述〉，《太平天國文獻彙編》，冊2，頁787-842。
洪仁玕，〈洪仁玕自述〉，《太平天國文獻彙編》，冊2，頁846-855。
洪福瑱，〈洪福瑱自述〉，《太平天國文獻彙編》，冊2，頁855-857。
李汝昭，〈鏡山野史〉，《太平天國文獻彙編》，冊3，頁1-21。
陳徽言，〈武昌紀事〉，《太平天國文獻彙編》，冊4，頁577-606。

二、有關太平天國之專書

中華文化復興運動推行委員會主編，《中國近代現代史論集－第三
　　編太平天國》，台北：臺灣商務印書館，民國74年8月，初版。
毛應章，《太平天國始末記》，台北：臺灣商務印書館，民國90年
　　2月，2版2刷。
王榮川，《太平天國初期的政治運動（一八四三－一八五三）》，台
　　北：阿爾泰出版社，民國71年5月，初版。
王慶成，《太平天國的歷史與思想》，北京：中華書局，1985。

北京太平天國歷史研究會編，《太平天國史論文選》，北京：三聯書店，1981 年 1 月，1 版 1 刷。

史景遷（Jonathan Spence）著，朱慶葆等譯，《太平天國》（*The Taiping Heavenly Kingdom of Hong Xiuquan*），分上、下兩冊，台北：時報文化出版公司，2003 年 1 月。

佚名，張政烺收藏，《粵匪大略》（日本安政甲寅，即咸豐四年翻版石印本），金毓黻、田餘慶等編，《太平天國史料》，台北：文海出版社，民國 65 年，頁 489-499。

李文海、劉仰東，《太平天國社會風情》，台北：雲龍出版社，民國 80 年 7 月。

李振宗，《太平天國的興亡》，台北：正中書局，民國 88 年 11 月，初版 2 次印行。

杜文瀾，《平定粵匪紀略》，台北：文海出版社影印本。

呤唎（A. F. Lindley）著，王維周、王元化譯，《太平天國革命親歷記》，上海：人民出版社，1997。

呤唎（A. F. Lindley）著，王維周譯，《太平天國革命親歷記（上）》，上海：中華書局，1961 年，初版。

茅家琦校補，《郭著「太平天國史事日誌」校補》，台北：臺灣商務印書館，民國 90 年 10 月，初版 1 刷。

夏春濤，《太平天國宗教》，南京：南京大學出版社，1992。

張德堅，《賊情彙編》，載楊家駱主編，《太平天國文獻彙編》，冊 3，台北：鼎文書局，民國 62 年 12 月。

清史編纂委員會，《太平軍史料（一）》，台北：台聯國風出版社，民國 58 年 1 月。

郭廷以，《太平天國史事日誌》，台北：臺灣商務印書館，民國 65 年 2 月，第 3 版。

麥沾恩，《梁發傳》香港：基督教輔僑出版社，1959。

彭大雍，《洪秀全傳》，台北：國際文化事業公司，1987。

華強，《太平天國地理志》，南寧：廣西人民出版社，1991。

賈熟村，《太平天國時期的地主階級》，南寧：廣西人民出版社，1991
　　年1月。

廣西省太平天國史調查團編著，《太平天國起義調查報告》，北京：
　　三聯書店，1956年，初版。

盧瑞鍾，《太平天國的神權思想》，台北：時英出版社，民國74年
　　10月。

蕭一山編，《太平天國叢書》，台北：中華書局，民國45年12月。

鍾文典，《太平天國開國史》，南寧：廣西人民出版社，1992。

韓山文（Rev.Theodore Hamberg）著，簡文又譯，《太平天國起義
　　記》，載楊家駱主編，《太平天國文獻彙編》，冊6，台北：鼎
　　文書局，民國62年12月，頁835-878。

簡又文，《太平天國廣西首義史》，上海：商務印書館，民國35年
　　6月，初版。

＿＿＿＿，《太平天國典制通考》，分上、中、下三冊，香港：簡氏猛
　　進書屋，民國47年10月，初版。

＿＿＿＿，《太平天國全史》，香港：簡氏猛進書屋，民國49年。

＿＿＿＿，《太平天國雜記，金田之遊及其他》，上海：商務印書館，
　　1964年，初版。

＿＿＿＿，《太平天國與中國文化》，香港：南天書業公司，民國57
　　年。

羅爾綱，《太平天國史綱》，上海：商務印書館，民國26年1月，
　　初版。

＿＿＿＿，《太平天國史稿》，北京：中華書局，1954年3月，初版。

_____，《太平天國史事考》，北京：三聯書店，1955。

饒任坤、陳仁華編，《太平天國在廣西調查資料全編》，南寧：廣西
　　人民出版社，1989 年 6 月。

三、太平天國專文

王榮川，〈太平天國拜上帝教的形成及其影響〉，《復興崗學報》，期
　　16，台北：政戰學校，民國 66 年 6 月，頁 247-262。

王慶成，〈洪秀全與羅孝全的早期關係〉，《太平天國的文獻和歷
　　史》，北京：中國社會科學出版社，1993，頁 398-425。

史丕亞（Robert E. Speer）著，簡又文譯，〈論太平革命〉，《大陸雜
　　誌》卷 37，期 7，民國 57 年 10 月 5 日，頁 18-32。

伍錦源，〈傳教士對洪秀全及太平天國之影響〉，《中國研究》卷 3，
　　期 5，1997 年 8 月，頁 51-59。

克拉克（Prescott Clarke）著，曾學白譯，〈上帝來到廣西〉，《太平
　　天國史譯叢（一）》，北京：中華書局，1981，頁 41-44。

李汝昭，〈鏡山野史〉，《太平天國文獻彙編》，冊 3，頁 3-21。

李志剛，〈郭士立牧師在港創立之福漢會及對太平天國之影響〉，珠
　　海文史研究所學會編，《羅香林教授紀念論文集（下）》，台北：
　　新文豐出版公司，民國 81 年，頁 1240-1255。

施有忠，〈太平天國的基督教〉，《幼獅月刊》，卷 41，期 3，民國
　　64 年 3 月。

_____，〈太平天國的思想形態〉，中華文化復興運動推行委員會主
　　編，《中國近代現代史論集》，冊 3，台北：臺灣商務印書館，
　　民國 74 年 8 月，初版，頁 85-97。

茅家琦，〈百年來太平天國史研究概況〉，茅家琦主編，《太平天國
　　通史》，南京：南京大學出版社，1991，頁 1-37。

夏春濤,〈中國大陸太平天國史研究評述〉,《近代中國史研究通訊》,期 23,台北:中研院近史所,民國 86 年,頁 66-78。

徐日襄,〈庚申江陰東南常熟西北鄉日記〉,載楊家駱主編,《太平天國文獻彙編》,冊 5,頁 425-439。

晏瑪太(Rev. M. T. Yates)著,簡又文譯,〈太平軍紀事〉,楊家駱主編,《太平天國文獻彙編》冊 6,頁 921-942。

張研,〈誰之罪─天京事變〉,范炯主編,《歷史的頓挫─古中國的悲劇‧事變卷》,台北:雲龍出版社,民國 85 年 5 月,1 版 6 刷,頁 313-344。

莊吉發,〈太平天國起事前的天地會〉,《食貨月刊》,卷 8,期 12,民國 68 年 3 月,頁 569-581。

_____,〈清末天地會與太平天國之役〉,《大陸雜誌》,卷 59,期 1,民國 68 年 7 月,頁 33-45。

莊政,〈洪門會黨與太平天國的反清運動〉,《東方雜誌》,卷 12,期 4,民國 67 年 10 月,頁 40-49。

郭廷以,〈太平天國的極權統治〉,《大陸雜誌》,卷 10,期 2,民國 44 年,頁 25-32。

廖楊,〈太平天國運動的人類學考察(上)〉,《廣西文獻》,期 91,台北:廣西同鄉會,民國 90 年 1 月,頁 27-29。

_____,〈太平天國運動的人類學考察(下)〉,《廣西文獻》,期 92,台北:廣西同鄉會,民國 90 年 4 月,頁 9-13。

鄧嗣禹,〈「勸世良言」與太平天國革命之關係〉,中華文化復興運動推行委員會主編,《太平天國》,台北:臺灣商務印書館,民國 74 年 8 月,初版,頁 99-124。

_____,〈太平天國史研究之過去現在與前瞻〉,《太平天國學刊》,輯 5,北京:中華書局,1987,頁 19-32。

鍾文典，〈太平天國與天地會在思想制度上的關係〉，北京太平天國歷史研究會編，《太平天國史論文選（下）》，北京：三聯書店，1981 年 1 月，1 版 1 刷，頁 1233-1254。

_____，〈論太平天國革命發生在廣西的原因〉，北京太平天國歷史研究會編，《太平天國史論文選（上）》，北京：三聯書店，1981 年 1 月，1 版 1 刷，頁 201-211。

鍾建熙，〈從清代中葉以後社會、經濟、政治三方面所衍生的問題看太平天國興起的原因〉，《史學月刊》，期 37，民國 82 年 6 月，頁 34-45。

簡又文，〈忠王親筆供辭之初步研究〉，中華文化復興運動推行委員會主編，《太平天國》，台北：臺灣商務印書館，民國 74 年 8 月，初版，頁 401-425。

簡又文著，軼群譯，〈馬克思學派的太平天國史觀〉，《問題與研究》卷 2，期 3，民國 51 年 12 月，頁 1-6。

羅孝全撰，簡又文譯，〈洪秀全革命之真相〉，《太平天國文獻彙編》，冊 6，頁 821-828。

羅爾綱，〈太平天國革命前的人口壓迫問題〉，李定一、吳相湘、包遵彭編纂，《中國近代史論叢》，輯 2，冊 2，台北：正中書局，民國 67 年 10 月，第 6 版，頁 36-76。

四、一般書籍

丁興祥校閱，陳正文等譯，Duane Schultz & Sydney Ellen Schultz 合著，《人格理論》(*Theories of Personality*)，台北：揚智出版社，民國 86 年，初版。

方白譯，《希特勒傳》，台北：大明王氏出版公司，民國 64 年。

王克先，《發展心理學》，台北：正中書局，民國 69 年 7 月，第 3 版。

王治心，《中國基督教史綱》，上海：上海青年協會書局，1940。

王雲五總編，《雲五社會科學大辭典－心理學》，台北：台灣商務印書館，民國 59 年 10 月。

中國社會科學院近代史研究所，《近代史資料（總第 39 號）》，北京：中華書局，1979。

孔繁鐘、孔繁錦編譯，《DSM-IV 精神疾病診斷準則手冊》，台北：合記圖書出版社，民國 89 年 3 月。

孔繁鐘編譯，《DSM-IV 精神疾病診斷與統計》，台北：合記圖書出版社，民國 89 年 3 月 10 日，初版 3 刷。

史革新主編，《中國社會通史（晚清卷）》，山西教育出版社，2001 年 1 月。

史澄等編纂，《廣州府志》，《鴉片戰爭文獻彙編》，冊 4，台北：鼎文出版社，民國 62 年 12 月，初版。

田運主編，《思維辭典》，杭州：浙江教育出版社，1996。

石之瑜，《政治心理學》，台北：五南圖書出版公司，民國 88 年，初版。

_____，《政治文化與政治人格》，台北：揚智出版社，民國 92 年 4 月，初版。

石峻主編，《中國近代思想史參考資料簡編》，北京：三聯書局，1957。

朱其華，《中國近代社會史之解析》，上海：新新出版社，1993 年，初版。

朱浤源，《從變亂到軍省：廣西的初期現代化，1860-1937》，台北：中央研究院近代史研究所，民國 84 年 1 月，初版。

西爾格德（Ernest R. Hilgard）等著，鄭伯壎、張東峰編譯，《心理學》（*Introduction to Psychology*），台北：桂冠圖書公司，民國 70 年 9 月。

佛洛姆（Erich Fromm）著，孟森祥譯，《基督教義的心理分析》，
　　台北：晨鐘出版社，民國 60 年。

_____，欣瑜譯，《心理學與宗教》，台北：有志圖書公司，民國
　　60 年 9 月。

_____，黃榮村等譯，《希望的革命》，台北：環宇出版社，民國
　　63 年 2 月，初版。

_____，孟森祥譯，《人類破壞性之剖析（下）》，台北：牧童出版
　　社，民國 64 年。

余昭，《人格心理學》，台北：三民書局，民國 78 年 2 月，第 6 版。

吳玲玲譯，Solso 著，《認知心理學》（*Cognitive Psychology*），台北：
　　華泰書局，民國 87 年 3 月，初版。

李亦園，《文化人類學選讀》，台北：食貨出版社，民國 63 年。

李亦園、楊國樞主編，《中國人的性格》，台北：桂冠圖書公司，民
　　國 83 年 8 月，再版 5 刷。

李守孔，《中國近代史》，台北：台灣學生書局，民國 75 年 10 月，
　　初版 5 刷。

李志剛，《基督教與近代中國文化論文集》，台北：宇宙光傳播中心
　　出版社，民國 81 年 3 月，初版 2 刷。

李長貴，《社會心理學》，台北：中華書局，民國 65 年 3 月，增訂
　　2 版。

_____，《社會運動學》，台北：大林出版社，民國 69 年 10 月。

李美枝，《社會心理學》，台北：大洋出版社，民國 74 年 1 月，第
　　9 版。

李雲漢，《中國近代史》，台北：三民書局，民國 74 年 9 月。

李新達，《中國科舉制度史》，台北：文津出版社，民國 84 年。

李劍農,《中國近百年政治史》,台北:臺灣商印書館,民國 67 年,第 14 版。

尚‧拉普朗盧(Jean Laplanche)、尚－柏騰‧彭大歷斯(J.-B. Pontalis)著,沈志中、王文基譯,陳傳興監譯,《精神分析辭彙》(*Vocabulaire de la Psychanalyse*),台北:行人出版社,民國 89 年。

屈大均,《廣東新語》,北京:中華書局,1985。

易君博,《政治理論與研究方法》,台北:三民書局,民國 73 年 9 月,第 4 版。

阿德勒(Alfred Alder)著,黃光國譯,《自卑與超越》,台北:志文出版社,民國 60 年 6 月。

威廉‧詹姆斯(William James)著,蔡怡佳、劉信宏譯,《宗教經驗之種種》,台北:立緒文化公司,民國 90 年,初版。

胡林翼,《胡林翼集》,台北:武學書局,民國 45 年 1 月,初版。

胡樸安編著,《中華全國風俗誌》,台北:啟新書局,民國 57 年。

韋政通,《中國文化概論》,台北:水牛出版社,民國 57 年,初版。

＿＿＿＿＿,《中國 19 世紀思想史(上)》,台北:東大圖書公司,民國 80 年 9 月。

香港聖經公會,《聖經》,香港:聖經公會,1999。

唐德剛,《晚清七十年－〔貳、太平天國〕》,台北:遠流出版社,民國 87 年。

孫本文,《社會學原理(上)》,台北:臺灣中華書局,民國 49 年,初版。

孫隆基,《中國文化的深層結構》,香港:集賢社,1987 年,2 版 7 刷。

徐靜,《心理自衛機轉》,台北:水牛出版社,民國 69 年,再版。

桑德拉‧布萊克斯利著,《夢境和意識的本質》,長春:長春出版社,2001。

格林斯坦（Fred I. Greenstein）著，朱堅章主譯，王黎明、朱浤源、
　　蘇采禾合譯，《政治與人格》（*Personality and Politics*），台北：
　　幼獅文化事業公司，民國 68 年 4 月。

格林斯坦、波士畢（Fred I. Greenstein and Nelson W. Polsby）合著，
　　幼獅文化事業公司編譯，《個體政治學》（*Micropolitical
　　Theory*），台北：幼獅文化事業公司，民國 72 年 2 月。

泰勒（G. Taylor）著，《人種地理學》，台北：臺灣中華書局，民國
　　49 年，初版。

馬起華，《政治適應動力學》，台北：帕米爾書局，民國 52 年。

　　　　，《政治人》，台北：台灣商務印書館，民國 62 年 2 月。

　　　　，《政治心理學》，台北：臺灣商務印書館，民國 62 年 2 月，
　　第 3 版。

　　　　，《政治心理分析》，台北：正中書局，民國 73 年 3 月，2
　　版 2 刷。

殷海光，《中國文化的展望（上）》，台北：桂冠圖書公司，民國 81
　　年 5 月，再版 2 刷。

高華平、曹海東著，《中華巫術》，台北：文津出版社，民國 84 年
　　3 月，初版 1 刷。

高德伯（Elkhonon Goldberg）著，洪蘭譯，《大腦總指揮》（*The
　　Executive Brain Frontal Lobes and the Civilized Mind*），台北：
　　遠流出版社，民國 93 年，初版。

宮城音彌著，李永熾譯，《精神分析導論》，台北：水牛出版社，民
　　國 61 年 9 月，第 3 版。

秦孝儀主編，《革命文獻第七十一輯：抗戰前國家建設史料－內政
　　方面》，台北：中央文物供應社，民國 66 年 3 月。

孫廣德，《明清政治思想論集（下）》，台北：桂冠圖書公司，民國
　　88 年 5 月，初版 1 刷。

張九如，《群眾心理學與群眾領導》，台北：臺灣商務印書館，民國
　　65 年，第 6 版。

張玉法編，《晚清革命文學》，台北：新知雜誌社，民國 61 年 2 月。

張玉法，《歷史學的新領域》，台北：聯經出版社，民國 68 年 12
　　月，第 2 版。

張金鑑，《中國政治思想史》，分上、中、下三冊，台北：三民書局，
　　民國 78 年，初版。

張春興、楊國樞合著，《心理學》，台北：三民書局，民國 58 年，
　　初版。

張春興，《心理學》，分上、下兩冊，台北：東華書局，民國 66 年
　　10 月，修正 2 版。

張鳳燕等譯，Robert M. Liebert & Lynn Langenbach Liebert 著，《人
　　格心理學：策略與議題》（ *Personality: Strategies and Issues* ），
　　台北：五南圖書出版公司，民國 91 年。

清史編纂委員會，《清史》，台北：國防研究院，民國 50 年 10 月，
　　初版。

郭有遹，《創造心理學》，台北：正中書局，民國 66 年 11 月，第 3 版。

郭廷以，《近代中國史綱》，台北：弘文出版社，民國 67 年。

郭壽華，《客族源流志》，台北：自印本，民國 53 年 9 月，第 4 版。

梁發，《勸世良言》，台北：臺灣學生書局，民國 74 年 2 月，再版。

陳正文等譯，Duane Schultz and Sydney Ellen Schultz 合著，《人格
　　理論》（ *Theories of Personality* ），台北：揚智出版社，民國 86
　　年，初版。

陳仲庚、張雨新編著,《人格心理學》,台北:五南圖書出版公司,
　　民國79年,第2版。

陳昌齋,《廣東通志》,台北:華文書局,民國57年。

陳鴻瑜,《政治發展理論》,台北:桂冠圖書公司,民國81年,再
　　版。

陳鵬仁,《紐約‧東京‧臺北》,台北:近代中國出版社,民國89
　　年8月,增訂1版。

陸寶千,《論晚清兩廣的天地會政權》,台北:中央研究院近代史研
　　究所,民國74年5月,再版。

陶希聖,《中國社會與中國革命》,台北:全民出版社,民國44年
　　3月,第3版。

彭澤益,《太平天國革命思潮》,上海:商務印書館,民國35年,
　　初版。

普汶原著,鄭慧玲編譯,《人格心理學》,台北:桂冠圖書公司,民
　　國71年9月。

曾國藩,《曾文正公全集》,全7冊,台北:世界書局,民國80年,
　　第4版。

游恆山譯,K. T. Strongman 著,《情緒心理學》(*The Psychology of
　　Emotion*),台北:五南圖書出版公司,民國85年9月,初版
　　2刷。

游恒山譯,Philip G. Zimbardo 著,《心理學》(*Psychology and Life*),
　　台北:五南圖書出版公司,民國79年9月,修訂版。

程大璋、黃占梅,《桂平縣志》,台北:成文出版社,影印本,民國
　　56年。

費正清（John K. Fairbank）編，張玉法主譯，李國祁總校訂，《劍橋中國史－晚清篇 1800-1911（上）》，台北：南天書局，民國 76 年 9 月，初版。

賀佛爾（Eric Hoffer）著，旦文譯，《群眾運動》（*The True Be-liever*），香港：今日世界出版社，1992 年 9 月，再版。

賀凌虛，《西漢政治思想論集》，台北：五南圖書出版公司，民國 77 年 1 月，初版。

黃文龍，《花縣志》，台北：成文出版社，民國 56 年，清光緒版重印。

楊日旭、盧瑞鐘編著，《政治學（上）》，台北：敦譯文化事業公司，民國 77 年 9 月，初版。

楊延光，《杜鵑窩的春天：精疾病照顧手冊》，台北：張老師文化出版社，民國 88 年，初版。

楊宜音譯，E. D. Starbuck 著，《宗教心理學》（*The Psychology of Religion*），台北：桂冠圖書公司，民國 86 年，初版。

楊國樞，《心理學（九）─雲五社會科學大辭典》，台北：臺灣商務印書館，民國 59 年 10 月，第 6 版。

楊懋春，《鄉村社會學》，台北：正中書局，民國 59 年。

溫世頌，《心理學》，台北：三民書局，民國 89 年 10 月，初版。

路君約等編，《心理學》，台北：中國行為科學社，民國 65 年，第 6 版。

赫洛克（Elizabeth B. Hurlock）原著，《發展心理學》（*Developmental Psychology*），胡海國譯，台北：桂冠國書公司，民國 67 年 7 月，第 3 版。

劉介等編纂，《廣西通志稿》，廣西：廣西通志館編印，民國 38 年 6 月。

劉志琴主編,《近代中國文化社會變遷錄（卷一）》,浙江:人民出版社,1997 年 11 月。

劉英茂,《普通心理學》,台北:大洋出版社,民國 69 年 9 月,再版。

墨頓‧杭特（Morton Hunt）著,李斯譯,《心理學的世界—類型與發展》(*The Story of Psychology*),台北:究竟出版社,民國 89 年,初版。

歐大年（D. Overmyer）著,劉心勇等譯,《中國民間宗教教派研究》,上海:上海古籍出版社,1993。

歐申談譯,John Rickman 編,《佛洛伊德論文精論》,台南:開山書局,民國 60 年 1 月。

鄭欽仁編,《中國文化新論－制度篇:立國的宏規》,台北:聯經出版社,民國 82 年,初版 8 刷。

鄧雲特,《中國救荒史》,台北:臺灣商務印書館,民國 59 年,第 2 版。

黎明（Le Bon）著,李由農譯,《革命心理》,台北:中央文物供應社,民國 47 年 5 月。

黎威（Marrion J. Levy. Jr.）著,龔忠武編譯,〈近代中國社會的變化〉原載《大陸雜誌》,卷 31,期 10,後收入大陸雜誌編,《史學叢書》,輯 3,冊 5,台北:大陸雜誌出版社,民國 54 年 11 月。

蕭一山,《清代通史》,台北:臺灣商務印書館,民國 52 年 2 月。

蕭黎,《影響中國歷史的一百個洋人》,廣州:廣東人民出版社,1992。

戴維‧C.洛夫（David C. Lohff）著,李書端等譯,《梦典》(*The Dream Directory*),北京:中央編譯出版社,2002 年 1 月,初版。

繆鳳林,《中國通史要略》,台北:臺灣商務館,民國 61 年,第 9 版。

薛化元,《中國現代史》,台北:三民書局,民國 84 年,初版。

謝山居士,《粵氛紀事》,台北:文海出版社,民國 55 年。

羅香林,《客家史料匯篇》,香港:中國學社,民國 54 年 3 月。

羅家倫主編,黃季陸、秦孝儀修訂,《國父年譜(上)》,台北:中國國民黨中央委員會史料編訂纂委員會,民國 74 年 11 月,第 3 次增訂。

顧長聲,《來華新傳教士評傳》,上海:人民出版社,1985。

五、期刊、雜誌

石之瑜,〈當代政治心理學的教材與方法:文獻簡介〉,《政治科學論叢》,期 10,民國 88 年 6 月,頁 27-58。

李永熾,〈瑪克思‧韋柏論中國〉,《中華文化復興月刊》,卷 7,期 8,民國 63 年 8 月,頁 17-24。

范文正譯,H. Wriggins 撰,〈國家整合〉,《憲政思潮》,期 20,民國 61 年 10 月,頁 84-89。

茅家琦,〈基督教、儒家思想和洪秀全〉,《南京大學學報》,期 2,1979,頁 72-86。

孫廣德,〈我國正史中的政治神話〉,《社會科學論叢》,輯 30,台北:台大法學院,民國 71 年 9 月,頁 29-76。

袁頌西,〈政治不安定的幾個原因〉,《憲政思潮》,期 28,民國 63 年,頁 109-110。

張金鑑,〈領袖人格形成的理論析釋〉,《東方雜誌》,卷 13,期 12,民國 69 年 6 月,頁 10-13。

張瑞德,〈蔣夢麟早年心理上的價值衝突與平衡(光緒十一年至民國六年)〉,《食貨月刊》,卷 7,期 8,民國 66 年 11 月,頁 78-84。

黃建華,〈道光時代的災荒對社會經濟的影響〉,《食貨月刊》,卷 4,期 4,民國 63 年 7 月,頁 19-27。

黃彥、李伯新，〈孫中山的家庭出身和早期事蹟〉，《廣東文史資料》，
　　輯 25，廣州：廣東人民出版社，1979 年，頁 280-299。

陳勝崑，〈洪秀全的心理分析〉，《健康世界》，期 26，民國 67 年 2
　　月，頁 96-99。

＿＿＿＿，〈洪秀全的革命心理〉，《健康世界》，期 27，民國 67 年 3
　　月，頁 81-85。

陳華，〈論洪秀全的歷史意識暨其與宗教信仰及現實考量的關係〉，
　　《清華學報》，清華大學歷史研究所，民國 85 年 3 月，頁 71-120。

逯耀東，〈中國近代歷史發展基本線索問題〉，《近代中國研究通
　　訊》，期 2，民國 75 年 9 月，頁 97-103。

楊宗亮，〈拜上帝會子虛烏有考〉，《歷史研究》，期 233，1995 年 1
　　月，頁 120-135。

楊碧玉，〈太平天國核心幹部政治人格之分析〉，《復興崗學報》，期
　　75，台北：政治作戰學校，民國 91 年 9 月，頁 205-232。

詹火生，〈清代人口思想述略〉，《思與言》，卷 10，期 6，民國 62
　　年 3 月，頁 422-433。

瑪麗‧萊特（Mary C. Wright）著，魏外楊譯，〈辛亥革命的本質〉，
　　《中國現代史論文暨史料選集》，台中：逢甲大學，民國 73
　　年 7 月，頁 24-38。

賴建成譯，Jordan Paper 著，〈洪秀全對宗教的理解與行事（上）〉，
　　《獅子吼》，民國 78 年 8 月，頁 25-29。

＿＿＿＿，〈洪秀全對宗教的理解與行事（下）〉，《獅子吼》，民國 78
　　年 9 月，頁 38-43。

賴淑珍譯，P. C. Sederbery 撰，〈衝突和衝突管理〉，《憲政思潮》，
　　期 49，民國 69 年 3 月，頁 139-153。

羅中平,〈中國近代史經濟史統計資料選輯〉,李定一、吳相湘、包遵彭編纂,《中國近代史論叢》,輯 2,冊 3,台北:正中書局,民國 67 年 10 月,第 6 版,頁 28-29。

羅家倫,〈一個幾乎被失落的歷史證件─關於世凱『戊戌日記』考訂〉,《中國現代史叢刊》,冊 2,台北:文星書局,民國 47 年,頁 1-15。

龔忠武編譯,Marion J. Levy, Jr.著,〈近代中國社會的變化〉,《大陸雜誌》,卷 31,期 10,國 54 年 11 月 3 日,頁 15-23。

六、研討會論文

王榮川,〈從群眾運動的角度看有關領袖的理論〉,收錄於《三民主義與國家建設學術研討會─紀念任卓宣教授百年誕辰論文集》,台北:政戰學校,1995 年 7 月。

朱浤源,〈同治中興在廣西:劉長佑巡撫的治績〉,收錄於《清季自強運動研討會論文集》,台北:中研院近史所,民國 76 年 8 月。

_____,〈小政府治大社會:明清之際廣西的個案研究〉,收錄於《近代中國初期歷史研討會論文集》,台北:中研院近史所,民國 77 年 8 月。

莊吉發,〈清代社會經濟變遷與祕密會黨的發展:臺灣、廣西、雲貴地區的比較研究〉,收錄於《近代中國區域史研討會論文集》,台北:中研院近史所,民國 75 年 8 月。

簡又文,〈五十年來太平天國史之研究〉,收錄於《香港大學東方文化研究院五十週年紀念特刊》,香港:香港大學,1963。

羅香林,〈客家源流考〉,收錄於《香港崇正總會三十週年特刊》,香港:崇正總會出版,1950。

七、學位論文

王智榮,〈胡漢民政治人格之研究〉,政戰學校政治研究所,碩士論文,民國 77 年 6 月。

王超然,〈天啟與實踐:洪秀全的異夢及其太平天國〉,國立政治大學歷史研究所,碩士論文,民國 89 年 5 月。

朱言明,〈太平天國與國民革命對外關係之比較研究〉,中國文化大學中山所,博士論文,民國 78 年 6 月。

朱浤源,〈宋教仁的政治人格〉,國立臺灣大學政治學研究所,碩士論文,民國 66 年 6 月。

符儒友,〈黃克強的政治人格〉,國立政治大學政治研究所,碩士論文,民國 71 年 6 月。

陳建隆,〈周恩來的政治人格〉,中國文化大學大陸政治問題研究所,碩士論文,民國 69 年 6 月。

黃煌智,〈孫中山與康有為政治人格之形成與內涵研究〉,師範大學三民主義研究所,碩士論文,民國 83 年 6 月。

楊開雲,〈康有為政治人格之研究〉,國立政治大學政治研究所,碩士論文,民國 70 年 6 月。

楊碧玉,《秋瑾政治人格之研究》,政戰學校政治研究所,碩士論文,民國 75 年 6 月。後於民國 78 年獲文工會獎助出版。台北:正中書局,民國 78 年 4 月。

盧瑞鍾,〈先秦天道觀念之研究〉,國立臺灣大學政治學研究所,碩士論文,民國 63 年 6 月。

聶崇章,〈孫中山政治人格的形成(一八六六-一八九四)〉,國立臺灣大學政治學研究所,碩士論文,民國 63 年 6 月。

八、報紙、網路

卜大中,〈權力瘟疫,殺人機器—二十世紀各國政府屠民錄〉,《中國時報》,民國 83 年 12 月 15 日,第 46 版。

高有智,〈周大觀基金會成立首座頻死研究中心〉,《中國時報》民國 91 年 7 月 18 日,第 19 版。

張溯皋,〈認識情感性疾病－基礎篇、進階篇〉http://www.angelfire.com/ms/madot/basic.html 及 http://www.angelfire.com/ms/madot/advanced.html,上網檢視日期:2004 年 3 月 24 日。

梁靜于,〈鬼門關前走一遭,人生更積極〉,《聯合報》,民國 91 年 12 月 23 日,第 21 版。

貳、英文部份

一、有關太平天國之專書

Boardman, E. P., *Christian Influence upon the ideology of the Tai-ping Rebellion, 1851-1864*, New York: Octagon Books Press, 1972.

Hamberg, Theodore, *The Vision of Hung-Siu-Tshuen, and Origin of the Kwangsi Insurrection*, San Francisco: Chinese Materials Center, Inc., 1957.

Michael, F., *The Taiping Rebellion: History and Document*, Seattle: Univ. of Washington Press, 1960.

Shih, V. Y. C., *The Taiping Ideology: Its Sources, Interpretations and Influence*, Seattle: University of Washington Press,1967.

Teng, Ssu-Yu, *New Light in the History of the Taiping Rebellion*, Cambridge, Mass.: Harvard Univ. Press, 1950.

二、有關太平天國之專文

Teng, Y. C., "Reverend Issachar Jacox Roberts and the Taiping Rebellion," *Journal of Asian Studies*, Vol.23, No.1, 1963, pp.55-67.

Yap, P. M., "The Mental Illness of Hung Hsiu-chuan, Leader of the Taiping Rebellion." in *Far Eastern Quarterly*, Vol.13, 1954, pp.287-304.

_____. "The Mental Illness of Hung Hsiu-chuan, Leader of the Taiping Rebellion," Reprinted in Chun-tu Hsueh ed., *Revolutionary Leaders of Modern China*, N.Y.: Oxford Univ. Press, 1971, pp.70-79.

三、一般書籍

Aldre, A., *What Life Should Mean to You*, Boston: Little Brown Press, 1931.

Allport, Gardon W., *Pattern and Growth in Personality*, New York: Holt Rinehart and Winston, 1961.

Almond, Gabriel A., and Sidney Verba, *The Civic Culture: Political Attitudes and Democracy in Five Nations*, Princeton: Princeton University Press, 1963.

Almond, Gabriel A. and G. Bingham Powell, Jr., *Comparative Politics: A Developmental Approach*, Little, Brown and Company, Inc., 1966.

Bossard, H.H. S., and E. S., Boll, *The Large Family System*, Philadelphia: University of Pennsylvania Press, 1956.

Brinton, Crane, *The Anatomy of Revolutio,* New York : Alfred A. Knopf , Inc., and Random House, Inc., 1965, p.106.

Easton, D. and J. Dennis, *Children in The Political System: Origins of Political Legitimacy*, New York: Mcgraw-Hill, 1969.

Easton, D., *A System Analysis of Political Life*, New York: John Wiley and Sons Inc., 1976.

Engler, B., *Personality Theory: An Introduction*, Boston: Houghton Mifflin Co., 1979.

Erikson, E. H., *Young Man Luther: A Study in Psychoanalysis and History*, New York: Norton, 1958.

_____. *Gandhi's Truth: On the Origin of Militant Nonviolence*, New York: Norton, 1969.

_____. *On the Nature of Psycho-historical Evidence: In Search of Gandhi*, New York: Norton, 1969.

Freud, S., *Interpretation of Dreams*, trans. A. A. Brill. *The Basic Writings of Sigmund Freud*, ed. A. A. Brill. N. Y.: Mondern Library, 1938.

George, Alexander L. and Juliette L. George, *Woodrow Wilson and Colonel House: A Personality Study*, New York: Dover, 1964.

Greenstein, F. I., *Personality and Politics: Problems of Evidence, Inference and Conceptualization*, Chicago: Markman, 1969.

_____. *A Source Book for the Study of Personality and Politics*, New York: Markham, 1971.

Greenstein, F. I., and Nelson W. Polsby, *HandBook of Political Science*, Reading, Mass.: Addison-Wesley Publishing Co., 1975.

_____. *Micropolitical Theory*, Reading, Mass.: Addison-Welsley Publishing Co., 1975.

_____. *Macropolitical Theory*, Reading, Mass.: Addison-Welsley Publishing Co., 1975.

Hertling, L., *Geschichte des Katholischen Kirche*, Trans. A. G. Riggs, *History of the Catholic Church*, York, Penn.: York Composition Co., 1956.

Ho, Ping-ti, *The Ladder of Success in Imperial China: Aspects of Social Mobility, 1368-1911*, N. Y.: Columbia University Press, 1962.

Hsiao, Kuang-Chuan, *Rural China: Imperial Control in the Nineteenth Century*, 台北：中央圖書公司，1971.

Johnson, David and Evelyn S. Rawski, eds., *Popular Culture in Late Imperial China*, Berkeley: University of California Press, 1985. 台北：南天書局，1987.

Lane, Robert E., *Political Man*, New York: Free Press, 1972.

Lasswell, Harold D., *Psychopathology and Politics*, Chicago : University of Chicago Press,1930.

_____. *Power and Personality*, 3rd ed., New York: Murrary, 1966.

Liu, Kwang-Ching, ed., *Orthodoxy in Late Imperial China*，台北：南天書局，1994.

Lindzey, G. and E. Aronson, *The Handbook of Personality Theory and Research*, Chicago: University of Chicago Press, 1968.

Lippman, W., *Preface to Politics*, New York: Mitchell Kannerly, 1913.

Lon, Pichon P. Y., *The Early Chiang Kai-shek, A Study of His Personality and Politics 1887-1924*, New York: Columbia University Press, 1931.

Merriam, Charles E., *Systematic Politics*, Chicago: University of Chicago Press, 1945.

Naquin, Susan, *Millenarian Rebellion in China: The Eight Trigrams Uprising of 1831*, New Haven and London: Yale University Press, 1976.

Ong, Roberto K., *The Interpretation of Dreams in Ancient China*, Bochum: Studienverlag Brockmeyer Press, 1985.

Pye, Lucian W., *Asian Power and Politics: The Cultural Dimensions of Authority*, Cambridge: Harvard University Press, 1965.

Rejai, Mostafa, and Kay, Phillips, *Leaders of Revolution*, California: Sage Publication, Inc., 1979.

Shih, V. Y. C., *The Taiping Ideology : Its Sources, Interpretations and Influence*, Seattle: University of Washington Press, 1967.

Smith, M. Brewster, S. Jormes, and Robert W. White, *Opinions and Personality*, New York: John Wiely and Sons, Inc., 1956.

Weber, Max, *Economy and Society*, N. Y. Bedminister Press Inc., 1968.

Willian, Garr, *Hilter: A Study in Personality and Politics*, London: Edward Arnald, 1978.

Wolfenstein, Victor E., *The Revolutionary Personality: Lenin, Trotsky, and Grandhi*, New York: Princeton University Press, 1967.

Yang, C. K., *Religion in Chinese Society: A Study of Contemporary Social Function Religion and Some of Their Historical Factors*, 台北：南天書局，1994.

四、期刊文章

Almond, Gabiel A., "Comparative Political System," *Journal of Politics*, Vol.18, (Aug. 1956), pp.391-409.

Alston, W. P., "Psychological Explanation of Religion," in Paul Edward, ed., *The Encyclopedia of Philosophy*, N.Y. : Macmillan Co., (1967), pp.148-150.

Berkowitz, L., "Aversively Stimulated Aggression : Some Parallels and Differences in Research with Animals and Humans , " *American Psychologist*, No.38, (1983), pp.1135-1144.

Cohen, Myron L., "Souls and Salvation: Conflicting Themes in Chinese Popular Religion," in James L. Waston and Evelyn S. Rawaski, *Death Ritual in Late Imperial and Modern China*, pp. 180-202.

Costantini, E. and K. Graik, "Personality and Politicans-California Party Leader, 1960-1976, " *Journal of Personality and Social Psychology*, No.4, (1980), pp.641-661.

Esberey, J. E., "Personality and Politics-New Look at King-bying Dispute," *Candian Journal of Political Science*, Vol.6, No.1, (1973), pp.35-37.

Kearns, Doris, "Lyndon Johnson's Political Personality," *Political Science Quarterly*, Vol.91, No.3, (1976), pp.383-490.

Munger, and F. G. Welsk, "Personality-Traits of Nixon and Ford as Seen by Political-Science Student," *Research Review*, Vol.21, No.2, (1974), pp.1-10.

Smith, M. B., "A Map for the Analysis of Personality and Politics," *Journal of Social Issues*, Vol.24, No.3, (1968), pp.15-28.

Weinstein, E. A. and J. W. Anderson, and A. S. Link, "Woodrow Wilson's Political Personality : A Reappraisal," *Political Science Quarterly*, Vol.93, No.4, (1978), pp.585-598.

參、日文部份

呤唎（A. F. Lindley）著，增井経夫、今村与志雄譯，《太平天国―李秀成の幕下にありて―リンドレー》，共計四冊，東京：平凡社，東洋文庫，1988 年 12 月，初版 7 刷。

國家圖書館出版品預行編目

洪秀全政治人格之研究 / 楊碧玉著. -- 一版
-- 臺北市：秀威資訊科技, 2009 01
　　面；　　公分. -- (社會科學類；AF0103)
BOD 版
參考書目：面
ISBN 978-986-221-141-0 (平裝)

1.(清)洪秀全 2.人格特質 3.政治態度
4.太平天國

782.877　　　　　　　　　　　97024156

 社會科學類　AF0103

洪秀全政治人格之研究

作　　者 / 楊碧玉
發 行 人 / 宋政坤
執行編輯 / 林世玲
圖文排版 / 黃莉珊
封面設計 / 陳佩蓉
數位轉譯 / 徐真玉　沈裕閔
圖書銷售 / 林怡君
法律顧問 / 毛國樑　律師
出版印製 / 秀威資訊科技股份有限公司
　　　　　　台北市內湖區瑞光路 583 巷 25 號 1 樓
　　　　　　電話：02-2657-9211　　　傳真：02-2657-9106
　　　　　　E-mail：service@showwe.com.tw
經 銷 商 / 紅螞蟻圖書有限公司
　　　　　　台北市內湖區舊宗路二段 121 巷 28、32 號 4 樓
　　　　　　電話：02-2795-3656　　　傳真：02-2795-4100
　　　　　　http://www.e-redant.com

2009 年 1 月 BOD 一版
定價：370 元

・請尊重著作權・

Copyright©2009 by Showwe Information Co.,Ltd.

讀　者　回　函　卡

感謝您購買本書，為提升服務品質，煩請填寫以下問卷，收到您的寶貴意見後，我們會仔細收藏記錄並回贈紀念品，謝謝！

1. 您購買的書名：_____

2. 您從何得知本書的消息？

　　□網路書店　□部落格　□資料庫搜尋　□書訊　□電子報　□書店

　　□平面媒體　□ 朋友推薦　□網站推薦　□其他_____

3. 您對本書的評價：(請填代號　1.非常滿意 2.滿意 3.尚可 4.再改進)

　　封面設計____　版面編排____　內容____　文/譯筆____　價格____

4. 讀完書後您覺得：

　　□很有收獲　□有收獲　□收獲不多　□沒收獲

5. 您會推薦本書給朋友嗎？

　　□會　□不會，為什麼？_____

6. 其他寶貴的意見：_____

_____

_____

_____

讀者基本資料

姓名：_____　年齡：_____　性別：□女 □男

聯絡電話：_____　E-mail：_____

地址：_____

學歷：□高中(含)以下　　□高中　　□專科學校　　□大學

　　　□研究所(含)以上　□其他_____

職業：□製造業 □金融業 □資訊業 □軍警 □傳播業 □自由業

　　　□服務業 □公務員 □教職　□學生 □其他_____

To：114

台北市內湖區瑞光路 583 巷 25 號 1 樓

秀威資訊科技股份有限公司　　　收

寄件人姓名：

寄件人地址：□□□

- -

(請沿線對摺寄回,謝謝!)

秀威與 BOD

BOD（Books On Demand）是數位出版的大趨勢,秀威資訊率先運用 POD 數位印刷設備來生產書籍,並提供作者全程數位出版服務,致使書籍產銷零庫存,知識傳承不絕版,目前已開闢以下書系:

一、BOD 學術著作—專業論述的閱讀延伸
二、BOD 個人著作—分享生命的心路歷程
三、BOD 旅遊著作—個人深度旅遊文學創作
四、BOD 大陸學者—大陸專業學者學術出版
五、POD 獨家經銷—數位產製的代發行書籍

BOD 秀威網路書店：www.showwe.com.tw
政府出版品網路書店：www.govbooks.com.tw

永不絕版的故事・自己寫・永不休止的音符・自己唱